# LA
# PAROLE INTÉRIEURE

# LA
# PAROLE INTÉRIEURE

## ESSAI DE PSYCHOLOGIE DESCRIPTIVE

### THÈSE

PRÉSENTÉE A LA FACULTÉ DES LETTRES DE PARIS

PAR

## VICTOR EGGER

Ancien élève de l'École normale supérieure, agrégé de philosophie
Maître de conférences à la Faculté des lettres de Bordeaux

> « Qui sait ce qui est en l'homme,
> si ce n'est l'esprit de l'homme qui est
> en lui? »
> Saint Paul, I Cor., ii. 11.

---

## PARIS
## LIBRAIRIE GERMER BAILLIÈRE ET Cⁱᵉ
108, BOULEVARD SAINT-GERMAIN, 108
AU COIN DE LA RUE HAUTEFEUILLE

1881

A

# MON PÈRE

## ÉMILE EGGER

MEMBRE DE L'INSTITUT,
PROFESSEUR A LA FACULTÉ DES LETTRES DE PARIS


HOMMAGE D'AFFECTION FILIALE ET DE RECONNAISSANCE

# LA
# PAROLE INTÉRIEURE

## CHAPITRE PREMIER *

### APERÇU DESCRIPTIF. — HISTOIRE DE LA QUESTION

§ 1. Aperçu descriptif. — § 2. Les auteurs anciens. — § 3. Bossuet, etc.
— § 4. De Bonald, etc. — § 5. De Cardaillac. — § 6. Les contemporains.

## I

A tout instant, l'âme parle intérieurement sa pensée. Ce fait, méconnu par la plupart des psychologues, est un des éléments les plus importants de notre existence : il accompagne la presque totalité de nos actes; la série des mots intérieurs forme une succession presque continue, parallèle à la succession des autres faits psychiques; à elle seule, elle retient donc une partie considérable de la conscience de chacun de nous.

Cette parole intérieure, silencieuse, secrète, que nous entendons seuls, est surtout évidente quand nous lisons : lire, en effet, c'est traduire l'écriture en parole, et lire tout bas, c'est la traduire en parole intérieure; or, en général,

---

* Les renvois d'un chapitre à un autre ou d'un paragraphe à un autre, soit dans le texte, soit dans les notes de cet ouvrage, ont été placés entre [ ].

on lit tout bas. Il en est de même quand nous écrivons :
il n'y a pas d'écriture sans parole; la parole dicte, la main
obéit; or, la plupart du temps, quand nous écrivons, il n'y
a d'autre bruit perçu que celui de la plume qui court sur
le papier; la parole qui dicte ne s'entend pas; elle est
réelle pourtant; mais le bruit qu'elle fait, ce n'est pas
l'oreille qui l'entend, c'est la conscience qui le connaît; il
n'agite pas l'air qui nous entoure, il reste immobile en
nous; ce n'est pas la vibration d'un corps, c'est un mode
de moi-même. Ce bruit est vraiment une parole; il en a
l'allure, le timbre, le rôle; mais c'est une parole intérieure,
une parole mentale, sans existence objective, étrangère
au monde physique, un simple état du moi, un fait
psychique.

C'est dans son rapport avec l'écriture, quand nous écrivons ou lisons en silence, et dans ce dernier cas surtout,
que la parole intérieure est le plus facilement observable,
parce qu'alors elle se dégage aisément des faits qui l'entourent. Elle est plus difficile à constater, mais non moins
certaine, non moins constante, et plus digne encore de
l'attention du philosophe, quand nous sommes seuls avec
nos souvenirs et nos pensées, sans compagnon d'aucune
sorte; l'homme qui lit ou écrit dans la solitude n'est pas
seul, à vrai dire; un livre est un ami qui nous parle et que
nous écoutons avec attention; le papier auquel nous con-
fions notre pensée est un ami aussi, un ami discret et mo-
deste, un confident patient qui nous écoute; quand donc
nous sommes vraiment seuls, bien souvent nous nous taisons, soit par prudence, soit par fatigue, soit tout simplement parce que parler nous semble inutile ; parler est
inutile en effet, car la parole, ce précieux auxiliaire de la
pensée, ne nous abandonne pas, si nous croyons renoncer

à elle; mais alors elle reste en nous, et nul autre que nous-même ne peut l'entendre. Tantôt nous nous remémorons ainsi ce que nous avons auparavant lu ou entendu; tantôt et plus souvent, notre pensée, futile ou profonde, est nouvelle, et le langage secret qui la suit fidèlement dans ses détours est nouveau comme elle. Dans ce dernier cas nous remarquons plus malaisément que dans le premier la succession des sons intérieurs, car ils ne font qu'un pour nous avec la pensée qu'ils expriment. Et pourtant ils ne cessent jamais de l'accompagner, relatifs avec elle à des objets visibles, si nous contemplons quelque chose, étrangers comme elle à tout ce qui nous environne, si nous sommes immobiles et plongés dans nos réflexions, ou si nous marchons par habitude, sans regarder même notre route, tout entiers à une rêverie, à une méditation, ou bien ne pensant à rien, ce qui est encore penser à quelque chose. Sans cesse nous pensons, et, à mesure que se déroule notre pensée, nous la parlons en silence; mais presque toujours nous la parlons ainsi sans le savoir, comme nous ignorons nos habitudes, nos instincts, les principes directeurs de notre pensée : car nous nous livrons à notre nature sans la réfléchir; allant à nos fins, nous nous projetons au dehors sur les choses extérieures ou sur les objets abstraits que nous présente notre entendement, sans savoir ou sans vouloir nous replier sur nous-mêmes, acte difficile, pénible et surtout sans profit pour la vie pratique.

Quelquefois pourtant, cette parole intérieure qui accompagne toujours la réflexion solitaire se fait connaître à nous : c'est le soir, quand la lampe est éteinte, quand nous avons renoncé pour un temps à l'activité réfléchie, à l'intelligence raisonnable, à la conscience; nous avons ab-

diqué, nous demandons à jouir du repos, nous appelons
de nos vœux

Le silence, l'oubli, le néant qui délivre [1].

Mais le sommeil réparateur se fait attendre ; tourmentés
par l'insomnie, nous ne pouvons *faire taire* notre pensée ;
nous l'entendons alors, car elle a une voix, elle est accompagnée d'une parole intérieure, vive comme elle, et
qui la suit dans ses évolutions ; non seulement nous l'entendons, mais nous l'écoutons, car elle est contraire à
nos vœux, à notre décision, elle nous étonne, elle nous
inquiète ; elle est imprévue et ennemie ; nous cherchons
à la combattre, à la calmer, à la détourner, pour l'étein-
dre, sur des objets indifférents.

Quand nous parlons à haute voix, la parole intérieure
n'est pas pour cela absente ; elle ne se tait qu'à demi, et
par intervalles ; quand nous reprenons haleine, quand
nous marquons par de courts silences les points et les vir-
gules de nos phrases, nous l'entendons : elle nous rappelle la trame de notre discours, elle nous dicte les mots
qui vont suivre ; elle sert de guide, ou, pour mieux dire,
de *souffleur* à la parole extérieure.

Elle souffle de même, quand nous écoutons autrui, l'orateur intimidé ou balbutiant ; elle complète ses mots, s'il est
édenté ou enroué ; elle corrige ses *lapsus*, s'il lui en échappe
[chap. II, § 5]. Seul, un orateur abondant, rapide, qui ar-
ticule nettement, pourra imposer silence à la parole inté-

1. Ce vers, que j'emprunte à un sonnet bouddhiste de M. Louis Mé-
nard, exprime très exactement le vœu de l'homme qui aspire au sommeil : le sommeil, j'entends un bon sommeil, est un *nirvana* temporaire
et périodique.

rieure. Elle ne se repose entièrement que si nous écoutons une parole ininterrompue et parfaitement correcte, ou bien un morceau de musique exécuté sans fausse note. Encore faut-il que la suite de sons, musique ou discours, qui retient notre attention, soit entendue sans distraction aucune et dans une abdication complète de notre personnalité intellectuelle. Si nous jugeons, si nous critiquons, si nous commentons en nous-même les sons qui frappent nos oreilles, la parole intérieure reparaît. Elle reparaît à plus forte raison si notre attention se laisse détourner, si nous cessons d'écouter, nous reprenant à suivre le cours de nos pensées ou nous laissant séduire à contempler les objets qui nous entourent.

Pour ralentir le cours de la parole intérieure et briser sa continuité, il faut notre propre parole; pour la suspendre tout à fait durant un temps notable, il faut la parole d'autrui. Hors de ces deux cas, la parole intérieure est constante; nous ne pensons pas, et, par suite, nous ne vivons pas sans elle. Elle occupe tous les vides laissés par la parole extérieure dans la succession psychique; elle fait, pourrait-on dire, l'intérim de la parole extérieure. L'âme n'est jamais sans entendre un son; lorsque le son n'est pas extérieur et réel, il est remplacé par une image qui lui ressemble.

On le voit, dans la plupart des événements de la vie humaine, la parole intérieure joue un rôle de première importance. A défaut de parole extérieure et vraiment audible, ni l'écriture ni la pensée ne semblent pouvoir se passer de son secours. Elle traduit l'écriture à nos esprits ou la dicte à nos doigts sous l'impulsion de la pensée; elle répète comme un écho les paroles que nous avons entendues, ou bien elle souffle à nos organes vocaux des paroles

nouvelles ; quand nous contemplons, quand nous nous remémorons les événements passés, quand nous méditons,
à mesure que nos pensées surgissent à notre conscience,
elle les accompagne et les exprime. Elle sert d'intermé-
médiaire entre l'écriture ancienne ou prochaine, et les
idées que l'écriture a reçues ou va recevoir en dépôt,
entre la pensée qui veut se produire au dehors et la parole audible qui va la répandre. D'ailleurs, qu'elle soit ou
non relative à l'écriture ancienne ou future, elle est toujours relative à la parole audible : souvent elle la prépare,
toujours elle la répète ; lors même qu'elle nous paraît
indépendante de tout son extérieur et relative à la seule
pensée, souvent elle trace à notre insu le canevas de nos
discours à venir, et toujours elle est un écho, un écho
lointain et librement modifié, des paroles d'autrefois, des
nôtres ou de celles d'autrui ; relative ou non à l'écriture,
relative ou non à la parole immédiate ou lointaine, elle est
toujours rattachée par un lien nécessaire à la parole passée, son premier modèle et sa source originelle.

Interprète de l'écriture, antécédent ordinaire de la parole audible, expression naturelle et immédiate de la
pensée silencieuse, la parole intérieure est toujours au
premier rang parmi les facteurs de la vie sociale et de la
vie individuelle. Elle dirige et prépare nos relations avec
nos semblables ; et quant à cette relation de l'homme avec
lui-même qui est le mystère et la donnée fondamentale de
notre existence, quant à la conscience, elle a pour élément, non pas nécessaire *à priori* [ch. VI, § 8], mais, en
fait, constant, l'audition d'une voix secrète qui formule
sans cesse en paroles nos conceptions et nos jugements ;
comme d'ailleurs la plupart de nos sentiments et de nos
volontés deviennent, en se faisant sentir à la conscience,

des objets de la pensée, il est peu de faits, parmi ceux que nous croyons nôtres, qui n'aient leurs correspondants dans la série des mots intérieurs ; les plus habituels, les plus faibles, les plus obscurs, font seuls exception ; la conscience est souvent plus riche que la parole [1] ; mais la parole s'efforce toujours à l'exprimer ; dans cet effort, elle ne se repose jamais. et, si elle n'exprime pas tout, elle exprime toujours. On a parlé quelquefois par métaphore de l'œil de la conscience ; on pourrait dire, en suivant cette image, que la conscience est à la fois un œil lumineux et une oreille sonore, ou, mieux encore, une lumière qui se voit et une parole qui s'écoute elle-même ; des deux parties dont se compose cette métaphore, la première seule serait, à vrai dire, une comparaison ; la seconde, est, à quelques nuances près, la formule adéquate de la réalité.

Il est difficile ·de mesurer avec exactitude la durée moyenne du discours intérieur pendant la journée de chacun de nous ; mais, comme nous parlons toujours en nous-mêmes quand nous sommes étrangers à toute parole extérieure, c'est-à-dire quand nous ne parlons pas à haute voix et que nous n'écoutons personne, il est évident qu'en général, et si l'on fait abstraction des gens qui se parlent tout haut à eux-mêmes [ch. III, § 12], l'importance de la parole intérieure diminue ou grandit selon que nous som-

---

1. « Nous avons plus d'idées que de mots. Combien de choses senties et qui ne sont pas nommées ! De ces choses il y en a sans nombre dans la morale, sans nombre dans la poésie, sans nombre dans les beaux-arts..... Les mots ne suffisent presque jamais pour rendre précisément ce qu'on sent. » (Diderot.)

« Le meilleur demeure en moi-même ;
« Mes vrais vers ne seront pas lus. »

(SULLY-PRUDHOMME.)

mes plus ou moins sociables et causeurs. Dans la conversation, d'ordinaire, on invente peu, on répète plus volontiers ce que l'on a déjà dit, appris ou pensé; la parole intérieure, au contraire, est le langage de la pensée active, personnelle, qui cherche et qui trouve et s'enrichit par son propre travail; elle a donc pour mesure chez la plupart des hommes l'énergie et la vivacité de la pensée. Mais chez tous sans exception, chez les esprits étroits et lourds qui parcourent sans cesse un même cercle d'idées, chez les esprits légers, vagabonds, superficiels, chez ces derniers comme chez les plus profonds penseurs, chez l'orateur le plus abondant et le plus disposé à répandre au dehors une verve intarissable, comme chez le plus timide et le plus respectueux des disciples, le langage intérieur occupe dans l'existence une place plus grande que le langage extérieur énoncé ou entendu. Déjà en effet l'homme qui parle six heures chaque jour est, de l'aveu de tous, amis ou ennemis, un bavard; accordons-lui huit heures de sommeil; il reste dix heures par jour pendant lesquelles il médite en silence, réduit, non sans regret peut-être, à la parole intérieure. Que dire du méditatif, du taciturne, sans parler ici ni du berger, ni du chasseur à l'affût, ni du pêcheur à la ligne, ni du veilleur de nuit, ni du trappiste, ni du bandit corse, encore moins des solitaires à demi aliénés, comme le sauvage du Var[1]! Ils ne sont ni rares ni étranges les hommes chez lesquels la parole est extérieure pour un cinquième seulement de sa durée totale. Et nous ne faisons pas entrer en ligne de compte les heures du

---

1. Disciple de Rousseau, qu'il n'a pas lu, Laurent L..... vivait seul, en 1865, en pleine forêt, poursuivant l'idéal de la vie de nature, étrangère à toute industrie. Voir l'étude de Mesnet, *Annales médico-psychologiques*, juillet 1865, et le rapport de Cerise, *Académie de médecine*, 1865.

sommeil, pendant lesquelles nous continuons à parler presque toujours intérieurement, sauf à attribuer une grande part de nos paroles à des compagnons imaginaires.


## II


Tel étant le rôle de la parole intérieure dans la vie psychique, c'est pour nous un légitime sujet d'étonnement que ce fait capital ait été négligé par la plupart des psychologues et des théoriciens du langage. A toutes les époques, il est vrai, et sans doute chez tous les peuples, le sens commun en a reconnu, sinon l'importance, du moins la réalité : un certain nombre d'expressions courantes — nous aurons l'occasion de les citer dans la suite de ce travail [ch. II, § 11; ch. III, § 11] — témoignent d'un sentiment confus de l'existence de la parole intérieure. Mais, dans l'antiquité, elle semble avoir échappé à tous les penseurs, et, chez les modernes, aucun des maîtres de la psychologie n'a su la décrire exactement et lui assigner son rang parmi les faits psychiques.

Platon ne s'élève guère au-dessus du sens commun, quand, dans le *Sophiste* et le *Théétète*, il apppelle la pensée « un dialogue extérieur et silencieux de l'âme avec elle-même [1] »; il n'a pas dégagé, observé et décrit la parole

1. *Sophiste*, p. 263-264 : « Pensée et discours (διάνοια καὶ λόγος), c'est la même chose, avec cette seule différence que le dialogue intérieur de l'âme avec elle-même et sans la voix (ὁ ἐντὸς τῆς ψυχῆς πρὸς αὐτὴν διάλογος ἄνευ φωνῆς γιγνόμενος) s'appelle pensée, tandis que ce qui vient de la pensée par la bouche avec des sons articulés s'appelle discours. De plus, il y a quelque chose que nous savons être contenu dans le discours,.... l'affirmation et la négation ; quand cela se fait en silence dans l'âme par la pensée (ὅταν ἐν ψυχῇ κατὰ διάνοιαν ἐγγίγνηται μετὰ σιγῆς), il faut l'appeler opinion (δόξα),.... et imagination quand cet état de l'âme n'est pas l'ouvrage de la pensée, mais de la sensation; » etc. — *Théétète*,

intérieure ; il a eu seulement une intuition synthétique des
différentes sortes de rapports qui unissent la parole et la
pensée, rapports dont la parole intérieure constitue elle-
même un des principaux, tandis que les autres servent à
expliquer et l'invention de la parole et le développement
si remarquable de la parole intérieure dans la vie psychique [ch. IV, § 8, fin ; ch. VI, § 1 à 7]. Ce que Platon entend dire par cette définition, c'est que la pensée lui paraît
*analogue* à la parole, non seulement parce qu'elle est une
succession , — vue juste , mais superficielle , et même
légèrement inexacte, du moment que la pensée est comparée à la seule parole extérieure, qui est toujours localisée 1, — mais aussi en vertu de certains rapports intrinsèques qui expliquent à ses yeux l'association des mots et
des idées ; cette dernière théorie, qui est exposée dans le

p. 189-190 : « J'entends par pensée... un discours que l'âme s'adresse
à elle-même sur les objets qu'elle considère... ; il me paraît que l'âme,
quand elle pense, ne fait autre chose que s'entretenir avec elle-même,
interrogeant et répondant, affirmant et niant, et que, quand elle se décide,.... c'est cela que nous appelons juger ; ainsi juger, selon moi, c'est
parler, et le jugement (δόξα) est un discours prononcé, non à un autre
de vive voix, mais en silence et à soi-même (λόγον εἰρημένον σιγῇ πρὸς
αὐτόν) ; juger qu'une chose est une autre, c'est se dire à soi-même que
telle chose est telle autre ; » etc. — Cf. *Timée*, p. 37 B : « La raison
(λόγος)...., dans les mouvements auxquels elle se livre sans voix et sans
écho, entre en rapport avec ce qui est sensible ; alors naissent des opinions et des croyances (δόξαι καὶ πίστεις) stables et vraies. » (Traduction
Cousin.) — On voit que Platon entend par *discours intérieur* la *succession* des pensées, la pensée discursive. Le λόγος ἔσω d'Aristote, dont
nous allons parler, est la raison, et non la pensée discursive ; λόγος ne
signifie donc pas *parole* dans cette locution d'Aristote.

1. La pensée est pour Platon comme un être vivant, capable d'immo-
bilité, capable aussi de mouvement et fait pour le mouvement ; lorsqu'elle est en mouvement, elle est une succession ; elle est donc analogue à un discours ; aussi le discours oral est-il sa véritable expression ;
l'écriture, chose inerte, immobile, sans vie, ne représente pas l'essence
de la pensée ; telle est la théorie du *Phèdre* (p. 274 et suivantes). — Tout
autre semble avoir été l'opinion d'Aristote : si la parole exprime la
recherche, l'écriture seule exprime la science, c'est-à-dire la pensée parvenue à sa perfection (voir Ravaisson, *La métaphysique d'Aristote*, t. I,
p. 232-235).

*Cratyle* [1], ne saurait être acceptée aujourd'hui que dans une mesure très restreinte [ch. VI, § 1 et 3]. Si Platon, au lieu de cette seconde et chimérique analogie, avait reconnu que la succession psychique ne va pas sans une expression intérieure qui est véritablement une parole, alors seulement il eût découvert la parole intérieure; ce terme, chez lui, n'est, en définitive, qu'une métaphore.

Ainsi, dans sa théorie du langage, Platon passe à côté de la parole intérieure sans la voir. Il ne l'a pas reconnue davantage dans les phénomènes attribués par Socrate à son démon; là pourtant, elle se présentait avec un éclat et une originalité bien propres à attirer l'attention d'un philosophe. Il est vrai que, s'il l'eût remarquée, sans doute il eût préféré n'en rien dire et laisser au phénomène socratique le caractère mystérieux que Socrate lui-même se plaisait à lui attribuer.

Quant à Socrate, puisqu'il se disait conseillé par une voix que lui seul pouvait entendre, il faut bien le considérer comme le premier philosophe qui ait observé sur lui-même la parole intérieure; mais il ne reconnut pas qu'elle était un simple fait psychique; il en attribua à un dieu les manifestations les plus vives et ne remarqua pas les autres [ch. III, § 9].

Aristote, comme Platon, ne fait qu'une métaphore lorsqu'il dit: « Toutes les fois qu'un homme se souvient d'une chose, il se dit en lui-même (ἐν τῇ ψυχῇ λέγει) qu'il a déjà ouï dire, perçu ou pensé cette chose [2] »; car le jugement de reconnaissance est justement de ceux qui, la plupart

---

1. Elle explique sans doute pourquoi dans le *Sophiste*, aux alentours du passage cité, Platon admet, non par métaphore, semble-t-il, mais à parler rigoureusement, que le discours peut être vrai ou faux, comme le jugement.

2. *De memoria*, ch. I.

du temps, ne sont pas exprimés intérieurement [ch, II, § 9].
Aristote a pu, avec beaucoup d'autres, omettre d'observer
un fait important ; nous ne pouvons lui attribuer une observation radicalement fautive.

A traduire littéralement une phrase souvent citée des
*Analytiques*, il semblerait pourtant qu'Aristote ait connu
la parole intérieure ; nous croyons que, dans ce passage,
le λόγος ἔσω ou λόγος ἐν τῇ ψυχῇ qu'Aristote oppose au λόγος ἔξω,
n'est pas la parole intérieure, mais une certaine détermination de la pensée [1]. Le mot λόγος, avec sa double accep-

1. *Anal. Post.*, I, x, 76 B : « Ce n'est pas au λόγος ἔξω, c'est au λόγος
ἐν τῇ ψυχῇ que s'adressent la démonstration et le syllogisme. Contre
le λόγος ἔξω, on peut toujours trouver des objections, mais on ne le
peut pas toujours contre le λόγος ἔσω. » Le contexte permet de commenter ainsi ce passage : Si vous proposez à votre interlocuteur une
hypothèse ou un postulat, celui-ci peut vous accorder cette thèse,
comme base d'une discussion commune, sans pour cela la croire vraie ;
alors sa bouche consent, sa raison ne consent pas ; mais il peut aussi
répondre à vos paroles par des paroles également vraisemblables ; si
au contraire vous faites une véritable démonstration, fondée sur des
axiomes, comme l'interlocuteur croit nécessairement aux axiomes, son
assentiment est forcé ; sa raison doit proclamer son accord avec la
vôtre ; poser une hypothèse, c'est demander verbalement une adhésion
purement verbale, qui peut être refusée verbalement ; poser ou appliquer un axiome, c'est suivre la raison qui est en nous et provoquer
irrésistiblement l'adhésion de la raison d'autrui. — M. Chaignet (*Philosophie de la science du langage*, p. 309) paraît entendre par λόγος ἔσω
l'ensemble des notions qui sont dans l'esprit, notions acquises, mais
immuables une fois acquises, et dont le raisonnement développe ana-
lytiquement dans la durée les rapports mutuels. Cette définition se rapporte exactement au λόγος du *Phèdre* de Platon (p. 276 A), « le discours
que la science écrit dans l'âme de celui qui étudie, discours qui peut
se défendre, parler et se taire quand il le faut, discours vivant et animé
(qui réside dans l'intelligence) du savant, et dont le discours écrit n'est
que le simulacre. » Le λόγος ἔσω d'Aristote est quelque chose de plus
intime et de plus fondamental ; c'est la faculté des axiomes, la raison. —
La distinction aristotélique du *verbum oris* et du *verbum mentis* est
peut-être, comme l'ont pensé les éditeurs d'Hamilton, Mansel et Veitch
(note de la 1re leçon des *Lectures on logic*), la source première de l'opposition du λόγος ἐνδιάθετος (pensée ou raison) et du λόγος προφόρικος
(parole), que l'on rencontre dans Philon (*De vita Mosis*, 3, 13), Plutarque
(*Philosophendum esse cum principibus*, ch. II), Sextus Empiricus (*Pyrrh.
hyp.*, I, 65), Simplicius (*in Categ. Arist.*, p. 7), Damascène (*Fid. orthod.*,
II, 21), etc. (voir le *Thesaurus* de H. Estienne, s. v.) ; ces deux expressions elles-mêmes sont probablement originaires des Stoïciens.

tion de *discours* et de *pensée* ou *raison*, permettait aux écrivains grecs des antithèses que notre langue ne saurait reproduire sans en défigurer le sens. Λόγος signifie primitivement *la parole*, puis, par extension, *ce qui se parle*, la pensée discursive, et même la pensée à l'état statique, *la raison*, le principe immobile du raisonnement. Il en résulte que souvent, soit à son insu, soit avec intention, mais toujours en suivant la pente tracée par l'usage de la langue, « l'esprit grec exprima par ce mot les rapports intimes du langage avec la pensée et la conscience qu'il en avait [1] ». De bonne heure aussi, divers problèmes relatifs au langage, en particulier la question de son origine, furent posés dans la philosophie grecque; mais ils furent traités par des métaphysiciens, des logiciens, des grammairiens, jamais avec l'esprit et la méthode de la psychologie.

Un phénomène analogue à l'extension du sens du mot λόγος s'était produit chez les Egyptiens : pour exprimer l'idée de *penser*, ils employaient un terme composé qui signifie *parler avec son cœur* [2]. Dans leur écriture idéographique, le signe *déterminatif* de la parole est aussi par extension celui de la pensée [ch. II, § 6]. Nous ne saurions voir dans ces faits autre chose que des images, des métaphores. Les Egyptiens, comme les Grecs, eurent une notion confuse des rapports de la parole avec la pensée; leur langue écrite ou parlée nous en apporte le témoignage.

Quintilien, analysant avec une conscience scrupuleuse,

1. Domenico Pezzi, *Introduction à l'étude de la science du langage*, trad. Nourrisson, p. 25.

2. M. Maspero nous signale, avec ce fait linguistique, l'existence d'un document égyptien inédit qui traduit aux yeux cette métaphore du langage : l'action de réfléchir est représentée par un homme qui fait la conversation avec son âme placée en face de lui. — Dans la langue polynésienne, *penser* est *parler dans l'estomac* (Max Müller, *Nouv. leçons sur la science du langage*, 2e leçon, p. 92).

et souvent avec une rare pénétration, tous les exercices
qui forment un orateur, passe vingt fois à côté de la
parole intérieure sans la remarquer [1] ; il ne l'aperçoit ni
dans la lecture, ni dans l'action d'écrire, ni dans la méditation, et, s'il y fait enfin une allusion quand il recom-
mande de s'exercer en silence à l'improvisation, il semble
croire que l'esprit peut à volonté se passer de la parole
intérieure ou s'en servir ; car il conseille de la provoquer quand nous n'avons rien de mieux à faire [2]. Son
élève Pline le Jeune, à son tour, la méconnaît d'une
manière étrange en décrivant minutieusement un des faits
où elle apparaît le mieux, la composition littéraire silencieuse, dans l'obscurité ou pendant une promenade [3].

Il en est de Montaigne à peu près comme des auteurs
anciens, ses guides ordinaires : un passage assez obscur
de l'*Apologie de Raimond de Sebonde* semble désigner
la parole intérieure comme le souffleur nécessaire de
la parole extérieure ; une lecture attentive dissipe cette
illusion ; la thèse, d'ailleurs inexacte, de Montaigne, ne se
rapporte pas à la parole intérieure ; il a voulu dire que
l'enfant ne peut faire entendre à autrui aucune parole s'il

1. Livres X et XI, *passim*.
2. Livre X, chap. 7. Voici la suite des idées : la meilleure manière de
conserver le talent d'improviser est de l'exercer tous les jours devant
plusieurs auditeurs ; mais il vaut mieux parler sans témoin que ne pas
parler du tout ; « on peut aussi s'exercer à traiter des sujets dans toute
leur étendue, même en silence, *pourvu que* l'on prononce intérieurement une sorte de discours » (*silentio, dum tamen quasi dicat intra
seipsum*) ; ce genre d'exercice a l'avantage de pouvoir se faire en tout
lieu et à tout moment quand nous n'avons pas d'autre occupation, et
il est plus favorable que les deux autres à une composition soignée ;
mais ceux-ci excitent davantage la verve oratoire. — Dans le livre XI,
chapitre 2, autre allusion, plus timide encore : il vaut mieux apprendre par cœur en lisant ou en se répétant à voix basse (*vox modica,
et magis murmur*) que silencieusement (*tacite*).
3. *Lettres*, IX, 36.

ne s'est exercé auparavant à la prononcer pour lui-même à haute voix [1].

## III

Il faut arriver au xviie siècle pour trouver la parole intérieure nettement dégagée des phénomènes qui l'accompagnent ou qui lui ressemblent. Deux circonstances favorables, les usages de la religion chrétienne, et l'existence, désormais inoubliable, de la théorie nominaliste, nous paraissent expliquer cette clairvoyance plus grande des philosophes modernes.

Le christianisme consacrait des édifices à la prière et ordonnait en même temps de les honorer par le silence : l'*oratio mentalis* se trouvait dès lors distinguée de l'*oratio vocalis* dans des prescriptions formelles [2]. Et comme la prière mentale devenait l'état habituel des âmes profondément religieuses, parvenir à un état plus parfait encore n'était possible qu'à la condition de faire cesser cet état d'oraison muette et discursive que les premiers préceptes avaient déjà nettement défini ; il était donc naturel que l'extase fût mieux décrite par les mystiques chrétiens

---

1. Voici le passage entier : « Je crois qu'un enfant qu'on aurait nourri en pleine solitude, éloigné de tout commerce, — qui serait un essai malaisé à faire, — aurait quelque espèce de parole pour exprimer ses conceptions. Si l'on m'allègue contre cette opinion que les sourds naturels ne parlent point, je réponds que ce n'est pas seulement pour n'avoir pu recevoir l'instruction de la parole par les oreilles, mais plutôt pour ce que le sens de l'ouïe, duquel ils sont privés, se rapporte à celui du parler, et se tiennent ensemble d'une couture naturelle ; en façon que ce que nous parlons, il faut que nous le parlions premièrement à nous et que nous le fassions sonner au dedans de nos oreilles, avant que de l'envoyer aux étrangères. » [Cf. § 4, p. 40.]

2. Bossuet, *Mystici in tuto*, 12. — Cf., du même auteur, la *Tradition des nouveaux mystiques*, X, 5 : « Dieu, qui sait tout et connaît le fond du juste, en écoute les inclinations avant qu'elles se soient formées en termes exprès, intérieurs ou extérieurs. »

qu'elle ne l'avait été par les néoplatoniciens, et, par contraste, la parole intérieure devait facilement apparaître comme l'état ordinaire de l'âme humaine.

En second lieu, le nominalisme du moyen âge impliquait la connaissance de la parole intérieure; car il est évident que, pour penser les genres, nous n'avons pas besoin du bruit de notre voix ou de la voix d'autrui. Mais, de même qu'aucun écrivain chrétien, avant Bossuet, ne paraît s'être intéressé en psychologue au problème de l'extase, aucun nominaliste n'a, que nous sachions, dégagé de la théorie le phénomène psychologique sans l'existence duquel elle eût été un paradoxe insoutenable[1].

L'intimité des rapports du langage avec la pensée, son utilité pour penser, sa nécessité pour penser les idées générales, ce sont là dans la philosophie moderne de véritables lieux communs. Quiconque se les approprie sans signaler tout au moins que le mot devient une image pour nous aider à penser en silence, n'est pour nous qu'un partisan plus ou moins absolu des thèses nominalistes; il n'a pas constaté en psychologue l'existence de la parole intérieure. Pour envisager ce phénomène selon l'esprit de la psychologie, il fallait d'abord distinguer l'image de la sensation sonore, puis apercevoir que les images vocales forment dans la conscience des séries régulières, enfin, — mais ceci n'a été donné qu'à un petit nombre de penseurs, — renoncer à la théorie de la nécessité absolue du lan-

---

1. Saint Thomas ne fait que commenter l'aphorisme d'Aristote : « Impossibile est intellectum nostrum, secundum præsentis vitæ statum, quo passibili corpori conjungitur, aliquid intelligere in actu, nisi convertendo se ad phantasmata » (*Summa theologica*, I, quæstio 84, art. 7), passage mal traduit par le P. Gratry [§ 6], qui se souvenait de Bossuet en lisant saint Thomas. La parole intérieure ne paraît pas non plus dégagée dans les pages de la *Somme* sur l'oraison; voir, par exemple, II, ıı, q. 83, art. 12 : « Utrum oratio debet esse vocalis. »

gage, ou du moins décrire le fonctionnement parallèle de la parole et de la pensée avant de rien affirmer sur la nature du lien qui les unit. Mais la psychologie moderne s'est toujours ressentie de ses origines : issue du problème de l'origine des idées, elle s'intéresse plus aux conditions invariables de la pensée qu'à l'allure ondoyante du devenir psychique ; dans cette question du langage, des aphorismes nécessitaires, mal fondés en logique aussi bien que contraires aux faits, ont trop souvent remplacé les descriptions exactes et ·les explications vraiment scientifiques.

La parole intérieure n'est pas encore considérée comme une succession dans cette phrase de la *Logique* de Port-Royal, l'ouvrage le plus ancien (par la date de sa publication) où nous la trouvions mentionnée : « L'esprit a coutume de lier si étroitement (les mots aux idées) que l'idée de la chose excite l'idée du son, et l'idée du son celle de la chose [1]. »

La *Logique* de Bossuet est plus explicite : « Par l'habitude que nous avons prise dès notre enfance d'expliquer aux autres ce que nous pensons, il arrive que nos idées sont toujours unies aux termes qui les expriment ;.... par exemple, si j'entends bien ce mot de *triangle*, je ne le prononce point sans que l'idée qui y répond me revienne, et aussi je ne pense point au triangle même que le nom ne me revienne à l'esprit. Ainsi, soit que nous parlions aux autres, soit que nous nous parlions à nous-mêmes, nous nous servons toujours de nos mots et de notre langage ordinaire [2]. »

Ce passage n'est pas le seul où Bossuet témoigne d'une

1. Port-Royal, *Logique* (1683), II, 1.
2. I, 3. La *Logique* de Bossuet (publiée en 1827) a dû être composée, comme le *Traité de la connaissance de Dieu* (publié en 1722), vers 1675.

connaissance exacte de la parole intérieure. « Nous ne pensons jamais, *ou presque jamais*, à quelque objet que ce soit, que le nom dont nous l'appelons ne nous revienne » ; telles sont ses expressions dans un chapitre du *Traité de la connaissance de Dieu et de soi-même* [1], où il développe la thèse aristotélique : ἄνευ φαντασίας οὐκ ἔστιν ὑπόληψις [ch. VI, § 1]. Notons la restriction : *ou presque jamais;* elle va être expliquée par la suite du passage : « On met en question s'il peut y avoir, en cette vie, un pur acte d'intelligence dégagé de toute image sensible ; et il n'est pas incroyable que cela puisse être durant de certains moments, dans les esprits élevés à une haute contemplation, et exercés par un long temps à tenir leurs sens dans la règle; mais cet état est fort rare. » L'allusion à certaines prétentions du mysticisme religieux est évidente, et il paraît certain que l'attention de Bossuet avait été attirée sur la parole intérieure et sur sa nécessité dans l'état normal de l'âme par l'étude des écrivains mystiques et non par la lecture des philosophes. En effet, dans son principal ouvrage contre les quiétistes [2], Bossuet cite un certain nombre de passages des mystiques orthodoxes où il est question, en termes assez énigmatiques, de la suppression des « discours » pendant la « pure contemplation » ou dans l' « oraison de transport », qu'il appelle lui-même « une espèce d'extase » ; cet état d'âme, Bossuet ne le connaît pas par lui-même ; il en cherche dans les textes autorisés une définition précise, qui puisse être opposée aux fausses descriptions des quiétistes ; or voici quelques-unes de ses citations : un confesseur de sainte Thérèse rapporte que l'oraison de cette

1. III, 14.
2. *Instruction sur les états d'oraison*, 1697.

sainte « était de faire *cesser les discours* par intervalles
pour la présence de Dieu » ; le même Père ajoute que
« ce *silence* de l'âme et cet *arrêt attentif en silence* ne
fait pas cesser de tout point les actes des puissances
(de l'âme), parce que cela est impossible » ; la Mère de
Chantal « réduisait la suppression des *actes de discours...*
au temps de l'oraison ». Que de telles expressions [1] aient
amené Bossuet à démêler la parole intérieure parmi les
« actes discursifs » qui, dans l'oraison parfaite, font place
à des élans « courts et simples », dont l'âme ne garde
ensuite qu'un souvenir indistinct, — bien plus, que la
parole intérieure soit, à ses yeux, le principal obstacle
qui empêche la plupart des âmes de parvenir à cette « ex-
cellente oraison » et au pur état contemplatif, — voilà ce
qui paraît ressortir d'une belle page que nous allons citer
presque en entier : « Cassien... dit que, dans l'état de pure
contemplation, « l'âme s'appauvrit, qu'elle perd les riches
« substances de toutes les belles conceptions, de toutes les
« belles images, de toutes les belles paroles » dont elle accompagnait ses actes intérieurs. On en vient donc jusqu'à
parler le pur langage du cœur. Jusqu'à ce qu'on en soit venu
à ce point, on parle toujours en soi-même un langage humain, et on revêtit ses pensées des paroles dont on se servirait pour les exprimer à un autre. Mais dans la pure contemplation, on en vient tellement à parler à Dieu qu'on n'a
plus un autre langage que celui que lui seul entend..... ; on
ne lui dit qu'on l'aime qu'en aimant... Si l'on vient et jus-

---

1. *Instr.*, VII, 10,·15, 21 ; VIII, 29, 31. — Cf. l'ouvrage latin, *Mystici
in tuto*, 12, où Bossuet cite un religieux qui déclare n'être parvenu à
l'oraison parfaite qu'après seize années d'*oratio vulgaris ;* Bossuet pensait sans doute à ce P. Alvarez quand il parlait dans le *Traité de la
connaissance* d' « esprits exercés par un long temps à tenir leurs sens
dans la règle. »

qu'où l'on vient à la perfection d'un tel acte pendant cette vie, et si l'on en peut venir jusqu'au point de faire entièrement cesser au dedans de soi toute image et toute parole, je le laisse à décider aux parfaits spirituels. Ici...., je me contente de dire..... qu'on entrevoit du moins la parfaite pureté.... : la pensée, épurée, autant qu'il se peut, de tout ce qui la grossit, des images, des expressions, du langage humain,.... sans raisonnement, sans discours, puisqu'il s'agit seulement de recueillir le fruit et la conséquence de tous les discours précédents, goûte le plus pur de tous les êtres, qui est Dieu,..... par le plus pur de tous ses actes, et s'unit intimement à la vérité, plus encore par la volonté que par l'intelligence [1]. » Si nous l'entendons bien, Bossuet accorde aux mystiques que, dans l'état le plus parfait possible en cette vie, la parole intérieure cesse d'être un *discours* suivi pour devenir une série d'interjections sans lien grammatical [ch. II, § 4, et ch. V, § 7] [2]; alors elle exprime, non plus la pensée discursive, momentanément suspendue, mais la simple vue de Dieu et surtout la volonté ou l'amour [3]. D'ailleurs, les actes que produisent alors les puissances de l'âme sont de telle nature, — Bossuet l'établit avec un grand soin, — qu'ils ne peuvent se graver dans le souvenir; l'amnésie simule l'inconscience [ch. VI, § 10], et l'âme, revenue à l'état normal, s'ima-

---

1. *Instr.*, V, 20, 22.
2. Cf. A. Lemoine, *De la physionomie et de la parole*, p. 171-173.
3. Ailleurs (*Instr.*, VII, 16), Bossuet admet une « oraison passive » ; alors, dit-il, « Dieu tient l'école du cœur, où il se fait écouter en grande tranquillité et en grand silence » ; ce sont là des métaphores ; sauf que la quiétude remplace l'élan, Bossuet décrit toujours le même état ; il ne prétend pas qu'un *discours* de Dieu remplace la parole intérieure personnelle. [Sur l'hallucination auditive verbale, c'est-à-dire sur l'aliénation de notre parole intérieure, voir, plus bas, chap. II, § 8, et chap. III, § 8 et 9.]

gine à tort qu'elle a été momentanément vide de toute
parole comme de toute pensée et de tout sentiment [1]. Bossuet reste, en définitive, fidèle à l'axiome d'Aristote, et il
l'emploie avec une grande pénétration psychologique à
dissiper les illusions des modernes émules de Plotin.

Comme Bossuet et Port-Royal, Locke connaît la parole
intérieure; mais il est fort indécis sur son extension :
« *La plupart des hommes*, sinon tous, se servent de mots
au lieu d'idées, lorsqu'ils méditent et raisonnent en eux-
mêmes, *du moins* lorsque le sujet de leur méditation renferme des idées complexes; » variante : « *surtout* si les
idées sont fort complexes. » Et ailleurs : « Les mots enre-
gistrent nos propres pensées pour le soulagement de
notre mémoire, ce qui nous aide, pour ainsi dire, à nous
parler en nous-mêmes [2]. »

Leibnitz est encore plus concis : « Le langage étant
formé, il sert à l'homme à raisonner à part soi,... par le
moyen que les mots lui donnent de se souvenir de pensées abstraites.... Les paroles ne sont pas moins des mar-
ques (*notæ*) pour nous que des signes pour les autres [3]. »


## IV


Un siècle plus tard, Rivarol, dans son mémoire sur
l'*Universalité de la langue française*, nomme et décrit
sommairement la parole intérieure : « L'idée simple a
d'abord nécessité le signe, et bientôt le signe a fécondé

1. Cette curieuse théorie est exposée dans l'*Instruction*, V, 12 à 26 ;
VI, 52 ; VII, 16 ; VIII, 32.
2. *Essai sur l'entendement humain* (1690), livre IV, chap. v, § 4, et
chap. vi, § 1 ; livre III, chap. ix, § 2.
3. *Nouveaux essais sur l'entendement humain* (1703), livre III, chap. i,
§ 2, et chap. ix, § 4.

l'idée ; chaque mot a fixé la sienne, et telle est leur association, que, si la parole est une pensée qui se manifeste, il faut que la pensée soit une parole intérieure et cachée ; l'homme qui parle est donc l'homme qui pense tout haut.... Que dans la retraite et dans le silence le plus absolu un homme entre en méditation sur les sujets les plus dégagés de la matière, il entendra toujours au fond de sa poitrine une voix secrète qui nommera les objets à mesure qu'ils passeront en revue. Si cet homme est sourd de naissance, la langue n'étant pour lui qu'une simple peinture, il verra passer tour à tour les hiéroglyphes ou les images des choses sur lesquelles il méditera [1]. »

Les mêmes idées et presque les mêmes termes se retrouvent dans les ouvrages de de Bonald, chez qui la parole intérieure devient la clef de voûte d'un système complet de philosophie théorique et pratique, ou, comme il dit, « l'explication du mystère de l'être intelligent. » A ce titre, cette doctrine mérite de nous arrêter quelque temps ; il est important de constater que la plus extrême des philosophies qui proclament la nécessité du langage repose sur une description inexacte et sur une interprétation fautive du phénomène de la parole intérieure.

Les écrits de Condillac avaient appelé l'attention de de Bonald sur le problème de l'origine du langage et sur le fait de l'étroite union du langage et de la pensée. Deux phrases de J.-J. Rousseau lui parurent fournir, l'une une meilleure définition du fait, l'autre le germe d'une solution nouvelle du problème. Après les nominalistes et tous

---

1. *De l'universalité de la langue française*, sujet proposé par l'Académie de Berlin en 1783 ; publié à Paris en 1797 ; p. 13-14 et 49 note.

les philosophes qu'avait frappés l'association des termes
généraux avec les notions générales, Condillac avait insisté
sur le même fait, mais en logicien plutôt qu'en psychologue, et sans songer à distinguer la parole intérieure de
la parole extérieure : « Tout l'art de raisonner se réduit
à l'art de bien parler ; — une science bien traitée n'est
qu'une langue bien faite ; — toute méthode analytique
(de.la pensée) est une langue ; — nous pensons par les
langues » ; tels sont ses principaux aphorismes ; Rousseau, lui, envisageant la pensée et ses expressions comme
deux successions parallèles, esquissait une vraie description psychologique, quand il disait : « L'esprit ne saisit
(les idées dont l'objet n'est pas sensible) que par des propositions ; car, sitôt que l'imagination s'arrête, l'esprit ne
marche plus qu'à l'aide du discours. » Sur la question des
origines, Condillac avait soutenu, après l'oratorien Ri-
chard Simon [1], et avec la grande majorité des philosophes
du xviii⁰ siècle et des idéologues, l'invention humaine de
la parole, ou, en d'autres termes, la création de l'expression de la pensée par les seules forces naturelles de la
pensée ; à quoi Rousseau répondait : « La parole paraît
avoir été fort nécessaire pour établir l'usage de la parole. »
D'autre part, et dès avant ses recherches sur le langage,
de Bonald était d'instinct partisan des vérités immuables ; et, disposé comme il l'était à voir dans le progrès
une illusion coupable, dans le devenir une forme inférieure de la réalité, une déchéance de l'être, il avait été
facilement mis par le P. Gerdil et Malebranche sur la
voie du platonisme en ce qui concerne la nature de l'in-

1. Malgré la discrétion de leurs formules, Bossuet et Port-Royal
(chap. déjà cités) semblent, sur ce point, plus près de Condillac que de
Rousseau, Bonald et de Maistre.

telligence. Tels sont les antécédents de son système [1].

Mal préparé, par son caractère et ses études, aux recherches psychologiques, de Bonald a pourtant observé sur lui-même l'existence de la parole intérieure, et il l'a décrite avec des détails nouveaux, mais en des termes dont l'excessive précision nuit parfois à la parfaite exactitude ; puis, après cette description sommaire, il s'est hâté d'employer sa découverte, d'une part à une sorte de restauration de la maïeutique de Socrate et de la réminiscence de Platon, d'autre part à la déduction du célèbre

---

1. Dans son premier ouvrage, la *Théorie du pouvoir* (1796), il n'est question ni de la parole intérieure, ni de l'origine du langage. De Bonald paraît avoir conçu son système philosophique entre 1796 et 1802, date de la publication de la *Législation primitive*. Il l'a exposé dans le *Discours préliminaire* de cet ouvrage, dans le I⁰ʳ chapitre, dans les notes des chapitres I à VII, enfin dans l'appendice intitulé : *Dissertation sur la pensée de l'homme et sur son expression*. A cette date, Bonald ne paraît connaître que Condillac et J.-J. Rousseau ; il s'autorise en outre, presque toujours à tort, de quelques passages de saint Paul, de l'extension, chez les anciens, du sens du mot *grammaire* aux exercices de l'intelligence, du double sens du mot λόγος, enfin de quelques expressions courantes de la langue française [sur lesquelles voir notre chapitre II, § 11]. — Une nouvelle rédaction de la doctrine se trouve dans les *Recherches philosophiques* (1818), chap. I ; chap. II, *De l'origine du langage*; chap. III, *De l'origine de l'écriture*; chap. VII, *De la pensée*; chap. VIII, *De l'expression de la pensée*, et dans l'appendice au chap. IX intitulé : *Réponse à quelques objections*; style moins sentencieux, développements plus abondants, polémiques fréquentes ; d'ailleurs, les mêmes formules, les mêmes raisonnements, les mêmes conclusions. Chose étrange, les observations psychologiques, plus fines et plus pénétrantes, ne sont plus d'accord avec les conclusions. — Enfin, l'*Introduction* d'un ouvrage postérieur, la *Démonstration philosophique du principe constitutif de la société*, contient une défense du système contre Damiron. — Entre 1802 et 1818, Bonald paraît avoir étendu ses lectures : dans les *Recherches*, il cite comme autorités les nominalistes, Hobbes, un mot de Leibnitz, mal compris, Bossuet (*Traité de la connaiss. de Dieu*), Haller, Cabanis, Dugald-Stewart. — Si le style de Bonald est précis, parfois même fort et brillant, l'enchaînement des phrases est chez lui très défectueux, le développement marche au hasard ; nulle part il n'a donné de sa doctrine un exposé méthodique et lucide. Il nous semble qu'on l'a généralement réfuté avant de l'avoir compris ; c'est qu'il était plus facile de prouver contre lui la possibilité de l'invention humaine du langage que de saisir la suite de ses idées avec leur vraie portée, leurs contradictions cachées, et ce qu'elles contenaient d'aperçus justes ou suggestifs.

paradoxe de l'institution divine de la parole. Nous allons essayer d'exposer méthodiquement la suite logique de cette doctrine, en citant textuellement les courts passages qui ont sur notre sujet une valeur psychologique, et en critiquant à mesure celles des thèses de l'auteur qui ne sont pas d'accord avec une saine observation :

1° *Description de la parole intérieure.* — D'après Bonald, la « parole simplement pensée, parole mentale, parole intérieure », souffle la parole extérieure, dicte l'écriture, accompagne la méditation; il ne dit rien de la lecture. Voici les textes :

« L'homme pense sa parole avant de parler sa pensée. » — Variante : « L'être intelligent conçoit sa parole avant de produire sa pensée. » — « La parole extérieure n'est que la répétition et, pour ainsi dire, l'écho de la parole intérieure. »

« Parler une langue étrangère est traduire, puisque c'est parler avec certains mots ce qu'on pense sous d'autres mots, qui cependant sont les uns et les autres une seule expression d'une même idée. De là l'impossibilité de parler une langue étrangère aussi couramment que sa langue maternelle, jusqu'à ce qu'on ait acquis par l'habitude la faculté de penser sous les mêmes termes que ceux avec lesquels on exprime (au dehors) sa pensée. »

« Nous ne pouvons fixer une parole par l'écriture sans en avoir en nous-mêmes la prononciation intérieure. »

« Penser, c'est se parler à soi-même d'une parole intérieure. » — « Quand on ne fait que penser, on a des paroles dans l'esprit; et, de même que l'homme ne peut penser à des objets matériels sans avoir en lui-même l'image de ces objets, ainsi il ne peut penser aux objets incorporels sans avoir en lui-même et mentalement les mots qui sont l'expression de ces pensées et qui deviennent *discours* lorsqu'il les fait entendre aux autres. » — « Philosophes, essayez de réfléchir, de comparer, de juger, sans avoir présents et sensibles à l'esprit aucun mot, aucune parole ! » — « Que cherche notre esprit quand il cherche une pensée ? Le mot qui l'exprime, et pas autre chose [1]. »

A ces courts passages se borne la description du phénomène. En revanche, Bonald signale à tort des faits analogues, de prétendues successions d'images visuelles expressives.

D'abord l'écriture intérieure. Oubliant qu'il a lui-même signalé la dictée de l'écriture comme une des fonctions de la parole intérieure, il se laisse entraîner par l'analogie à cette affirmation inexacte : « Ainsi qu'on ne pense qu'en se parlant à soi-même, on ne peut écrire sans lire en soi-même les caractères que l'on trace sur le papier [2]. »

L'autre antithèse a beaucoup plus d'importance. Dans vingt passages, il semble dire que la parole intérieure s'arrête de temps à autre pour faire place à une série de représentations visuelles : ce changement de langage intérieur aurait lieu quand nous nous mettons à penser à des objets individuels et matériels, car la parole n'est l'expression que des idées proprement intellectuelles, c'est-à-dire générales ou morales. Bonald paraît oublier que les idées particulières, pour peu qu'elles soient remarquées, sont aussitôt rapportées à des genres et nommées intérieurement. Sans doute, il ne dit nulle part expressément que les *images*, comme il les appelle, s'enchaînent

---

1. *Législ. prim.*, Disc. prélim., p. 21, 22, ch. 1, *passim*, et note *d*; *Dissertation*, p. 249-250 ; *Recherches*, ch. II, p. 58-59, 64, 79 ; cf. p. 232. Nous citons d'après l'édition in-8° publiée chez Adrien Le Clere, 1853 et 1857.

2. *Recherches*, ch. III, p. 120-121.

en successions régulières dans la conscience ; mais comme il ne l'a pas dit non plus des *mots*, et comme cette omission n'est évidemment chez lui qu'un oubli, on pourrait croire qu'à ses yeux les deux langages ne diffèrent point à cet égard, et qu'ils alternent en nous selon la nature des objets que considère notre pensée. Si l'on y regarde de plus près, et si l'on éclaire son commentaire souvent répété de la phrase de Rousseau par une page où il décrit la première éducation de l'enfant civilisé [1], on voit qu'il considérait les deux langages comme d'ordinaire simultanés ; quand l'esprit s'attache à des objets qui ne tombent pas sous les sens, alors seulement « l'imagination s'arrête », comme dit Rousseau, et le mot intérieur reste seul pour accompagner l'idée ; or le cas contraire est très rare, sauf dans la première enfance, car les idées générales, alors même que leurs objets font partie de la nature visible, impliquent l'activité de l'entendement et supposent la conception de *rapports* purement intellectuels [2] ; la parole intérieure, accompagnée ou non d'images, doit donc être presque constante, du moins à partir de l'adolescence. Sans doute, les enfants « ont des images avant d'avoir des idées [3] », et le langage visible se développe avant le langage des sons ; sans doute aussi, puisque « la vue est le sens de l'imagination et des corps, l'ouïe celui de l'entendement et des idées [4], » les sourds-muets « ne pensent que par images » et « n'ont point d'idées [5] » ; les aveugles n'ont point d'images, ne pensent que des idées, au

1. *Recherches*, ch. II, p. 93.
2. *Recherches*, ch. VIII, p. 183-184. Cf. ch. VII, p. 164 et suiv.
3. *Législ. prim.*, ch. I, note *e*.
4. *Dissertation*, p. 266 ; *Recherches*, ch. VII, p. 169.
5. *Législ. prim.*, ch. I, note *d ; Dissertation*, p. 251 ; *Recherches*, ch. II, p. 93 ; *Démonstration*, p. 418.

moyen de la seule parole intérieure, et ne peuvent arriver à bien connaître les corps [1] ; mais l'homme adulte et pourvu de tous ses sens, « sain d'esprit et de corps », possède un double langage intérieur, qui devient simple lorsque sa pensée se détache des objets sensibles et particuliers pour s'élever jusqu'aux idées.

Deux inexactitudes subsistent pourtant dans les vues de Bonald sur la place qu'occupe dans la succession psychique la parole intérieure ; il n'a pas vu que la parole intérieure est, en fait, chez l'adulte, absolument constante et continue ; il n'a pas vu davantage que, chez l'adulte aussi, les images visuelles sont, en fait, toujours reléguées au second plan par la parole intérieure [ch. VI], qu'elles ne forment pas des séries continues, et qu'elles ne sauraient à aucun titre entrer en parallèle avec la série des sons intérieurs.

Cette erreur d'observation nous explique, sans la justifier, celle qu'il a commise au sujet de l'écriture intérieure. D'une manière générale, le goût de Bonald pour les antithèses (symboles, à ses yeux, des harmonies des choses) l'a empêché de reconnaître la prééminence de la parole intérieure sur toutes les images visuelles, soit ana-

---

1. *Recherches*, ch. VII, p. 169 et *passim*. — Ils devraient d'autant mieux connaître les idées. Pourquoi , dirions-nous à Bonald, si peu d'aveugles parmi les grands penseurs, les prophètes, les législateurs ? Les aveugles-nés seraient des anges, de purs esprits. — Quant aux sourds-muets, leur langage, une fois établi, vaut le nôtre et exprime les mêmes idées ; il est seulement moins commode : car il n'est pas perçu dans toutes les positions du corps, le travail manuel l'interrompt, l'obscurité le supprime ; puis les sourds-muets forment une petite société dans la grande, à peu près comme les Juifs au moyen âge et les bohémiens aujourd'hui. Leur infériorité par rapport à nous n'a pas de causes plus relevées. — Sauf un mot en passant (*Recherches,* ch. VIII, p. 182), Bonald méconnaît absolument le rôle du toucher, dont, en revanche, Maine de Biran et Bain ont abusé. Il a nié d'avance la possibilité de l'éducation de Laura Bridgmann, la sourde-muette aveugle, qui a reçu jusqu'à une instruction théologique.

logiques ou symboliques, soit phonétiques. En réalité, de même que les images, visuelles ou autres, qui sont analogues aux choses, c'est-à-dire constitutives de nos conceptions, peuvent s'affaiblir indéfiniment et se discontinuer comme états distincts sans détriment pour la pensée, pourvu que la parole intérieure, série homogène, continue, toujours distincte, persiste dans la conscience [ch. VI], de même l'écriture intérieure est inutile pour écrire, et la parole intérieure, chez tout homme exercé à l'écriture, dicte directement les signes visibles; sans doute nous nous remémorons ou nous imaginons de temps à autre des images de lettres ou de mots écrits; mais, lors même que nous écrivons, circonstance éminemment favorable à leur formation, ees images ne font jamais série dans notre conscience.

2° *Nécessité de la parole intérieure.* — Médiocre observateur de ce qui est, Bonald s'empresse de passer du fait contingent aux lois nécessaires. Au lieu de dire que la parole intérieure est constante et n'est pas nécessaire [ch. VI, § 8, fin], il a nié implicitement sa constance et tout d'abord proclamé sa nécessité : « *Il faut* des mots pour penser; — *on ne peut* penser sans se parler à soi-même; — la parole intérieure *est nécessaire* « à la conception, à la contemplation de l'idée » ; etc. Cette nécessité qu'il affirme [1] n'est pas la nécessité pure et simple, mais la nécessité *pour penser*, ou, plus exactement, *pour idéer*, c'est-à-dire pour penser les objets intellectuels, esprits, rapports, concepts généraux. Un son intérieur ou extérieur est nécessaire pour concevoir des idées,

---

1. Outre les textes déjà signalés, voir *Recherches,* ch. II, p. 79 ; ch. VIII, p. 175-194 ; etc.

comme une image ou une sensation de la vue est nécessaire pour connaître ou pour concevoir des corps; mais
l'imagination n'est qu'une forme inférieure de la pensée;
la pensée proprement dite est l'idée; à toute idée correspond un son; un son qui exprime une idée s'appelle une
parole ou un mot; il y en a d'autres qui sont de vains
bruits, car tous les sons ne sont pas accompagnés d'idées;
mais toute idée consciente est nécessairement accompagnée d'un son.

Dire que la parole intérieure est *nécessaire*, absolument
parlant, serait une simple inexactitude de langage ou de
logique; ce serait passer sans raison suffisante du fait au
droit, le droit ou la nécessité paraissant à tort révélé par
le fait de la constance. Cette faute de la logique, Bonald,
bien qu'il ait restreint la constance à la durée de l'idéa-
tion, la commet avec une sorte de candeur. Une seule
fois, il daigne révéler la majeure sur laquelle il s'appuie :
au physiologiste Haller, pour qui la parole intérieure est
(comme pour Bossuet et Port-Royal) une simple habitude
acquise, il oppose comme un axiome indiscutable cette
proposition : « Les habitudes générales de l'esprit ne
peuvent être que des nécessités de sa nature » [1].

Ce n'est pas tout : en affirmant que la parole intérieure
est *nécessaire pour penser*, Bonald commet une nouvelle
erreur d'observation; comme il n'a pas vu que la parole
intérieure est constante en fait, de même il ne voit pas
qu'elle est toujours moins riche que la pensée ; en réalité,
la pensée déborde toujours la parole, jamais elle ne peut
s'exprimer tout entière ; pendant que nous nommons une
de nos pensées, d'autres naissent à la conscience qui

_____

1. *Recherches*, ch. VIII, p. 181.

attendent leur tour de parole, et, le moment venu, toutes ne seront pas nommées.

Il admet pourtant, non pas dans la *Législation primitive*, mais dans les *Recherches philosophiques*, que l'idée qui attend et demande son expression « ne se montre pas encore pleinement à l'esprit », mais se montre déjà ; il admet que parfois « on se souvient vaguement, faute d'un mot », que les esprits distraits et lents conçoivent souvent leurs pensées imparfaitement durant un certain temps avant d'en trouver l'expression, qu'un écolier intelligent « devine à peu près le sens d'un passage » avant de le bien comprendre. Il amende lui-même ses premières formules : « Notre intelligence, dit-il, tant que le mot propre ne fixe pas l'objet avec précision, n'a que des aperçus vagues, confus, incomplets, de ses propres pensées [1]. » Il repousse cette conséquence, pourtant inévitable, de son système, que l'esprit serait l'esclave de la mémoire verbale ; celle-ci « offre ses expressions », mais « l'esprit les demande, les cherche, la raison les examine... ; l'esprit fait plus : il les crée lorsque la mémoire... ne lui en présente que d'insuffisantes... ; la mémoire n'est qu'un dictionnaire à l'usage de l'esprit..., un dépôt d'expressions où chaque esprit choisit celles qui peuvent le mieux rendre sa pensée » ; c'est pourquoi « chaque écrivain a son style, expression de son esprit » [2]. Bonald admet donc dans les *Recherches philosophiques* ce qu'il rejetait dans son premier ouvrage, et pourtant il répète encore, il maintient toujours les formules que démentent ses nouvelles observations ; et, quelques années plus tard, répondant aux critiques de Damiron, il lui demande ironiquement s'il

1. *Recherches*, ch. VIII, p. 178 et suiv.
2. *Recherches*, Réponse à quelques objections, p. 232 et suiv.

y a « des moitiés de pensées », oubliant qu'il avait lui-
même admis, en plus d'un endroit des *Recherches philosophiques*, l'existence de pensées imparfaites, incom-
plètes, et pourtant sensibles à la conscience. Bonald
ne paraît pas s'être douté qu'il lui avait suffi de quelques
descriptions exactes pour introduire dans son système une
contradiction qui le ruine. Comme un logicien scolastique,
il n'a d'abord voulu connaître que les concepts définis et
nommés et leurs rapports logiques; il a découvert trop
tard les *petites perceptions*, les états de conscience très
faibles, qui ne sont pas encore nommés ou ne le seront
jamais [1]. L'accident arrivé dans son esprit même aux prémisses de sa doctrine n'a pu ébranler la foi sans réserve
qu'il avait accordée dès l'origine à ses conclusions.

— 3° *Simultanéité du mot et de l'idée.* — Sur les rapports du mot et de l'idée dans le temps, le même parti
pris conduit Bonald à une autre erreur, erreur de fait et
de logique à la fois. Sans s'arrêter au simple fait de la
simultanéité ordinaire, sans se demander si le fait est
vraiment universel et ne souffre pas des exceptions, il se
hâte d'affirmer que le mot intérieur et la pensée qui lui
correspond sont toujours rigoureusement simultanés, et
en même temps il proclame que cette concomitance est
une nécessité de notre nature [2]. Or les passages descrip-
tifs des *Recherches* que nous venons de citer contredisent
le fait invoqué; car ils impliquent que, dans bien des cas,

1. Bossuet les connaît bien : l'extase est pour lui une série de petites
perceptions, trop fines pour être nommées, trop spirituelles pour admettre une expression sensible. Bossuet exclut du langage humain le
pur spirituel, tandis que, pour Bonald, le pur spirituel est l'objet propre
du langage. Selon Bonald, la parole intérieure nous rapproche des
anges ; selon Bossuet, elle nous rapproche des animaux.

2. *Législ. prim.*, Disc. prélim., p. 22 ; *Dissertation*, p. 250 ; *Recherches*,
ch. I, p. 45.

l'idée précède le mot dans la conscience [ch. V], et, quand même la simultanéité serait sans exception, on ne saurait logiquement transformer en nécessité une simple universalité empirique.

Nous arrêterons ici nos critiques, la suite de la doctrine dépassant désormais l'objet de la psychologie descriptive.

4° *Préexistence inaperçue de l'idée*. — Pourtant l'idée est antérieure au mot ; elle est même nécessairement antérieure, car « tout objet est nécessairement antérieur à son image » [1] ; — mais c'est uniquement comme virtualité, comme puissance ; l'idée en acte est simultanée à son expression, elle naît et meurt à la conscience avec le mot ; avant l'apparition du mot, nous ne la connaissons pas, bien qu'elle soit en nous ; elle est inconsciente. L'idée précède le mot, comme la conception précède la naissance [2], c'est-à-dire comme l'être vivant conçu et caché précède l'être vivant né au jour et visible ; elle ne voit la lumière, elle ne paraît, qu'avec le mot et par lui.

Ne nous étonnons pas cette fois si l'antériorité de l'idée est à son tour proclamée nécessaire : l'idée, avant le mot, n'est pas observable ; sa préexistence, n'étant pas une vérité de fait, ne pouvait être affirmée qu'à titre de nécessité logique.

5° *Rôle de la parole*. — C'est ici qu'apparaît dans tout son jour la tendance platonicienne du système.

Les idées générales et fondamentales étant en nous latentes, stagnantes, inaperçues, hors du temps, les mots ont, par une sorte d'association préétablie [3], la vertu de

1. *Dissertation*, p. 248, 249, 254 ; *Recherches*, ch. VIII, p. 186, 187.
2. *Législ. prim.*, ch. I, § 23.
3. On aimerait à être renseigné sur la nature de cette « *merveilleuse correspondance* » (*Rech.*, ch. VIII, p. 190) des mots et des idées. Puisqu'elle est mystérieuse, sans doute elle est divine ; mais l'entendement

porter à l'acte et à la conscience tel ou tel fragment plus ou moins considérable de la pensée que tout homme porte en lui dès sa naissance ; l'esprit est comme une table obscure sur laquelle la parole promène un étroit sillon de lumière [1] ; par la parole, la pensée entre dans la durée, devient discursive et consciente.

Sur cette thèse capitale, les formules abondent, et la plupart méritent d'être citées :

« L'homme n'est connu à lui-même que par la parole. — — L'esprit se révèle par les mots. — L'homme ne connaît les êtres intellectuels que par les paroles qui les nomment. — Il faut des paroles pour penser ses idées. — Les idées s'engendrent, se lient, se combinent, s'associent, à l'aide de leurs expressions. — La pensée se manifeste, se révèle à l'homme par l'expression, comme le soleil se montre à nous par la lumière. — Notre esprit se voit lui-même dans l'expression comme les yeux se voient dans un miroir [2]. — Si chaque idée n'avait pas son terme ou son expression propre qui la distingue des autres idées, il n'y aurait en nous qu'une faculté générale de concevoir, sans idée particulière d'aucun objet. — Le langage donne l'exercice à la faculté de penser. — Tous les jours, l'esprit de l'homme est tiré du néant par la parole. — L'entendement est la faculté de concevoir des idées d'objets intellectuels à l'oc-

divin voit-il entre les mots et les idées des ressemblances qui échappent à nos esprits imparfaits ? ou bien chaque mot est-il associé à une idée par un acte arbitraire de la volonté divine ?

1. Nous résumons ainsi deux ou trois comparaisons.

2. Bonald croit emprunter cette image à Leibnitz : « Les langues sont le miroir de l'entendement. » Mais elle a dans Leibnitz un tout autre sens, car elle est ainsi commentée : « Une analyse exacte de la signification des mots nous ferait connaître mieux que toute autre chose les opérations de l'intelligence humaine. » Ainsi, pour Leibnitz, l'étude des mots est seulement une méthode de psychologie ; pour Bonald, elle est la seule vraie méthode en métaphysique.

casion des mots, lesquels rendent ces idées sensibles à
l'âme. — L'idée est innée en elle-même, acquise dans son
expression. — Les idées innées sont en puissance dans
l'esprit de l'homme ; ce sont des idées que l'homme peut
apercevoir dans son esprit sous certaines conditions ; ces
conditions sont la connaissance des expressions qui nomment les idées. — Les idées attendent dans l'esprit qu'une
expression vienne les distinguer. — La parole porte la
lumière dans les ténèbres de l'entendement, et appelle
chaque idée, qui répond : *Me voilà !* Alors seulement
nous avons la conscience de nos pensées ; alors seulement nous nous idéons nous-mêmes, nous idéons les autres
êtres, et les rapports qu'ils ont entre eux et avec nous » [1].

On voit que le mot a, pour Bonald, la même propriété
qui appartient, dans le système de Platon, au phénomène
sensible ; Bonald aurait pu dire que le mot *nous fait souvenir* de l'idée. Il parle quelque part de la « présence
des idées générales à notre esprit ; présence qu'éveillent
en nous les idées particulières [2]. » Pour lui, tout enseignement est une maïeutique [3], et « le but de la philososophie morale est moins d'apprendre aux hommes ce qu'ils
ignorent que de les faire convenir de ce qu'ils savent [4]. »

1. *Législ. prim.*, Discours prélim., p. 19, 20, 21, et ch. I, § 9 ; *Dissertation*, p. 251, 255, 266 ; *Recherches*, ch. I, p. 45, 48, 52 ; ch. II, p. 64, 66 ; ch. VII, p. 162 ; ch. VIII, p. 175 à 180, 187 à 191. — Cette théorie explique certaines formules inexactes, dans lesquels Bonald (donnant ainsi un démenti à sa propre doctrine) dépasse sa vraie pensée : « Toutes nos pensées sont dans nos paroles ; — la parole n'est que la pensée rendue extérieure ; — la parole est l'idée elle-même et toute l'idée » ; etc. (*Lég. pr.*, Disc. prél., p. 31 ; ch. I, § 19 ; *Dissert.*, p. 243, 249 ; *Recherches*, ch. VII, p. 164 ; ch. VIII, p. 175). Bonald proteste lui-même contre cette identification dans un passage des *Recherches* (ch. VIII, p. 191), qui ne laisse subsister aucune équivoque.
2. *Dissertation*, p. 262.
3. *Dissertation*, p. 263-264.
4. *Législ. prim.*, Discours prélim., p. 37.

Ce n'est pas tout : entre les idées et les réalités, il y a le même rapport qu'entre les mots et les idées; à toute idée correspond un être; le mot, en révélant l'idée, révèle l'être; par exemple, Dieu existe, puisque nous le nommons. Le langage, en parcourant l'entendement, parcourt la vérité; une erreur est une vérité imparfaitement révélée par un langage défectueux; c'est une pensée incomplète, un « défaut de pensée »; « l'erreur sépare, la vérité réunit [1]. »

On le voit, Bonald touche de bien près à l'idéalisme platonicien [2]; ouvertement intellectualiste, naïvement synchrétiste, il est, de plus, secrètement fataliste [3] et prédestinatien : presque partout, il nie implicitement la spontanéité individuelle de la pensée, et, quand il la reconnaît, il se met en désaccord avec l'esprit de toute sa doctrine.

6° *Conséquence.* — Toute idée supposant le langage, et l'invention du langage supposant l'intention, c'est-à-dire l'idée, de l'inventer, l'idée d'inventer le langage suppose la possession du langage; donc le langage n'a pu être inventé; puisqu'il est, il a dû nous être révélé, donné par Dieu [4]. — Diverses circonstances ont accru et varié le lan-

---

1. *Législ. prim.*, Discours prélim., p. 35, et livre premier; *Pensées diverses*, p. 395; *Dissertation*, p. 259 à 262; *Recherches*, ch. II, p. 65; ch. VIII, fin.

2. Dans quelques passages, entraîné par la logique de ses formules, il paraît nier l'intermédiaire entre les mots et les réalités, c'est-à-dire l'esprit individuel, et soutenir que les mots n'éveillent pas des idées latentes, mais les apportent avec eux : il dit, par exemple, que l'idée de Dieu « *entre naturellement dans notre entendement* » dès que l'expression qui lui est propre vient la rendre présente (*Dissert.*, p. 266); au cours d'une polémique, il se laisse aller à demander si l'esprit existe quand il n'est que ténèbres, « avant que la parole lui révèle sa propre pensée » (*Recherches*, ch. II, p. 62). Cf. *Dissertation*, p. 248, où il appelle les idées des *objets*.

3. Dans les *Recherches*, ch. VII, « l'âme est : 1° imagination, 2° entendement, 3° sensibilité »; la volonté n'est même pas nommée.

4. Voir surtout *Dissertation*, p. 254 et suiv.; et *Recherches*, ch. II.

gage des différents peuples [1] ; l'élément primitif et nécessairement révélé du langage universel est le verbe [2].

A côté du langage audible, seul propre à l'expression des idées générales, spirituelles et morales, il y a le langage visible des gestes, ou « langage d'action », auquel correspond, dans la vie intérieure de l'âme, la succession des images, et qui n'exprime que les idées matérielles et particulières ; ne pouvant exprimer l'idée de l'être et ses temps, il ne peut renfermer aucun verbe. Développé et perfectionné pour l'usage des sourds-muets, il s'efforce en vain de remplacer, pour l'évocation de toutes les idées, comme fait extérieur la parole audible, comme succession d'images la parole intérieure. Naturel à l'homme, ce langage n'est pas d'institution divine [3].

Les grandes lignes du système de Bonald sont magistralement coordonnées ; les vues de détail par lesquelles

1. Sur ce point, qu'il n'a guère étudié, la pensée de Bonald est très confuse : voir *Législ. prim.*, Discours prélim., p. 29, note ; *Dissertation*, p. 250 ; *Recherches,* ch. VIII, p. 191 ; d'après ces deux derniers passages, le corps serait l'agent du développement et de la différenciation des langues ; ailleurs (*Recherches*, ch. II, p. 82, notes), il indique l'influence des mœurs, c'est-à-dire des caractères, sur la rudesse ou la douceur des mots ; dans les *Réponses à quelques objections*, p. 233, il aperçoit la fécondité de l'association des idées. Bonald n'a pas vu l'importance de la question : le principe du développement du langage peut être tel qu'il suffise à expliquer l'origine même du langage ; comment affirmer que l'homme n'a pu inventer le langage quand on n'a pas défini le pouvoir de ses facultés sur le langage une fois formé ?

2. *Législ. prim.*, ch. II, note *a* ; *Dissertation*, p. 267, note ; *Recherches*, ch. I, p. 44, note ; *Recherches*, ch. II, p. 66-67.

3. Cette dernière proposition me paraît impliquée dans les textes suivants : *Législ. prim.*, ch. I, note *d*, note *e ;* ch. II, note *a*. Ailleurs, Bonald soutient que les sourds-muets ne parlent pas naturellement par gestes : *Législ. prim.*, Discours prélim., p. 28 ; *Dissert.*, p. 264-265 ; *Recherches*, ch. XIII, p. 349 ; mais nulle part il ne conclut à la révélation du geste. Il faut bien d'ailleurs que l'*image*, sinon le geste, soit *naturelle* à l'homme, puisque (*Dissert.*, p. 251) les animaux eux-mêmes ont des images. Sur ces questions, la pensée de Bonald est restée indécise et peu cohérente. Cf. *Législ. prim.*, ch. I, *passim* ; *Dissert.*, p. 247 ; p. 267, note ; et les passages (cités plus haut) relatifs aux sourds-muets.

il prétend les confirmer sont d'ordinaire inexactes ; elles
sont souvent puériles quand elles portent sur la grammaire,
l'étymologie, les rapports mystérieux des mots et des
idées. Toujours préoccupé de vérités immuables, de principes sociaux éternels, Bonald n'a pas le sens du devenir ;
il comprend mal la vie du langage ; de même, en psychologie, s'il observe parfois avec précision, il généralise trop
vite, il néglige les nuances dès qu'il a trouvé l'antithèse
où il se complaît à enfermer sa pensée ; la sécheresse, en
psychologie, est toujours inexactitude ; il était difficile de
reconnaître la vie de l'âme, cet être « ondoyant et divers »,
dans les formules concises où Bonald prétendait la résu-
mer ; enfin et surtout, il avait à l'avance compromis son
autorité comme psychologue par les conséquences déme-
surées qu'il avait cru pouvoir tirer d'une observation d'ailleurs bien faite. Voilà pourquoi ses contemporains ne pro-
fitèrent pas de ce qu'il est permis d'appeler sa découverte,
et pourquoi, au lieu de la féconder par une analyse plus
pénétrante, ils s'attachèrent uniquement à réfuter la théorie de la révélation du langage. On s'explique ainsi comment ni Damiron ni Maine de Biran n'ont su reconnaître
l'exactitude empirique du point de départ de Bonald.

Examinant, dans son *Essai sur l'histoire de la philosophie en France au* XIX<sup>e</sup> *siècle* [1], le système de Bonald,
Damiron oppose aux formules de ce philosophe une description vague et inexacte, de laquelle il ressort qu'il
n'avait pas aperçu dans sa propre conscience la parole
intérieure : pour lui, la pensée, dans la rêverie inattentive,
est une série de petites perceptions vagues, « purement
spirituelles », qui s'évanouissent à mesure ; quand elle

_______________

1. Publié en 1828.

s'affermit, la pensée réagit sur le corps; alors elle s'exprime par la physionomie, par le geste, ou, mieux encore, par la parole extérieure [ch. III, § 12]; cette association avec des phénomènes sensibles lui est profitable : une pensée qui s'est exprimée au dehors a des contours plus nets, plus d'intensité, plus de fixité aussi; « elle a pris quelque chose de l'allure et des caractères » des phénomènes corporels. Telle est, pour Damiron, toute l'influence du langage sur la pensée. En somme, il n'a pas compris Bonald, et Bonald, en retour, n'a pas compris que Damiron, en lui signalant les petites perceptions, avait touché le point faible de son système. De même sur la méthode : Bonald pratique à toute occasion, et sans aucun esprit critique, l'étymologie des significations [ch. II, § 6 et 11; ch. III, § 11]; Damiron lui reproche, non pas d'employer mal ce procédé très légitime, mais de le substituer à l'observation de conscience : l'auteur des *Recherches philosophiques*, dit-il, « ne se fie pas au sens psychologique; c'est dans les mots qu'il veut tout voir et tout apprendre;... ce serait d'une analyse verbale qu'il tirerait toute la psychologie. » La critique est fondée; mais Damiron n'a pas vu que la valeur du procédé reposait, dans la doctrine de Bonald, sur certains rapports du langage et de la pensée, dont quelques-uns avaient été reconnus par une observation psychologique directe et n'étaient nullement chimériques.

L'*Examen critique des opinions de M. de Bonald*[1], par Maine de Biran, prouve que ce grand psychologue ignorait, lui aussi, la parole intérieure; il réfute très bien la doctrine de la révélation du langage; mais il

1. Ecrit en 1818, à l'occasion des *Recherches philosophiques;* publié par Naville, dans les *Œuvres inédites.*

n'aperçoit pas la part de vérité psychologique que contenait la célèbre formule de son adversaire, et la description qu'il lui oppose est en grande partie chimérique.

Selon Maine de Biran, le langage est l'œuvre de la volonté humaine; l'homme ne s'approprie un langage qu'en le refaisant lui-même, et il n'y a pas de langage extérieur sans un « langage intérieur » préalable; ce qu'il appelle improprement ainsi, c'est d'abord le langage *personnel* et volontaire de l'enfant, qui se comprend lui-même avant de comprendre le langage de ses parents; — c'est ensuite une sorte d'écho *musculaire* par lequel les organes de la voix s'associent instantanément aux impressions que l'oreille reçoit de la voix d'autrui; par ces ébauches de mouvements, l'enfant s'approprie la langue qu'il entend et se fait des signes avec les sons; — c'est enfin la parole *personnelle* par laquelle nous imitons les sons que nous nous souvenons d'avoir entendus. On peut accorder à Bonald que toutes les idées, l'idée même du moi, bien plus, que « la production du moi », supposent « un langage quelconque »; mais un langage, pour Maine de Biran, ce n'est pas une suite de sons, c'est un mouvement musculaire voulu [1].

Signalons brièvement les défauts de cette théorie : le rôle de l'audition pure, mais attentive, dans l'acquisition de la parole, est méconnu par Maine de Biran, comme il l'avait été déjà par Montaigne; — la description du phénomène de l'audition, que nous retrouverons presque identique dans Cardaillac, est fautive; — comme plus tard

---

1. Pages 257 et suiv., 275. Cf. le *Mémoire sur l'habitude* (1802), p. 39 (*Œuvres philosophiques*, éd. Cousin, t. I). — Dans cet ordre d'idées, où il a été suivi par de Cardaillac [§ 5], Maine de Biran avait été précédé par Buffon (Ravaisson, *De l'habitude*, p. 22).

dans les ouvrages de Bain, une importance beaucoup trop grande est attribuée au mouvement musculaire, qui n'est qu'un moyen, et qui, comme tel, est négligé par l'attention [ch. II, § 6], tandis que tout l'effort mental se porte sur le son, qui est le but du mouvement et l'élément essentiel de la parole; sur ce point particulier, comme dans toute la doctrine de Maine de Biran, le rôle de la volonté mentale est méconnu : l'âme n'est guère que le moteur des muscles ; Maine de Biran a préparé ainsi les voies à la doctrine contemporaine qui fait de l'âme, non plus l'associée dirigeante, mais l'esclave et l'écho passif de l'activité musculaire; — enfin la véritable parole intérieure, succession d'images, et d'images purement ou principalement sonores, semble être absolument inconnue à Maine de Biran [1].

Un psychologue consciencieux, contemporain de Bonald et de Maine de Biran, Prevost (de Genève), accentue ingénument la même ignorance : il croit que la remémoration des sons n'est pas donnée à tout le monde, et qu'elle demande un exercice tout spécial; il ne connaît que deux successions d'images sonores : la récitation muette et la lecture de la musique écrite. L'imagination, pour lui, est essentiellement visuelle [2].

1. Signalons deux objections vivantes au système de Maine de Biran : ce sont deux élèves de l'institution des sourds-muets à Paris, qui, par exception, sont muets de naissance, mais entendent parfaitement ; l'un, à seize ans, ne sait dire que *papa* et *maman*, « la parole n'a aucun attrait pour lui, et il ne fait aucun effort pour la conquérir » ; l'autre, à dix ans, ne prononce pas un seul mot; on leur parle, ils comprennent, ils répondent par gestes; ils ont appris à lire et à écrire; ils ont donc la parole intérieure; elle alterne chez eux, quand ils ne font pas conversation, avec la mimique intérieure. Pour ces deux enfants, les mots sont des signes, malgré la paralysie des organes vocaux (Ladreit de Lacharrière, *Du retard dans le développement du langage* etc., dans les *Annales des maladies de l'oreille et du larynx*, 1er mars 1876). [Cf. notre chapitre II, § 5].

2. *Essais de philosophie*, an XIII (1804), t. I, p. 246 et suiv. — Prevost n'est pas le seul philosophe qui ait pris pour une vérité psychologique

Jusqu'en 1830, date de la publication des *Études élémentaires* de de Cardaillac, Bonald reste le seul philosophe qui ait accordé à la parole intérieure l'attention qu'elle méritait. Parmi les auteurs que Bonald lui-même cite à l'appui de ses aphorismes [1], la plupart ne s'écartent pas de la tradition nominaliste, continuée par Hobbes et Condillac; ils négligent de distinguer la parole intérieure de la parole extérieure et se contentent de dire qu'il « n'existe pas de pensée sans signes » (Cabanis), ou que « les mots sont indispensables pour penser les genres et tout ce qui n'a pas frappé les sens » (Dugald Stewart). Haller est plus précis; retrouvons-nous chez lui l'opinion de Bonald, partagée, à ce qu'il semble, par J.-J. Rousseau et par Dugald Stewart, que les phénomènes sensibles peuvent être pensés sans langage intérieur? « L'esprit, dit-il, est tellement accoutumé à se servir de signes qu'il ne pense plus que par leur moyen, et que des vestiges de sons représentent seuls à l'âme toutes les choses, excepté dans le petit nombre de cas où une certaine affection (*affectus aliquis*) rappelle l'image même de l'objet. » Bonald semble n'avoir pas bien saisi le sens de cette phrase [2]. Sans doute Haller a voulu dire que nous avons toujours dans l'esprit des images de mots, et, *de plus*, quelquefois, des images, visuelles ou autres, analogues aux choses, — ce qui est l'exacte vérité.

la maxime d'Horace : *Segnius irritant...* [sur laquelle voir notre chapitre VI, § 7]. Bain, par exemple, est du même avis [voir plus loin, § 6].

1. *Recherches*, ch. I, p. 44 et suiv., et ch. II, p. 180 et suiv.

2. Il donne le texte en latin, après une traduction fautive.

## V

De Cardaillac, laromiguiériste indépendant et assez éclectique, est un esprit incomparablement plus souple et plus ouvert que Bonald. Observateur consciencieux et pénétrant, logicien timide et médiocre, écrivain d'une clarté persuasive quand il décrit les faits, flottant et peu rigoureux quand il aborde les lois générales, il a fait, dans le second volume de son ouvrage [1], une étude approfondie de la parole et de l'écriture au point de vue psychologique, dans laquelle il a, le premier, assigné à la parole intérieure sa place légitime, non seulement dans la théorie du langage, mais aussi dans la psychologie générale; on peut dire qu'il a fait entrer dans la science ce qui, parmi les idées de Bonald, méritait de durer; malheureusement son ouvrage n'est jamais sorti d'une quasi-obscurité d'où les deux cents pages consacrées à la théorie du langage auraient dû suffire à le tirer.

Nous allons procéder à son égard comme nous avons fait pour Bonald, exposer méthodiquement [2] ses vues sur la parole intérieure, en les critiquant lorsqu'elles nous paraîtront inexactes.

1° *Description du fait.* — Cardaillac n'a omis aucune des fonctions de la parole intérieure; il a même exagéré son rôle dans l'audition de la parole d'autrui.

Quand nous parlons des lèvres, « sans produire de son, nous entendons distinctement » une parole intérieure. — Quand nous parlons à haute voix, nous répétons ce que

1. *Études élémentaires de philosophie,* 2 vol., 1830; t. II, p. 189 à 391 : De la parole.
2. L'ordre suivi par Cardaillac est très défectueux, surtout parce qu'il rattache les faits à une série de problèmes mal posés.

nous dicte à mesure la parole intérieure. — Quand nous nous taisons, elle prépare à l'avance nos discours à venir; l'orateur se forme par l'exercice « soutenu et bien dirigé » de la parole intérieure; « pour bien parler aux autres, il faut avoir contracté l'habitude de se parler à soi-même avec facilité [1]. »

La parole intérieure dicte l'écriture [2]. — Puis « l'écriture réveille la parole intérieure dans l'esprit de celui qui lit...; nous ne lisons pas pour voir l'écriture, mais pour entendre la parole intérieure [3]. »

Elle nous aide à entendre, car elle « est souvent plus distincte que la sensation » sonore, et, alors, elle la complète [4]. — Cardaillac va plus loin, et soutient, cette fois à tort, que « le souvenir de la parole », c'est-à-dire la parole intérieure, « accompagne toujours la sensation »; il serait même nécessaire pour que la parole d'autrui nous soit intelligible : « nous n'écoutons pas pour entendre la parole d'autrui, mais uniquement pour entendre la parole intérieure qui en est comme l'écho, et qui, pour nous, est le véritable corps de la pensée, seul capable de nous la rendre sensible [5]. » Comme si la parole d'autrui ne pouvait être directement comprise! Cardaillac a pris pour un phénomène distinct une simple loi, une forme, l'association de l'idée avec le mot.

L'observation ou la contemplation du monde extérieur n'est utile à l'esprit et ne laisse un souvenir durable que si elle est accompagnée de réflexion, c'est-à-dire si nous

1. Pages 312 à 314, 317, 321, 354.
2. Pages 311-312, 354.
3. Pages 308, 310-311, 355-356. Il ajoute à tort : l'écriture « parle aux yeux »; *parler aux yeux*, c'est éveiller des images visuelles.
4. Page 305.
5. Pages 305, 307, 354.

nommons et définissons intérieurement les objets à mesure que nous les apercevons [1]. En d'autres termes, l'observation n'est qu'un cas particulier de la méditation.

C'est surtout dans la méditation proprement dite que la parole intérieure est remarquable, car c'est alors qu'apparaît pleinement l'indissoluble alliance de la parole avec la pensée : cette maxime de Laromiguière : « Toute la force de l'intelligence réside dans l'artifice du langage, » et, en général, « tout ce qu'ont dit les métaphysiciens, » — c'est-à-dire, sans doute, les nominalistes, et, avec eux, Condillac et son école, — sur les « effets du langage... considéré comme signe de la pensée », tout cela « s'étend aussi à la parole intérieure », et même « n'est intelligible qu'autant qu'on lui en fait l'application » [2]. En effet, réfléchir, méditer, penser, c'est « diriger nos souvenirs, choisir parmi nos idées..., les analyser, les combiner, les enchaîner, les déduire les unes des autres, » c'est abstraire, généraliser, classer, raisonner ; « rien de tout cela ne peut se faire qu'au moyen de la parole », qui, d'ordinaire, en pareil cas, reste intérieure. « Réfléchir, méditer, penser, c'est donc *se parler à soi-même*... Toutes les opérations par lesquelles l'intelligence se forme et se développe » sont faites au moyen de la parole intérieure. « C'est par la parole extérieure que nous rendons compte de nos idées à nos semblables, et c'est par la parole intérieure que nous nous en rendons compte à nous-mêmes. » Le silence et la solitude sont favorables à ce « colloque mystérieux, dans lequel l'homme, auditeur et orateur en même temps, parle, écoute, entend, disserte, discute et prononce tout à la fois..... C'est elle qui établit, qui confirme et conserve en

1. Page 283.
2. Pages 288, 303.

nous les connaissances que nos semblables nous donnent au moyen de la parole extérieure. C'est par elle que nous faisons subir aux idées qu'elle conserve toutes les modifications qui les rendent si fécondes...., et que nous nous instruisons nous-mêmes, comme nos semblables nous instruisent par la parole extérieure. » Ainsi, « l'intelligence doit toute sa force et les immenses développements qu'elle acquiert quelquefois à l'empire que nous donne sur nos idées la parole intérieure [1]. »

Comme à la méditation Cardaillac rattache des états moins actifs que la réflexion, tels que la rêverie et la récitation muette [2], rien ne manque au tableau qu'il fait de l'extension de la parole intérieure ; on peut dire qu'il a tracé, bien qu'implicitement, la loi de la parole intérieure ; il a, sinon formulé, du moins compris qu'elle fait l'intérim de la parole extérieure émise ou entendue ; il eût pu dire, en style condillacien, que nous sommes toujours parole et que nous sommes parole intérieure quand nous ne sommes pas parole extérieure. Notons qu'il n'a réservé aucune place spéciale dans la succession psychique aux images visuelles : pour lui, la contemplation des choses visibles exige des idées générales et un discours intérieur ; il fait mieux : il reconnaît la prééminence des images vocales sur toutes les autres images ; son opinion sur ce point constraste heureusement avec celle de Prevost (de Genève) : « Les souvenirs, dit-il, même celui des choses qui nous sont le plus familières, ont toujours quelque chose de vague, d'obscur et d'indéterminé. Quel est celui dont l'imagination est assez puissante pour, en l'absence d'un ami, se représenter sa figure d'une manière aussi exacte que

1. Pages 285, 298-299, 309-310, 333-334, 341, 346-347, 361, et *passim*.
2. Celle-ci implicitement, p. 297 ; la rêverie, p. 315.

s'il était présent, bien qu'il ne passe pas un seul jour sans le voir? Choisissons un exemple plus simple encore : qui peut se représenter une couleur d'une manière aussi distincte que lorsqu'elle est sous les yeux? Le souvenir de la parole, au contraire, bien que moins vif, moins fort que la sensation elle-même lorsque nous l'entendons, n'est pas moins exact, moins précis, moins rigoureusement déterminé : deux articulations, quelque analogues qu'elles soient, ne se confondent pas plus dans le souvenir que dans la sensation [1]. »

2° *Nécessité ou utilité de la parole intérieure*. — Si Cardaillac, après avoir reconnu que la parole intérieure est *constante* en l'absence de la parole extérieure, la disait *nécessaire* dans les mêmes limites, l'inexactitude serait sans gravité. Mais il se laisse entraîner à dire, comme Bonald, qu'elle est nécessaire *pour penser*, que les opérations de l'entendement « ne peuvent se faire sans elle » [2]; et, par une réminiscence évidente du même auteur, il définit ainsi son rôle : « Elle tire la pensée du sanctuaire obscur de l'intelligence, où elle était confondue dans la foule de toutes les pensées qui la composent (*sic*), pour la porter à la surface et nous la rendre sensible en lui donnant un corps, sans lequel elle resterait voilée pour nous [3]. » Dans un chapitre précédent, il n'a pas osé réfuter le paradoxe de la révélation du langage; entre Condillac et l'école théologique, il s'est abstenu de prononcer [4].

Mais il ne faut pas juger Cardaillac sur ces apparences :

1. Pages 304, 305, 306.
2. Pages 280-281, 334.
3. Page 306. De là, page 359, ces équations inexactes : parler est penser, et, comme écrire est parler, écrire est aussi penser.
4. Pages 206 à 218, où il cite Bonald ; il le cite encore, et le réfute, pages 351-352, sur l'invention de l'écriture, mais jamais sur la parole intérieure ; ses seules autorités sont (p. 360) les mots λόγος, grammaire, etc.

le mot *nécessité* n'a pas pour lui le même sens que pour un Bonald ; il appelle ainsi un très haut degré d'utilité ; les passages [1] dans lesquels il contredit à l'occasion sa formule de la nécessité font plus d'honneur à son sens psychologique qu'à la rectitude logique de son esprit.

De même, il exagère, avec Condillac, l'influence de la parole sur la mémoire ; il la dit une fois *nécessaire* pour l'exercice de la mémoire *active* [2] ; puis, revenant sur cette question, il ne parle plus que de sa très grande utilité pour la mémoire tant active que passive [3] [ch. VI, § 8], ajoutant à cette occasion, ce qui est une vue très féconde, que la parole aide puissamment l'attention aux idées, et, par suite, l'analyse de leurs éléments et de leur rapports [ch. VI, passim].

En réalité, Cardaillac a vaguement senti que la parole extérieure et les lois de l'habitude et de la mémoire ne suffisaient pas à expliquer la parole intérieure telle qu'il l'avait décrite : elle n'est pas uniquement, dit-il, « le résultat de l'habitude » [4] ; mais ces causes complémentaires et cachées, dont il a soupçonné l'existence [ch. IV, § 8], il ne les a pas trouvées, et son esprit, faute de mieux, s'est arrêté à l'idée d'une mystérieuse nécessité, que pourtant il n'ose pas dire absolue.

3° *Variétés individuelles.* — Tous les hommes ne sont pas maîtres au même degré de leur parole intérieure : il y en a qui sont obligés, pour lire ou pour écrire, de parler tout haut ; d'autres se laissent vite distraire de leur méditation ; d'autres ne savent rien se dire par eux-mêmes ; il

1. Pages 389 et suiv., etc.
2. Page 285.
3. Pages 332, 341 ; cf. p. 270 et suiv.
4. Page 280.

y en a, au contraire, qui, « doués d'une puissance de réflexion extraordinaire, passent des heures entières à se rendre compte de leurs idées », et chez qui cette éloquence silencieuse rivalise avec le talent de la parole extérieure ; chez d'autres enfin, la parole intérieure est plus facile et plus abondante que la parole prononcée [1].

Ces dernières différences n'intéressent qu'indirectement la parole intérieure ; elle suit en instrument docile les lois individuelles de la pensée et de la volonté ; la pensée est capricieuse ou méthodique, dirigée par les circonstances ou gouvernée par une raison ferme ; la parole intérieure la suit dans ses évolutions, interrompue plus ou moins fréquemment par l'émission de notre parole ou par l'attention que nous donnons à celle d'autrui ; sa loi propre n'en est pas moins la même pour tous les hommes. Quant à ceux qui ne savent pas lire ou écrire, en silence, ils sont, à cet égard, encore enfants ; leur état n'est qu'un épisode de l'histoire de la parole intérieure.

Même en dehors de la lecture et de l'écriture, dans le jeune âge et chez les esprits peu exercés, encore enfants à cet égard, la parole intérieure « réclame », pour avoir quelque suite et nous tenir « isolés des causes de distraction, un plus grand effort d'attention » que la parole extérieure. Mais, chez l'homme normal, cette infériorité de la parole intérieure peut et doit disparaître [ch. II, § 3 ; ch. III, § 3]. Cardaillac, dans un passage [2], la considère à tort comme irrémédiable.

Sur les sourds-muets, il commet une grave erreur ; il croit que l'écriture, extérieure d'abord, puis extérieure ou intérieure, remplace pour eux nos sons expressifs, exté-

1. Pages 307, 311-312, 356.
2. Page 306.

rieurs ou intérieurs [1]. Bonald, mieux instruit, n'ignorait pas que les sourds-muets, de même qu'ils parlent par gestes, pensent par des images de gestes.

*4° Division générale de la parole intérieure en active et passive.* — Dans l'acte de parler intérieurement, nous sommes tantôt passifs, tantôt actifs. Nous sommes passifs quand nous écoutons, quand nous lisons, et dans une variété de la méditation, lorsqu'une idée s'impose à nous avec les mots qui l'expriment : « A qui n'arrive-t-il pas d'être poursuivi, obsédé même, par des idées qu'aucun effort ne peut repousser? Elles se présentent toujours accompagnées de leur expression intérieure ; » — parfois aussi, Cardaillac l'oublie, ce sont des phrases toutes faites, des fragments de poésies, de courtes mélodies, qui s'imposent à notre mémoire, et l'idée, s'il y en a une, accompagne le son ; — dans l'un et l'autre cas, « nous faisons effort quelquefois pour repousser, pour réduire au silence » la parole intérieure ; mais nous l'entendons passivement, malgré nous, « sans avoir rien fait pour la produire. » La rêverie est un état moins absolument passif que l'obsession ; mais c'est encore un état passif, surtout si on le compare à la réflexion ; dans la rêverie, « l'âme, écoutant à peine la parole intérieure,.... l'entend cependant, mais sans faire le moindre effort pour en déterminer l'objet ou en diriger la marche. » Dans la réflexion, au contraire, nous sommes actifs, car « nous dirigeons le cours de notre pensée » et, en même temps, de notre parole; nous cherchons à la fois des idées vraies et des expressions justes ; « l'âme fait effort et pour se parler à elle-même », et pour bien entendre et comprendre tout

1. Page 357.

ce qu'elle dit, et pour « n'être détournée » par aucune cause de distraction « du but qu'elle se propose d'atteindre [1]. » Il en est de même, — Cardaillac omet de le noter, — quand nous écrivons.

Ces descriptions sont fort bien faites. Mais que vaut la division ? y a-t-il vraiment deux paroles intérieures, l'une *que nous entendons en nous parce que nous nous parlons*, l'autre *que nous entendons en nous sans nous parler* [2] ?

La passivité a des degrés, l'activité également ; en somme, les deux états se rejoignent par des intermédiaires ; entre le maximum d'activité et l'extrême passivité, il existe une continuité parfaite. La lecture devient active si nous déchiffrons ; la réflexion devient passive si nous sommes inspirés. La remémoration littérale, la récitation intérieure, dont Cardaillac ne parle pas, est souvent passive et machinale ; mais quelquefois on cherche ses mots : elle devient active.

Cardaillac a distingué la mémoire des mots et celle des idées [3] ; la parole intérieure serait-elle active quand le souvenir des idées précède et commande celui des mots, passive dans le cas contraire ? Ce serait un moyen de préciser la division. Cardaillac l'a négligé, et avec raison ; car, en fait, quelquefois nous cherchons nos mots, et souvent nous ne cherchons pas nos idées. On peut songer aussi à identifier l'activité avec l'innovation verbale, la passivité avec la simple remémoration ; à première vue, l'invention seule semble impliquer un certain degré d'effort mental ; mais quelquefois nous nous remémorons avec peine, et souvent nous inventons sans effort : il n'est pas besoin

1. Pages 307 à 310, 345.
2. Page 307.
3. Pages 291 et suiv.

pour cela d'être inspiré ; quand nous lisons un texte pour la première fois, la suite des mots intérieurement prononcés est une combinaison nouvelle de souvenirs anciens, et pourtant nous n'avons conscience d'aucun effort.

La volonté mentale ne fournit donc pas les éléments d'une division quelque peu précise de la parole intérieure. Aussi avons-nous, dans la suite de ce travail, négligé la distinction de Cardaillac pour nous attacher de préférence aux deux autres que nous venons d'indiquer : l'antériorité du mot sur l'idée ou de l'idée sur le mot [ch. V], la répétition ou l'innovation verbales [ch. IV, § 3, 6, 8 ; etc.] ; ces distinctions, disons-le en passant, ne se confondent pas plus entre elles qu'avec celle que nous écartons : car, dans la lecture, par exemple, le mot précède l'idée, et pourtant nons innovons ; et, dans la remémoration verbale, l'idée, d'ordinaire postérieure aux mots, peut quelquefois aider à les retrouver [1].

5° *Simultanéité ou succession du mot et de l'idée.* — Cardaillac a évité l'erreur de Bonald : pour lui, le mot tantôt précède, tantôt suit l'idée dont il est l'expression [2]. Mais ses remarques sur ce point manquent à la fois de netteté et de développements [ch. V].

6° *Causes de la parole intérieure ; la parole intérieure rattachée à la psychologie générale.* — Cardaillac a le mérite d'avoir rattaché la parole intérieure à la mémoire, dont elle n'est, selon lui, qu'un cas particulier, et à l'habitude, aux lois de laquelle il la soumet. Mais les vues de ce genre qu'on rencontre dans son étude sur la parole sont mal coordonnées, peu précises, parfois même inexactes. Voici la principale :

1. Cf. Cardaillac, p. 292.
2. Pages 291 et suiv., 296-297, 308 et suiv., etc.

« La parole intérieure n'est que le souvenir de la sensation que produit la parole extérieure. » Donc les lois
du souvenir des sensations devraient être ses lois. Mais
les souvenirs de nos autres sensations sont très faibles
et très peu distincts, tandis que la parole intérieure est
relativement vive et tout aussi distincte qu'une sensation. Ensuite, de même que nous n'avons aucun pouvoir
sur nos sensations, nous n'en avons presque aucun sur
le souvenir de nos sensations ; au contraire, « nous exerçons un empire absolu sur nos organes moteurs », en particulier sur les organes de la phonation ; or la parole intérieure est tout autant « à notre disposition » que la parole
extérieure ; elle suit donc la loi de la parole extérieure au
lieu de suivre celle des autres souvenirs sensibles [1]. — A
cette double anomalie, Cardaillac propose une explication
que nous ne pouvons, comme lui, trouver « satisfaisante » :
notre parole extérieure est un mouvement dont un son résulte ; le son et le mouvement sont liés dans nos habitudes
par une association invétérée ; au lieu de vouloir ferme-
ment parler tout haut, « modérons l'action de la volonté » :
nous parlerons tout bas, le larynx restant immobile, et en
même temps se réveillera en nous le souvenir des sons
que nous aurions pu émettre au dehors ; si la volonté de
parler est encore plus modérée, nous n'éprouverons, tandis que nous entendrons toujours la parole intérieure,
qu'un très léger « frémissement » de l'organe vocal ;
ainsi la parole, même intérieure, participe aux lois du
mouvement, parce qu'elle est l'effet habituel d'un mouvement [2].

1. Pages 289-290, 298-299, 304-305.
2. Pages 316 à 320. — Dans plusieurs passages (p. 305, etc.) Cardaillac
fait une place à part à l'*articulation*, qu'il distingue du son  et, semble-
t-il, du mouvement musculaire ; le sens de ces passages nous échappe.

Pourquoi la vivacité de la parole intérieure n'est elle pas proportionnelle à la volonté motrice qui la détermine ? Pourquoi cette vivacité persiste-t-elle en l'absence de toute volonté, dans l'obsession, par exemple ? Cardaillac avoue lui-même que, « lorsque nous nous livrons passivement à nos souvenirs », le fait qui justifierait, à l'en croire, la vivacité des souvenirs vocaux, le « frémissement » musculaire, est absent. Il avoue encore que, dans les cas où « nous dirigeons nos souvenirs [1] », ce frémissement s'affaiblit et disparaît peu à peu par l'effet de l'habitude [ch. II, § 6] ; par quel privilège le son intérieur subsiste-t-il donc toujours intact, malgré la répétition la plus fréquente ? Pourquoi l'habitude n'a-t-elle pas le même pouvoir d'anéantissement graduel sur la parole intérieure que sur les autres phénomènes de l'âme ? L'écriture est liée comme la parole à un mouvement volontaire ; pourquoi son image intérieure ne jouit-elle pas d'une semblable immunité ? Et la mémoire visuelle, en général, n'est-elle pas, chez certains hommes qui se donnent la peine de la cultiver, plus distincte et plus docile que chez le philosophe ou l'orateur ?

L'explication de Cardaillac est sans valeur. Il connaît les effets négatifs de l'habitude [2] ; il connaît aussi la volonté mentale, l'attention, mais il ne l'emploie qu'à déterminer l'ordre des faits psychiques [3] ; il ignore qu'elle est aussi et surtout l'antidote de l'habitude négative [ch. II, § 6 ; ch. IV, § 2 et 6 ; etc.], qu'elle restitue aux

---

1. Notons en passant que Cardaillac confond ici la volonté motrice et la volonté mentale : diriger nos souvenirs n'est pas la même chose que vouloir émettre un son.

2. Page 320, note ; p. 276 ; p. 386 : « l'habitude dissimule ce qu'elle établit » ; etc.

3. Pages 309 et suiv., etc. ; cf. p. 315.

états psychiques la vivacité que la répétition leur enlève ;
les états qui résistent, comme la parole intérieure, à la
destruction lente que produit l'habitude, sont les états que
l'attention préfère et cultive, les états auxquels elle s'attache à l'exclusion des autres, qu'elle dédaigne. Là était
la solution du problème, que Cardaillac a d'ailleurs le
mérite d'avoir nettement posé.

Le faiblesse de la psychologie générale dans Cardaillac
est le principal défaut de son étude de la parole intérieure.
Comme il sépare l'habitude et la mémoire [1], sans paraître
se douter que la mémoire n'est qu'un cas particulier de
l'habitude, tout ce qu'il dit des rapports de la parole intérieure avec l'habitude est vague et de peu de portée ; et,
quand ses vues sont exactes, il est impossible d'en montrer la justesse sans les formuler en un langage plus
précis.

Les habitudes de la parole intérieure ont leur effet dans
l'acte de parler à haute voix, et réciproquement ; il n'y a
là que deux variétés d'un même acte, commandées par
une seule habitude [2].

Mais comment se forme l'habitude de parler sans bruit ?
Selon Cardaillac, elle se forme aux dépens de l'habitude
de la parole extérieure, si « nous prenons l'habitude de
nous abstenir de proférer », aussitôt qu'elle est trouvée,
l'expression de nos idées [3]. L'habitude de parler intérieurement serait donc une synthèse de deux habitudes, l'habitude de la parole et l'habitude du silence, et celle-ci
serait une conquête de la volonté sur la nature, tandis que
la première serait un instinct confirmé par la volonté. —

1. Par exemple, il dit, p. 293 : « les habitudes de la mémoire. »
2. Page 321.
3. Page 314.

Faut-il croire que l'action seule est naturelle à l'homme et qu'il crée son imagination, sa mémoire des sensations? Formuler ainsi la pensée de Cardaillac, c'est la réfuter par l'absurde. La volonté ne développe et n'assouplit que des facultés naturelles : naturellement nous parlons tout haut, et naturellement aussi nous parlons en silence quand parler tout haut est inutile ou dangereux.

L'effort mental par lequel nous dirigeons et choisissons nos idées et nos expressions laisse après lui, s'il est persistant et répété, des habitudes; si cet effort est méthodiquement réglé par un esprit bien fait, la parole intérieure se forme à l'exactitude et aux autres qualités d'un bon langage, et surtout elle devient souple, propre à exprimer toutes les idées, anciennes ou nouvelles, qui nous viendront à l'esprit [ch. IV, § 8]; elle est alors entièrement « à notre disposition »; le « pouvoir que nous avons sur elle » est absolu. Mais l'effort mental n'est pas le même chez tous les hommes; l'empire que nous exerçons sur la parole intérieure est « proportionné à l'habitude », — c'est-à-dire aux habitudes que nous lui avons données, — et par conséquent à l'effort mental que nous avons déployé pour créer ces habitudes [1]. — Rien n'est plus juste. Mais la réflexion n'a pas le privilège d'engendrer des habitudes; la rêverie aussi laisse après elle des tendances reproductrices; seulement elles sont moins fortes, et surtout la réflexion seule prévoit et veut les habitudes qu'elle engendre; la rêverie est insouciante, elle est parfois une puissance de mal, parce qu'elle ne prévoit pas ses effets.

Une dernière remarque, sur laquelle Cardaillac insiste

1. Pages 313-314, 316.

souvent, est que la parole, intérieure ou extérieure, et la
pensée, sont intimement unies, « fondues, incorporées »
l'une à l'autre ; penser et parler ne sont ainsi qu'un acte
unique, gouverné par une seule habitude [1].

Bonald, observateur médiocre, avait fait de la parole
intérieure une description insuffisante ; telle qu'elle était,
cette description lui avait servi de base pour édifier tout
un système de métaphysique. Cardaillac n'a pas la même
puissance de construction, et les conséquences qu'il tire
de ses observations ne sont ni rigoureuses ni précises ;
mais sa description est beaucoup plus complète et plus
exacte que celle de son devancier, et, comme il a tenté de
rattacher la parole intérieure aux faits les plus généraux
et aux lois fondamentales de l'âme, il a posé sur leur vrai
terrain les problèmes que soulève l'existence et l'étendue
de ce phénomène [2].

## VI

Depuis Cardaillac, l'étude de la parole intérieure a été
généralement négligée. M. Paul Janet, dans son récent
*Traité de psychologie* [3], s'étonne avec raison de cette indifférence à l'égard d'un fait aussi familier et aussi important, qui, s'il n'est pas absolument nécessaire à la pensée,
se produit du moins « avec le plus faible degré de culture
intellectuelle ». Parmi nos contemporains, un grand nombre

1. Pages 234, 280, 336, 357, 359, 386, etc.
2. Nous trouvons encore la parole intérieure mentionnée par un
autre laromiguiériste, l'abbé Roques, dont le remarquable *Cours de
philosophie*, composé vers 1830 ou 1840, a été publié seulement en 1876,
après la mort de l'auteur ; voir tome I, p. 136.
3. *Traité élémentaire de philosophie*, 1re partie : Psychologie (1880) ;
p. 233-234.

de théoriciens du langage et de psychologues paraissent ignorer jusqu'à son existence ; quelques-uns le signalent et le décrivent sommairement ; c'est ainsi qu'il a été mentionné par Charma [1], par le P. Gratry [2], et, plus récemment, par Gratacap [3], par MM. Secrétan [4], Renouvier [5], Maury [6], Fouillée [7], A. Darmesteter [8], Maspero [9], par M. Janet lui-même, qui, dans *Le cerveau et la pensée*, invitait les observateurs de l'aphasie à examiner si cette affection atteint toujours la « parole mentale » avec la parole extérieure [10].

Bain a dédaigné de consacrer une mention spéciale à la parole intérieure ; il la cite à l'occasion, quand il parle du souvenir et de l'imagination [11], mais sans la distinguer

---

1. *Essai sur le langage* (2ᵉ éd., 1846), p. 132-134 : il s'agit de la doctrine de Bonald, qui est bien compris et nettement réfuté ; pourtant un argument, ingénieux et nouveau, ne porte pas : Charma admet (avec Bonald et Cardaillac) l'écriture intérieure : « Nous pensons donc **notre** écriture comme nous écrivons notre pensée ; en conclura-t-on que pensée et écriture sont une seule et même chose et que l'homme pense parce qu'il écrit ? » Mais, d'abord, le fait est faux [voir plus haut, § 4 et 5] ; ensuite l'expérimentation proposée sur le nom de Socrate (« essayez de le penser sans vous figurer les caractères ») est récusable [ch. II, § 6].

2. *Connaissance de l'âme* (2ᵉ éd., 1857), t. I, p. 122 à 125 : vues empruntées à de Bonald et à Bossuet, *Connaiss. de Dieu et de soi-même.*

3. *Théorie de la mémoire* (1866), p. 194.

4. Cité plus loin.

5. *Deuxième essai : Psychologie*, t. I, p. 140 ; t. III, p. 279 (2ᵉ éd., 1875) *Critique philosophique*, 10 juin 1875, p. 308.

6. *Le sommeil et les rêves*, note *g*, p. 455 (4ᵉ éd.), en note.

7. *La philosophie de Socrate*, t. II, p. 285 et 313, à propos du démon de Socrate.

8. *Revue critique*, 25 décembre 1875, p. 406, note.

9. *Histoire ancienne de l'Orient* (1875), p. 571 : comment l'ancienne écriture idéographique prit naturellement pour l'esprit une valeur phonétique.

10. *Le cerveau et la pensée* (1867), p. 136-137. — Depuis lors, la question a été examinée dans plusieurs observations, et quelquefois résolue : signalons comme un chef-d'œuvre de description médicale et de pénétration psychologique l'observation due au docteur Mesnet : le malade avait conservé la faculté de lire et d'écrire avec facilité et correction ; la parole intérieure était donc intacte (*Annales médico-psychologiques*, mai 1877).

11. *Les sens et l'intelligence* (trad. Cazelles), p. 305-306 ; p. 311-312, où il

assez des autres images, et comme s'il s'agissait d'un fait intermittent sans intérêt particulier; il semble ignorer sa continuité, son rôle dans l'activité psychique, sa prééminence sur les autres images; la vision est, pour lui, « celui de tous les sens qui retient le plus » et dont les images ont dans la succession psychique le rôle principal [1]. Bien plus : il dénature l'essence du phénomène; dans un des rares passages qu'il lui consacre [2], la parole intérieure devient une image musculaire-tactile. Cette dernière idée, malheureusement, a fait fortune ; car il y a aujourd'hui, parmi les psychologues, une *école du toucher* ou, pour mieux dire, une *école du muscle*, qui ramène de gré ou de force toutes les opérations de l'âme au toucher actif et au sens musculaire. Nous avons discuté, dans la suite de ce travail [chap. II, § 6], la description de Bain, et ramené l'élément tactile de la parole intérieure à ses justes proportions.

**M.** Taine est de ceux qui ont accepté sans discussion l'erreur de Bain, et lui aussi n'accorde à la parole intérieure qu'une courte mention [3].

Les ouvrages devenus classiques de Max Müller sur la science du langage ne contiennent que de très vagues

exagère, comme Cardaillac, le rôle de la parole intérieure dans l'audition; p. 538-539.

1. Page 313.

2. Pages 297-298.

3. Dans la première partie de *L'intelligence*, livres I et II, la parole intérieure est toujours confondue avec les autres images; son importance toute spéciale est méconnue. Dans la seconde partie (livre I, ch. I, § 5), elle est signalée comme le phénomène normal dont l'hallucination est l'exagération; à ce propos, M. Taine la compose de trois images, l'une sonore, vocale, la seconde visuelle, — c'est l'écriture intérieure, — la troisième tactile et musculaire; or, en fait, la première de ces trois images est seule constante, les deux autres sont exceptionnelles : [sur l'écriture intérieure, voir plus haut, § 4, à propos de la description de Bonald].

allusions à la parole intérieure [1]. Il cite pourtant avec éloge une formule de Hegel : « c'est en noms que nous pensons » ; et il dit lui-même que « nos conceptions portent toujours le vêtement du langage » ; mais tout l'effort philosophique de l'éminent philologue se concentre sur la démonstration de l'aphorisme : « Sans le langage, pas de de raison (discursive) ; sans la raison, pas de langage » ; il emploie un art merveilleux d'exposition, une science toute moderne et une logique un peu arriérée à continuer la tradition nominaliste et à réconcilier les paradoxes de Condillac et de Bonald [2].

Un esprit tout différent anime l'ouvrage de notre maître Albert Lemoine sur *la physionomie et la parole*. Il contient sur l'union de la parole et de la pensée une fine et lumineuse esquisse, où la présence ordinaire de la parole intérieure dans la méditation silencieuse est comme montrée à la conscience de chacun de nous en quelques pages limpides et persuasives [3]. Dans ce court chapitre, l'éminent psychologue a fait justice des théories nécessitaires sans cesse rééditées par les écoles les plus diverses ; dans l'union intime du langage et de la pensée, dans la suppléance de la parole extérieure par la parole intérieure,

---

1. *Nouvelles leçons sur la science du langage*, 2ᵉ leçon : Le langage et la raison, p. 84 à 105, trad. française.

2. Le rival américain de Max Müller, Withney, est moins satisfaisant encore : il ne connaît d'autre « langage interne » que les formes de pensée, les habitudes mentales, qui sont imposées à l'esprit par la langue maternelle, et qui changent ou se multiplient lorsque nous apprenons à penser en une langue étrangère (*La vie du langage*, p. 18-19).

3. *De la physionomie et de la parole* (1865), ch. VII, p. 162 à 177. — La parole intérieure est encore invoquée par A. Lemoine dans l'article HALLUCINATION du *Dictionnaire des sciences philosophiques* (2ᵉ éd.) : l'usage presque constant des images vocales, au détriment des images visuelles, explique pourquoi les hallucinations de l'ouïe sont plus fréquentes que celles de la vue.

il ne voit qu'une « habitude invétérée, acquise » parce qu'elle était « commode ». Mais pourquoi se prononce-t-il aussi contre la loi purement empirique de la constance du phénomène? « Dès que l'homme a commencé de parler, dit-il, il pense *rarement* sans parler mentalement sa pensée »; il refuse d'accorder davantage. Et pourtant il a reconnu que la constance ne serait pas une preuve suffisante de la nécessité. Il importait d'écarter définitivement cette théorie de la nécessité du langage, qui a trop longtemps stérilisé plusieurs branches des études psychologiques; mais, puisqu'elle ne saurait être relevée par la thèse de la constance de la parole chez l'homme fait, comme d'ailleurs une observation psychologique complète, poursuivie jusque dans les états anormaux, nous avait paru établir cette loi de la façon la plus sûre, nous n'avons pas hésité, malgré l'autorité si considérable d'Albert Lemoine, à la formuler. Sans doute, l'âme s'est habituée à penser avec l'aide des mots, parce que cette manière de penser lui a semblé la plus commode; mais, l'habitude une fois prise et invétérée, l'âme continue à parler, malgré elle, sans but et contre toute raison; elle ne peut plus se taire, alors même que la parole intérieure n'est plus pour elle qu'un bruit inutile ou importun auquel le cœur et la pensée préféreraient des séries d'images visuelles ou la suspension momentanée de toute imagination.

L'ouvrage le plus récent où il soit question de la parole intérieure et de son rôle dans l'activité psychique est l'*Essai de psychologie* du docteur Ed. Fournié [1]. On jugera de l'importance que l'auteur attribue au phéno-

---

1. *Essai de psychologie*, par le docteur Ed. Fournié, médecin de l'institution nationale des sourds-muets (Didier, 1877). Le chapitre V de la deuxième partie, p. 293 à 361, est consacré au langage.

mène par cette remarquable définition de l'acte de penser :
« réveiller, au moyen des signes du langage, reproduits
subjectivement, une série de notions déjà classées, pour
les comparer soit entre elles, soit à des souvenirs, soit à
des perceptions actuelles [1]. » M. Fournié adopte la théorie
nécessitaire, mais avec de très sages réserves : sans la
parole, l'esprit sent et connaît, mais il ne pense pas ; il a
des idées générales, mais leur association, leur enchaînement, est difficile, irrégulier ; l'acte de penser, et par
conséquent la parole intérieure, sont nécessaires, soit pour
« réviser le classement général de nos connaissanses »,
soit pour « acquérir des notions nouvelles » ; assurément,
« les signes du langage ne font pas la pensée ; mais ils lui
sont indispensables ;... ils donnent aux notions le mouvement et la vie [2]. » Nous dirions, en d'autres termes, sans
nous écarter, à ce qu'il nous semble, de la pensée de
M. Fournié : *Le langage est nécessaire pour que l'activité
de l'intelligence soit aisée, régulière et progressive ;* à
cela se réduit, à notre sens, la part de vérité contenue
dans les thèses nominalistes et condillaciennes. M. Secrétan ne va pas au delà quand il définit le langage articulé : « la forme dont nous revêtons *naturellement* notre
pensée, soit pour la communiquer à d'autres au moyen de
la parole sonore, soit aussi *pour la développer et la préciser* en nous-mêmes, sans émission de voix [3]. »

1. Page 438. La parole intérieure est encore signalée, p. 92, 309, 315,
325-326, 331 à 336. M. Fournié ne paraît pas adopter la description de
Bain ; le *mouvement* dont il parle souvent (p. 89, 94, 315-316, 336, 344,
432) paraît être un mouvement nerveux cérébral et non un mouvement musculaire ou l'image d'un tel mouvement.

2. Pages 92 à 95, 311-312, 345, 353, 432, 438 à 440.

3. *Précis élémentaire de philosophie* (Lausanne, 1868), p. 156. — Cf.
Renouvier, *Psychologie*, t. I, p. 140, 148 à 150, 178 à 183 ; et Bain, *Logique*, t. II, p. 254 et suiv. (trad. fr.).

La partie la plus originale de l'ouvrage du docteur Fournié est sa théorie du langage des gestes comparé au langage de la voix ; la compétence particulière de l'auteur donne un grand prix aux pages qu'il consacre à la psychologie du sourd-muet ; il corrige avec beaucoup de pénétration les erreurs des philosophes antérieurs et des premiers éducateurs des sourds-muets sur les signes visibles : pour lui, le geste seul est un langage naturel et peut rendre à la pensée les mêmes services que la parole ; l'écriture, qui n'est pas, à proprement dire, un langage, mais seulement la traduction soit du langage parlé, soit du langage des gestes, est impropre à fournir les éléments d'un langage intérieur ; le sourd-muet pense et développe son intelligence au moyen d'une mimique intérieure, et, quand il lit, bien loin de comprendre directement les signes écrits, il les traduit comme nous en son langage intérieur habituel [1].

Après Bonald, après Cardaillac, après les auteurs contemporains qui ont abordé la même question, une étude approfondie de la parole intérieure restait à faire. Nous avons essayé, dans les chapitres qui vont suivre, de combler cette lacune de la science psychologique par une description consciencieuse du phénomène, et par un examen des principaux problèmes que soulève cette description [2].

1. Pages 337 à 361.
2. Ces chapitres sont loin d'épuiser le sujet dont les discussions qui précèdent viennent de montrer l'étendue : leur objet propre est la *définition* de la parole intérieure comme fait psychique ; or la parole intérieure n'est pas seulement un fait intéressant par ses caractères distinctifs : ce fait est à peu près universel dans l'humanité, à peu près constant en chacun de nous ; on ne saurait pourtant dire qu'il est nécessaire, et, en tout cas, il ne saurait être primitif ; son extension, son histoire, ses causes, mériteraient d'être étudiées à part ; de même aussi

les perturbations qu'il éprouve dans certains états de l'âme qui ne sont pas l'état normal. Une monographie complète de la parole intérieure devrait donc examiner successivement quatre ordres de problèmes :

1° La nature du fait, son essence, par quels caractères il se distingue des faits analogues ou concomitants, principalement de la parole extérieure et de la pensée ; et, s'il présente des variétés, par quels caractères elles se distinguent les unes des autres ;

2° Sa loi, ou son extension dans la vie psychique, ses rapports de concomitance avec les autres faits psychiques ; dans quelle mesure la parole intérieure est constante et nécessaire ; quels substituts elle peut recevoir ;

3° Ses causes et son histoire chez l'individu contemporain et dans la vie de l'humanité ;

4° Ses modifications dans les états psychiques anormaux : distraction, fatigue, sommeil, ivresse, folie, extase, somnambulisme, délire, aphasie, etc.

Tant d'éléments différents concourent à produire et à varier la parole intérieure, surtout à la rendre universelle et constante, que la plupart des questions psychologiques seraient engagées dans l'étude complète dont nous venons de tracer le programme. Forcés de nous restreindre, nous n'avons entièrement rempli que la première partie de ce programme. Mais, comme les différentes questions relatives à la parole intérieure se supposent souvent les unes les autres, nous avons été amenés plus d'une fois à faire des excursions dans les problèmes dont nous avions ajourné l'examen : la loi, par exemple, déjà posée au début du premier chapitre, se trouve affirmée de nouveau dans le chapitre VI, § 8, et plusieurs des problèmes compris sous ce chef sont alors sommairement résolus ; plusieurs considérations sur la genèse et les causes de la parole intérieure se trouvent dans le chapitre II, § 6, et à la fin du chapitre IV ; enfin nous avons dû faire de temps à autre des allusions à l'état de la parole intérieure dans la distraction et pendant le sommeil.

# CHAPITRE II

## LA PAROLE INTÉRIEURE COMPARÉE A LA PAROLE EXTÉRIEURE

§ 1. La parole intérieure est analogue à la parole extérieure. — § 2. Ressemblances. — § 3. Différences : 1° La parole intérieure est un état faible. — § 4. 2° Elle est plus rapide, plus concise, plus personnelle. — § 5. 3° Elle est plus variée, plus souple, parfois plus correcte. — § 6. 4° Elle est une simple image sonore ; comment l'image tactile a disparu. — § 7. 5° Pourquoi elle paraît intérieure ; la perception externe. — § 8. Même sujet : confirmation par les erreurs de la perception externe. — § 9. La reconnaissance ; cas où la parole intérieure est reconnue. — § 10. Conséquence : pourquoi la parole intérieure reste d'ordinaire inaperçue. — § 11. Témoignages du sens commun sur la parole intérieure. — § 12. Résumé.

### I

La parole intérieure est *une parole ;* nous la nommons naturellement ainsi ; elle ressemble donc à la parole proprement dite, à la parole extérieure ; elle en est comme une *imitation* ou comme un *écho.* Ces deux termes, surtout le premier, expriment bien la ressemblance fondamentale, tout en faisant entendre qu'il existe des différences : en effet, parler de modèle et d'imitation, c'est dire qu'entre les deux choses que l'on rapproche il n'y a qu'une identité *partielle ;* si, par exemple, on dit, avec les Pythagoriciens, que les choses *imitent* les nombres, cette formule implique que *choses* et *nombres* sont deux conceptions spécifiquement distinctes pour l'esprit.

## II

Précisons d'abord les ressemblances.

La parole intérieure a l'apparence d'un son, et ce son est celui que nous nommons *parole* ou *langage :* il se compose de deux sortes d'éléments, des voyelles et des articulations ; ces voyelles et ces articulations sont groupées en syllabes, les syllabes peuvent se grouper en mots, les mots se groupent en phrases ; une syllabe est un ensemble de voyelles et d'articulations simultanées ou qui se succèdent avec une continuité parfaite, sans le moindre intervalle de silence ; des syllabes, soit distinguées par l'intonation, soit séparées par un intervalle de silence extrêmement court, forment un mot ; des intervalles plus longs séparent les mots d'une même phrase, de plus longs encore les membres de phrase et les phrases ; les phrases sont, en outre, marquées par des intonations : chaque phrase a son chant propre et sa note finale ; enfin l'intensité du son varie dans le discours, mais entre des limites sensiblement fixes. Tels sont les caractères de la parole considérée comme son ; ils se retrouvent tous dans la parole intérieure.

Ce sont là des éléments communs à toutes les langues ; elles s'en servent de mille façons différentes ; chacune a ses lois et ses usages particuliers, son alphabet, son vocabulaire et sa syntaxe. Personne ne parle *le langage* en général, car il n'y a pas de langue universelle ; on parle toujours une langue particulière, qui est d'ordinaire la langue de la nation dont on fait partie ; et l'on fait ainsi quand on parle intérieurement comme quand on parle à haute voix.

Les caractères que nous venons d'analyser correspondent à ce que l'acoustique appelle le rythme, la hauteur et l'intensité des sons. Reste un quatrième caractère, le timbre; il appartient également à la parole, et il se retrouve aussi dans la parole intérieure. Mais celui-là est un caractère essentiellement individuel; tout homme a un certain timbre de voix qui lui est propre et qui le fait reconnaître aussi bien ou mieux que son visage. Ce timbre est plus ou moins pur et musical, c'est-à-dire plus ou moins homogène, mais unique pour chaque individu; si l'on en possède plusieurs, un seul est usuel, les autres ne sont que des moyens de comédie.

L'individualité de chaque voix humaine, constituée principalement par le timbre, est complétée par d'autres éléments : une certaine intensité habituelle, — des intonations préférées, — une certaine façon de prononcer certaines voyelles ou consonnes, — enfin des mots et des tournures favorites. Tous figurent dans la parole intérieure de chacun de nous; *ma* parole intérieure est l'imitation de *ma* voix.

En résumé, la parole intérieure est *comme* une parole, et ma parole intérieure est *comme* ma parole. Telles sont les analogies des deux phénomènes.

### III

Cherchons maintenant les différences.

La principale est que, pour employer le langage de la psychologie anglaise, la parole extérieure est un *état fort*, la parole intérieure un *état faible*. L'intensité de l'une comme de l'autre est variable, mais la parole extérieure la plus faible est encore un bruit plus fort que la parole intérieure la plus forte. De plus, l'intensité de la parole intérieure varie dans de moindres limites que celle de la parole extérieure; elle se maintient habituellement dans une certaine moyenne de laquelle elle s'écarte peu. La parole intérieure a aussi moins d'inflexions, des intonations moins variées. En résumé, elle est faible et monotone.

Elle est donc comme un son très faible, comme un murmure ; ce son n'a rien qui soit propre à éveiller et retenir l'attention, et néanmoins, si faible et si peu varié qu'il soit, nous l'entendons toujours distinctement, car il nous intéresse, et nous avons pris l'habitude de l'écouter. Il peut même, — cela dépend des pensées qu'il enveloppe, — être seul entendu, à l'exclusion de sons extérieurs très forts, seul perçu, à l'exclusion des visa et des tacta, des odeurs, des saveurs et des sensations internes qui lui sont simultanés. Rien n'est plus fréquent, non seulement dans le silence relatif du cabinet de travail, mais aussi dans la promenade solitaire, sur le boulevard le plus fréquenté, parce qu'alors l'attention est blasée sur les visa et les autres sensations ; tandis que les sensations subissent la dépression de l'habitude négative, la parole intérieure, cette faible image, a le privilège d'être en nous à l'état d'habitude positive, c'est-à-dire d'habitude incessamment maintenue et régénérée par l'attention [1].

## IV

Tout ce premier ordre de différences constitue une infériorité de la parole intérieure sur la parole exté

1. Nous aurons plus d'une fois l'occasion de revenir sur ces deux formes et ces deux effets de l'habitude; [voir surtout, ch. IV, § 8].

rieure. N'a-t-elle pas, en revanche, quelques avantages?

Oui ; et d'abord son rythme est, en général, plus rapide, surtout si elle récite de souvenir ou si nous nous disons des choses futiles et faciles. Quand nous réfléchissons, quand nous inventons avec quelque effort, elle est assez lente, parfois plus lente que la parole extérieure ordinaire, et, sauf le cas exceptionnel de l'*inspiration* (dont la *verve* est un degré inférieur), sa rapidité est en raison inverse de la difficulté et de la nouveauté de la pensée qu'elle exprime. En somme, la rapidité moyenne de la parole intérieure est supérieure à la vitesse ordinaire de la parole audible.

Cette rapidité plus grande de la parole intérieure consiste d'abord en ce que les petits intervalles de silence qui séparent dans toute parole les syllabes, les mots, les membres de phrase et les phrases, sont moindres encore dans la parole intérieure ; l'intervalle des syllabes et bien souvent celui des mots est réduit à néant. Ensuite, dans la parole intérieure, nous pouvons nous dispenser d'articuler correctement, ce qui prend du temps ; nous n'abrégeons pas les mots, mais parfois nous nous contentons de les esquisser, et cela nous suffit pour nous entendre ; c'est ainsi qu'un enfant qui a un défaut de langue est compris par lui-même et par ses parents, tandis que son langage est inintelligible à des étrangers.

L'explication de ces faits est facile. La parole extérieure est assujettie à certaines conditions, les unes physiologiques, les autres sociales : à parler trop vite, la langue s'embarrasse ; si l'on parvient, comme certains acteurs, à concilier une extrême volubilité avec l'articulation la plus nette, on est mal compris par des auditeurs dont on surmène l'attention ; pour parler distinctement, se faire bien entendre et bien comprendre, il faut parler lentement ; puis il y a la nécessité toute physique de reprendre haleine de temps en temps, la parole n'ayant lieu que pendant l'expiration, le larynx étant impropre à vibrer normalement durant l'aspiration. La parole intérieure n'est soumise à aucune de ces conditions ; elle profite de cette indépendance.

De même que dans la parole intérieure les mots peuvent être sommairement indiqués, les phrases peuvent également être abrégées. Ces mots dont on peut dire que « toute notre vie passée s'y renferme et se lève avec eux devant nous [1] », n'ont un sens si plein que pour l'individu qui les conçoit ; c'est donc dans la parole intérieure qu'ils surgissent à la conscience ; dits à autrui, ils n'auraient pas la valeur qu'ils ont pour nous ; pour la leur donner, il faudrait les commenter, et mieux vaudrait alors les remplacer tout à fait par un discours détaillé et explicite. Des expressions synthétiques comme : « Malheureux....! Un autre....! Jamais....! » suffisent, même isolées de tout contexte explicatif, quand nous nous parlons à nous-mêmes [2] ; la parole extérieure ne les admet dans un pareil isolement que quand nous parlons tout haut pour nous-mêmes, dans le monologue : or le monologue n'est que la parole intérieure devenue extérieure, devenue audible, sans être pour cela destinée à être entendue [ch. III, § 12].

---

1. Taine, *Essais de critique et d'histoire*, p. 43, à propos d'un passage de Stendhal où un tel mot apparaît en parole intérieure, durant une insomnie.

2. Marc-Aurèle, IV, 3 : « Qu'il y ait (dans ton âme) de ces maximes courtes, fondamentales, qui de suite rendront la sérénité à ton âme » ; et X, 34 : « A l'esprit bien fait qui s'est pénétré des vrais principes, un mot très court suffit, même trivial, pour bannir la tristesse et la crainte. Ceux-ci, par exemple : *Le vent disperse les feuilles sur la terre ; ainsi la race des mortels...,* » etc. — Cette préoccupation des *formules de paix* est commune à toutes les âmes religieuses.

Dans la parole intérieure, il suffit que nous soyons compris de nous-mêmes ; nous pouvons donc parler très bas. très vite, peu distinctement, abréger les phrases, remplacer les tournures et les expressions usuelles par d'autres plus simples ou plus expressives à notre goût, modifier la syntaxe, enrichir le vocabulaire par des néologismes ou des emprunts aux langues étrangères ; nous pouvons nous exprimer à nous-mêmes la nuance toute personnelle de nos sentiments par des termes dont nous créons le sens à notre usage, nous représenter des fragments considérables de notre passé, ou des vues d'ensemble sur notre avenir, par des expressions brèves qui reçoivent d'une convention tacite faite avec nous-mêmes cette force et cette ampleur de signification. Le langage intérieur est notre chose ; nous en usons à notre fantaisie ; le plus adéquat à notre pensée et le plus conforme à notre humeur est le meilleur. Il peut être en grande partie personnel, ce qui n'est pas permis au langage audible, lequel est essentiellement un instrument de société.

Voilà pourquoi, souvent, nous avons quelque peine à expliquer à autrui des sentiments ou des idées avec lesquels nous sommes familiers, mais que nous sommes habitués à nous exprimer par des termes qui n'ont de sens que pour nous seuls ; nous les pensons ainsi ; mais si nous voulons les confier à un ami, il nous faut les traduire dans la langue de tous. De même, quand nous voulons parler une langue étrangère, nous commençons par penser dans notre langue, et nous « traduisons ensuite, comme un écolier qui fait un thème, notre pensée, formulée mentalement en français, dans la langue anglaise ou allemande. » Pour parler « réellement bien et sans gallicismes une langue étrangère », il faut nous habituer « à penser » directement « dans cette langue », sans le secours de la nôtre [1].

## V

Si, à l'égard de la prononciation des mots et de leur signification, un certain individualisme est permis à la parole intérieure que la parole extérieure ne saurait admettre, à un autre point de vue elle peut, beaucoup plus facilement que la parole extérieure, s'émanciper de notre personnalité, j'entends de notre personnalité vocale. Elle est d'ordinaire l'écho affaibli, mais fidèle, de notre voix individuelle; mais elle peut aussi imiter des voix autres que la nôtre; les timbres les plus divers, les prononciations les plus étranges, et, au même titre, tous les sons de la nature, peuvent être intérieurement reproduits. Notre voix, au contraire, a un pouvoir d'imitation très borné; le larynx et la bouche ne possèdent qu'une puissance productrice de certains sons déterminés; leur constitution physique en établit la liste et la ferme. Notre pouvoir de reproduction intérieure est illimité; il suffit pour qu'un son soit reproduit qu'il ait été remarqué lorsqu'il a frappé nos oreilles, et qu'ensuite il soit rappelé conformément aux lois du souvenir [2]. Il peut même y avoir une véritable création; nous pouvons imaginer des sons qui n'ont jamais frappé nos oreilles et que notre larynx ne saurait produire [3]. Ce dernier fait est rare d'ailleurs, ou du moins la création se mêle toujours à l'imitation, et elle est d'autant plus fréquente que sa part est moindre et celle de

1. A. Lemoine, *De la physionomie et de la parole*, p. 167-168. — Cf. de Bonald : [voir plus haut, ch. I, § 4].
2. Voir [ch. I, § 4] les faits opposés à Maine de Biran.
3. Cf. Bain. *Les sens et l'intelligence*, p. 538-539, trad. française.

l'imitation plus grande dans les faits mixtes où il y a de l'une et de l'autre.

Un musicien pianiste, qui n'a jamais touché un violon, peut se jouer intérieurement un morceau de violon étendu, soit de mémoire, soit en lisant la musique ; il peut également composer en lui-même un morceau pour violon ou pour tout autre instrument que le piano. Dans ce dernier cas, chacune des notes est un souvenir, l'ensemble est une création ; la part de la création sera d'autant plus grande que l'œuvre contiendra moins de réminiscences et d'imitations, que l'accent et le style en seront plus personnels.

Donnons de l'étendue du pouvoir reproducteur de l'imitation auditive d'autres exemples plus spécialement relatifs à la parole :

Il arrive fréquemment que notre parole intérieure est l'imitation d'un dialogue, dans lequel, sans doute, nous sommes le principal interlocuteur, mais où notre voix, comme dans tout dialogue, est interrompue de temps à autre par l'approbation ou la critique d'une voix étrangère et amie [ch. III, § 12].

Plus fréquemment encore, sortant d'une séance publique, d'une délibération, d'une discussion, nous nous remémorons intérieurement les principales paroles dont notre oreille a été frappée.

Cette parole intérieure impersonnelle est une faculté qui peut être cultivée ; mais elle ne l'est jamais que par jeu et presque toujours dans une intention de caricature. D'ordinaire, elle ne s'exerce qu'au hasard, malgré nous, quand nous avons la mémoire saturée et l'esprit préoccupé des paroles d'autrui. Ce n'est pas là la parole intérieure la plus fréquente, et ce n'est pas la vraie. La vraie parole intérieure, celle qui ne quitte jamais notre pensée, est personnelle; elle ne reproduit qu'une voix, la nôtre; en elle, tout est de nous, car tout est pour nous; elle nous est intime : nous nous disons par elle ce que nous avons à nous dire; elle imite notre voix pour exprimer notre pensée; c'est toujours notre voix, comme lorsque nous parlons tout haut ou tout bas dans la solitude, mais plus discrète encore, plus voilée, perceptible à nous seuls; elle n'est pas pour autrui, et elle n'a rien d'autrui.

Des considérations qui précèdent il résulterait que la *musique intérieure* seule, à l'exclusion de la parole intérieure proprement dite, est souvent et volontiers impersonnelle, que seule elle s'enrichit volontairement d'un grand nombre de timbres différents, étrangers à nos facultés productrices. Dans un autre cas pourtant, qui est relatif à la parole, la faculté naturellement illimitée de reproduire des sons peut être cultivée et entretenue par la volonté :

Si nos organes sont rebelles à quelque détail de prononciation, notre parole intérieure peut être plus correcte que notre parole extérieure. Cela arrive évidemment à quelque degré à tous les enfants durant une certaine période de la première éducation. Le même fait se présente également chez les jeunes gens et les adultes, quand ils se mettent à l'étude des langues étrangères [1]. Par exemple, les organes vocaux d'un homme ne parvenant pas à se plier à la prononciation de la langue russe, l'imagination du même homme peut être, en même temps, capable de reproduire exactement toutes ces articulations si difficiles : un Français établi en Russie aura de l'accent en parlant; mais sa parole intérieure sera correcte, s'il a le

---

1. M. Maspero me dit qu'il prononce intérieurement, sans pouvoir les émettre au dehors, certains sons appartenant à des langues très éloignées de la nôtre.

ferme désir de corriger les défauts de sa parole audible, si son attention se porte toujours, quand il parle et quand il étudie, vers la prononciation normale. Si, au contraire, il se néglige ou se décourage, sa parole intérieure deviendra l'écho trop fidèle de sa parole extérieure; elle en reproduira les incorrections. Si enfin il s'obstine dans son effort infructueux, deux habitudes indépendantes peuvent se créer et coexister en lui, l'une, involontaire et purement musculaire, de mal parler extérieurement, l'autre, volontaire et psychique, de bien parler intérieurement. Tout dépend de la direction que l'attention, c'est-à-dire la volonté, donne ou néglige de donner à l'habitude.

Un phénomène analogue, mais intermittent, se produit quand la parole extérieure d'autrui qui parvient à nos oreilles est balbutiante ou incorrecte; nous la complétons, nous la corrigeons en nous-mêmes [1]; l'imagination vient au secours de la sensation, et nous entendons ainsi plus et mieux que ne prononce notre interlocuteur. De même notre parole intérieure corrige souvent notre parole extérieure à peine prononcée, avant que nos organes vocaux aient repris la phrase en évitant cette fois le *lapsus* qui la gâtait.

## VI

Une autre différence existe entre les deux paroles considérées comme états de conscience.

La parole intérieure est une image simple, une image purement sonore; de même, la parole extérieure d'autrui

---

1. Cf. Paulhan, *L'erreur et la sélection*, dans la *Revue philosophique*, juillet 1879, p. 82. — Nous avons déjà cité sur ce point de Cardaillac [ch. I, § 5].

entendue par nous est une sensation simple, purement
sonore ; mais il en est autrement de notre propre parole,
perçue par notre oreille en même temps qu'elle est produite par nos organes vocaux ; celle-ci est une sensation
double, à la fois sonore et tactile, ou, pour mieux dire, un
couple de sensations. Sans doute, quand nous parlons,
notre attention porte uniquement sur le son ; sans doute
aussi nous ne sentons pas les mouvements de notre larynx ; mais nous sentons, et très distinctement, ceux de
la langue et des lèvres ; il suffit pour les apercevoir de
réagir par un moment d'attention contre l'habitude que
nous avons de ne pas les remarquer ; en réalité, la sensation de l'ouïe est toujours accompagnée d'une sensation
tactile très fine et très spéciale, localisée dans notre bouche. Nous ne retrouvons pas dans la parole intérieure
l'image de cette dernière sensation ; quand nous ne parlons que des lèvres [ch. III, § 12], le phénomène extérieur,
purement tactile, est complété par l'image du son que nos
oreilles n'entendent pas [1] ; mais si tout phénomène extérieur, tout état fort, a disparu, si nous nous bornons à
imaginer notre parole, l'image sonore apparaît seule,
l'image tactile est réduite à une ombre insaisissable à
l'observation, sinon même à un néant absolu.

D'après Bain et son école, au contraire, l'image du
mouvement buccal, ou même une ébauche de mouvement
laryngo-buccal réel, accompagnerait toujours la parole
intérieure ; bien plus, à prendre à la lettre les expressions
de Bain, le phénomène de la parole intérieure serait essentiellement un mouvement interrompu ou la simple
image de ce mouvement. Notre expérience personnelle ne

1. Cf. de Cardaillac, t. II, p. 319.

confirme pas cette affirmation. On sait que, suivant Bain, la sensation tactile-musculaire ou son image est un élément nécessaire de tous les faits intellectuels [1]; nous craignons que l'esprit de système ne l'ait entraîné, sur le point qui nous occupe, à une observation peu rigoureuse [2].

Une première objection sera qu'il est difficile d'expliquer dans cette théorie comment notre parole intérieure peut prendre l'apparence de la parole extérieure d'autrui, ce qui arrive non seulement dans l'hallucination diurne, fait toujours anormal, mais aussi dans les hallucinations essentiellement normales que M. Maury a appelées *hypnagogiques* et qui précèdent presque tous les jours le sommeil de chacun de nous. Bien plus, il arrive quelquefois, dans l'état hypnagogique, que les paroles entendues

1. Cf. les idées de Maine de Biran. Il y a de grandes analogies, toute métaphysique mise à part, entre la psychologie de Bain et celle de Maine de Biran; grâce à cette double influence, le toucher et son complément, le sens musculaire, ont pris dans les théories psychologiques modernes une place exagérée, au détriment de la vue et de l'ouïe [ch. I, § 4 et 6].

2. Voir principalement Bain, *Les sens et l'intelligence*, p. 297-298 et 305, trad. franç.; Taine, *De l'intelligence*, t. II, liv. I, ch. I, § 5; et J.-H. Jackson, *Recherches cliniques et physiologiques sur le système nerveux*, première partie (analysée dans la *Revue philosophique*, fév. 1876); les mêmes idées se retrouvent, mais plus enveloppées, dans Luys, *Études sur le dédoublement des opérations cérébrales* (*Bulletin de l'Académie de médecine*, 13 mai 1879, p. 528-529). — Cf. Liard, *La science positive et la métaphysique*, p. 401-402. — Les pages qu'on va lire étaient écrites quand nous avons lu, dans la *Revue philosophique* (oct. 1879, p. 381-382), l'analyse, faite par M. Ribot, d'une intéressante discussion entre Bain et Bastian sur la question qui nous occupe. Malheureusement, ni Bastian ni Bain n'ont suffisamment distingué la parole intérieure et « la pensée qui se sert du langage »; ce que nous soutenons contre Bain sur la parole intérieure, nous ne l'affirmerions pas des éléments constitutifs des idées; les deux questions doivent être soigneusement séparées [voir notre ch. VI], et, sur la seconde, les thèses opposées des deux adversaires nous semblent également inadmissibles. En ce qui concerne la parole intérieure, nous partageons l'opinion de Bastian, et nous avions, à ce qu'il nous semble, réfuté d'avance l'argumentation contenue dans la réplique de Bain : car Bain fait appel à l'expérimentation, dont nous récusons le témoignage.

ne sont déterminées ni comme nôtres ni comme proférées par autrui [1] ; si le tactum buccal accompagnait toujours l'imagination de notre parole, cette indétermination serait impossible.

Dans l'état de veille, si, quand je me parle intérieurement, je pense au tactum buccal qui correspond aux mots que je conçois, je l'imagine aussitôt ; par exemple, au moment où j'écris ces lignes, mon esprit étant préoccupé du problème de l'image tactile, je ne puis constater ma parole intérieure sans y trouver, avec l'image sonore, une image tactile correspondante. Mais je soupçonne ici une illusion : l'attention une fois dirigée sur l'idée de l'image tactile, il est difficile que la mémoire ne complète pas l'idée générale par un exemple particulier, et cet exemple particulier est naturellement déterminé dans sa nature propre par l'image sonore actuellement présente à la conscience ; l'idée d'une image n'est autre chose qu'un groupe d'images effacées ; cette idée se précise si au groupe d'états très faibles se joint un état plus distinct du même genre, et il est à peu près impossible, en portant l'attention sur le groupe, de ne pas susciter tout spécialement à la conscience, parmi les phénomènes qui le composent, celui d'entre eux qui, à ce moment même, se trouve dans les circonstances les plus favorables à sa reproduction [ch. VI, § 4, 5 et 7] ; l'attention est ainsi comme une sorte de demande qui implique et impose la réponse.

L'illusion dont nous venons d'expliquer le mécanisme a pour cause première l'emploi d'une méthode d'observation dont les défauts ont été depuis longtemps signalés : l'observation du présent est toujours une expérimentation,

---

1. Observations personnelles.

c'est-à-dire une observation volontaire; or il est difficile que le pouvoir personnel, une fois suscité, n'ait pas d'autres effets que ceux qu'on lui demande; la volonté est une force dont l'action ne saurait être exactement limitée à l'avance; je veux observer, et j'observe; mais, en même temps, j'invente, je crée dans une certaine mesure l'objet de mon observation; à vrai dire, j'éprouve mes forces, alors que je voulais seulement constater ma nature, et je prends pour mon état normal et constant les effets d'une excitation passagère.

Tels sont les motifs pour lesquels nous récusons la méthode employée par les partisans de l'image tactile. Au lieu d'observer directement notre état présent, interrogeons nos souvenirs; ce mode d'observation, qui échappe à l'objection précédente [1], nous donnera un résultat tout différent : toutes les fois que je me suis remémoré mes paroles intérieures les plus récentes, je les ai trouvées pures de tout élément tactile. Le souvenir immédiat des paroles extérieures, au contraire, contient toujours cet élément.

On dira peut-être qu'il disparaît du souvenir de la parole intérieure, parce que notre attention le néglige et se

---

1. L'observation du moment présent, c'est l'*observation de conscience* des anciens psychologues; exemple : mouvoir son bras, uniquement pour observer la volonté motrice; c'est là une *expérimentation*, car nous créons le fait que nous observons et pour l'observer. Ce genre d'observation a contre lui l'objection souvent répétée par les adversaires de la psychologie : comment être à la fois acteur et spectateur? ou du moins acteur tout à son rôle et spectateur attentif? n'est-il pas à craindre que l'acteur, au lieu de suivre son inspiration naturelle, ne modifie son jeu pour répondre aux secrets désirs du spectateur? — On évite l'objection si le fait observé ne dépend plus de nous au moment où nous l'observons, c'est-à-dire si le spectateur succède à l'acteur, si l'on observe le passé au lieu du présent. L'*observation de mémoire* correspond donc à l'*observation* pure des sciences physiques et naturelles, et c'est là le vrai procédé du psychologue.

porte uniquement, durant la production de la parole intérieure, sur l'élément sonore. Notre attention le néglige en effet ; mais, s'il avait la moindre force, il n'échapperait pas pour cela au souvenir immédiat ; l'élément tactile de la parole extérieure est remémoré, en dépit des dédains de l'attention, parce qu'il est un état fort. Si l'image tactile échappe au souvenir, c'est qu'elle est non seulement délaissée par l'attention, mais encore très faible par elle-même, trop faible pour être remémorée ; c'est qu'elle ne possède qu'un degré de conscience infinitésimal. Mais alors elle est inobservable, car l'observation pure, par la mémoire, ne la donne pas, et l'expérimentation directe est exposée à des erreurs qui nous empêchent d'accorder confiance à son témoignage. Si elle est inobservable, comment la connaître ? qu'est-ce qui distingue, pour le psychologue, un état de conscience trop faible pour être observé d'un état inconscient [ch. VI, § 10]? Sans doute, un état très faible et, en cette qualité, inobservable, peut être supposé nécessairement par un autre état, et affirmé à titre d'hypothèse légitime ; mais est-ce le cas ici ? Il me semble que, tout au contraire, les lois psychiques les mieux établies confirment les résultats négatifs de mes observations.

Deux choses seront admises sans contestation : la première, c'est que la parole intérieure, à mesure qu'elle se produit en nous, est écoutée ; en d'autres termes, que nous y faisons attention ; — la seconde, c'est que l'attention porte sur la parole intérieure comme image sonore, nullement sur l'image tactile. Le même fait se passe pour la parole extérieure, et c'est là entre les deux paroles un nouveau rapport à ajouter à ceux que nous avons énumérés au commencement de ce chapitre : nous écoutons notre parole, mais notre attention néglige les sensations tactiles qui l'accompagnent.

Mais cette concentration exclusive de l'attention sur l'élément sonore ne peut avoir le même effet sur les deux paroles : la parole extérieure étant un phénomène physique, les deux éléments qui la composent sont incessamment donnés à notre conscience sous forme de sensations ; l'habitude négative ne peut aller jusqu'à anesthésier notre langue et nos lèvres ; la sensation tactile, à la longue, n'est pas même émoussée ; seulement, nous n'avons pas pris l'habitude de la remarquer et de l'analyser ; elle est, par suite, oubliée à mesure ; mais, pour la retrouver, il suffit d'un peu d'attention, car, à mesure qu'elle disparaît sans laisser de trace dans le souvenir, elle est de nouveau produite ; observons-nous en prononçant quelques paroles insignifiantes, nous la constaterons d'une manière indubitable.

Beaucoup plus fragile est l'image de cette sensation. Depuis de longues années, nous ne la remarquons pas ; elle a dû, dès lors, en vertu des lois de l'habitude, descendre progressivement tous les degrés de la conscience ; elle ne peut en posséder aujourd'hui qu'un degré infinitésimal, inappréciable, subjectivement identique à zéro [1]. Les probabilités théoriques, bien loin d'être en faveur de l'image tactile, lui sont donc positivement contraires.

Il est vrai que la possibilité de variétés individuelles résulte des lois mêmes de l'habitude que nous invoquons. Aux origines de la parole intérieure, le phénomène inté-

---

1. Une conscience décroissante en vertu de l'habitude peut-elle arriver à zéro ? Pour répondre, il faudrait savoir la *raison* mathématique des progressions croissantes et décroissantes de l'habitude. Bien loin que ce problème soit résolu, il n'a même pas, que je sache, été posé par les philosophes et les savants qui se sont occupés de l'habitude.

rieur est certainement double, comme son modèle ; la suppression de l'image tactile est un effet de l'habitude (habitude négative) ; le maintien de l'image sonore à un certain degré de conscience est un effet de l'attention constante que nous portons à cette partie du phénomène (habitude positive) ; chez tous les hommes, l'attention se porte de préférence sur l'image sonore, mais elle peut ne pas abandonner toujours absolument l'image tactile ; l'habitude, considérée chez différents individus, peut donc affaiblir inégalement l'image tactile ; cet affaiblissement est inversement proportionnel à la somme de l'attention que chaque homme porte d'ordinaire à cet élément secondaire de sa parole intérieure. Les hommes qui méditent peu et qui n'usent guère de la parole intérieure que pour se préparer à parler, et à parler le plus distinctement possible, les acteurs, les avocats, certains professeurs, s'exercent mentalement à articuler ; chez eux, l'image tactile doit se conserver mieux que chez les contemplatifs ; à ceux-ci l'image tactile est indifférente : elle n'a rien qui puisse attirer et retenir leur attention.

Nous reconnaissons que la suppression de l'image tactile est une acquisition de l'âge, un effet de l'habitude, que, chez l'enfant, l'image tactile et l'image sonore sont deux phénomènes naturellement associés ; mais cette association n'est pas inséparable : l'attention dissocie lentement les deux éléments en se portant exclusivement ou presque exclusivement sur l'image sonore [1]. Ce privilège de l'image sonore a deux motifs : le premier, c'est que le son est peut-être plus agréable à l'âme que le tactum buccal ; le

---

1. La loi dont nous indiquons ici une application particulière peut se formuler ainsi : l'attention opère sur les éléments des habitudes complexes une sélection analytique.

second, qui est décisif, c'est que la parole d'autrui n'est pour nous qu'un son : quand l'enfant commence à parler, il n'invente pas la parole, il imite celle qui entend, il veut *faire comme les autres;* le son est donc le but, le mouvement buccal n'est qu'un moyen ; or il est de règle que, dans une série de fins et moyens, l'attention porte de préférence sur le phénomène final. L'enfant grandit et perfectionne son langage ; ce qu'il veut, c'est toujours *se faire entendre ;* il juge s'il a bien dit ce qu'il voulait d'après les sons qu'il émet et qu'il entend, et non d'après les tacta buccaux ; et ceux-ci lui deviennent de plus en plus indifférents à mesure que son langage devient plus facile et plus correct, c'est-à-dire à mesure que ses organes vocaux sont mieux assouplis, mieux adaptés à toutes les variétés du langage audible ; alors, en effet, il n'est aucunement besoin de réfléchir aux moyens, il lui suffit de vouloir le but. Ainsi, l'habitude tendant toujours à affaiblir la conscience des phénomènes qui se répètent incessamment, l'attention toujours en éveil ravive et régénère sans cesse la conscience de l'image sonore , et la maintient ainsi à un degré suffisant d'intensité, tandis que l'image tactile, l'associée naturelle et primitive de l'image sonore, est livrée par l'inattention à l'action destructive de l'habitude [ch. IV, § 2].

Ce que nous affirmons de l'individu enfant, devons-nous l'affirmer également de l'enfance de l'humanité? devons-nous croire que les premières générations humaines qui firent usage de la parole eurent une parole intérieure à demi tactile, à demi sonore, et qu'il fallut plusieurs siècles pour opérer cette purification de la parole intérieure qui, de nos jours, chez l'enfant, se produit vraisemblablement en quelques années? La chose me paraît probable, non que je considère l'humanité comme un seul être, auquel l'hérédité ferait une sorte d'individualité relative en jouant dans l'espèce entière le rôle qui appartient chez les individus à l'habitude; mais les premières générations humaines qui parlèrent durent parler très peu, et l'habitude, pour avoir les effets que nous avons décrits, suppose un exercice régulier et fréquent de la parole; la purification de la parole intérieure implique sa fréquence, sinon sa continuité absolue, c'est-à-dire une période du langage qui n'est pas la période tout à fait primitive.

Un curieux idéogramme égyptien nous induirait à penser que, à l'époque où fut inventée en Égypte l'écriture idéographique, la parole intérieure n'était pas encore, chez les auteurs de cette invention, purifiée de l'élément tactile. Il représente un homme accroupi; le bras gauche pend inactif le long du corps, tandis que l'autre, par un mouvement très accentué, porte à la bouche les doigts de la main droite; cet idéogramme est employé indifféremment pour exprimer les idées suivantes : *manger, boire, crier, parler, méditer, connaître, juger,* c'est-à-dire pour « toutes les actions : 1° de la bouche, 2° de la pensée [1]. » Rien de plus curieux que cette homonymie idéographique; il semble que l'individu représenté localise sa pensée dans sa bouche; or cette localisation ne se comprend que si la parole intérieure lui paraît un phénomène buccal, en d'autres termes si elle est pour lui une hallucination faible du toucher buccal en même temps qu'une image sonore. La parole intérieure, comme son, n'est pas localisable [§ 7]; mais, si elle est associée à une autre

---

1. Maspero, *Histoire ancienne de l'Orient*, p. 595.

image nettement localisée dans la bouche, elle est elle-même indirectement localisée au même endroit du corps, et sa localisation entraîne celle de la pensée.

Quelque séduisante que soit cette hypothèse, elle doit être abandonnée aussitôt qu'émise, car la création d'une écriture, même idéographique, suppose un développement intellectuel bien supérieur à celui que l'on est en droit d'admettre pour les périodes primitives de la parole. L'idéogramme égyptien n'implique pas autre chose que cette définition très empirique, mais très simple et très exacte, de la pensée : *ce qui se parle ou peut se parler* [1]. Pour représenter aux yeux un tel phénomène, les créateurs de l'écriture hiéroglyphique ont fait appel aux rapports de la pensée avec la parole et de la parole avec la bouche, et, comme la pensée est un acte, un fait passager, ils l'ont représentée par un homme en action, qui fait un geste, le geste de montrer sa bouche, organe de l'expression audible de la pensée.

Mais l'hypothèse que nous venons de rejeter contenait une vue qui mérite d'être recueillie : n'est-ce pas, aujourd'hui encore, une croyance de sens commun que nous pensons, sinon précisément dans la bouche, au moins dans la tête [2]? et l'image buccale ne serait-elle pas la raison secrète de cette étrange localisation? Nous disions tout à l'heure que, l'image buccale étant inobservable, il faut ou la déduire ou la nier ; ne tenons-nous pas maintenant le fait qui la suppose nécessairement et au nom duquel nous pouvons, nous devons peut-être l'affirmer?

On sait qu'un état de conscience infinitésimal est comme

1. C'est l'explication qu'en donne, en d'autres termes, M. Maspero.
2. Voir Janet, *Le cerveau et la pensée*, p. 121 ; et Albert Lemoine, *L'âme et le corps :* Du siège de l'âme.

un néant pour l'observation; mais une accumulation de
tels états fait une somme, une conscience totale, qui peut
ou être appréciable à l'observation, ou du moins produire
un effet appréciable, duquel on peut la déduire d'abord
elle-même comme condition immédiate, puis déduire ses
éléments comme condition indirecte et première. L'idée
que *nous pensons dans la tête* serait ici l'effet appréciable
de la continuité de l'image tactile infinitésimale, qui, accompagnant la parole intérieure, accompagne toujours la
pensée. Par une raison analogue, comme le cœur s'agite
et que nous sentons ses battements quand nous sommes
émus, les sentiments sont, naturellement et avant toute
science, localisés dans le cœur [1]. Les émotions étant senties dans le cœur, et la pensée imaginée dans la bouche,
deux jugements s'élaborent lentement et d'une manière
inconsciente dans nos esprits : la pensée est un phénomène céphalique, le sentiment est un phénomène car-
diaque [2]; ce sont deux croyances naturelles, deux préjugés instinctifs, que nous exprimons implicitement
dans plus d'une locution [3], et dont, à l'occasion, nous
prenons nettement conscience. Le premier de ces deux
jugements est d'ailleurs à la fois confirmé et amendé
par cette observation qu'un mal de tête est une gêne pour
le travail intellectuel [4], et par quelques autres analogues;

1. Voir Cyon, *Le cœur et le cerveau*, dans la *Revue scientifique* du
22 novembre 1873.

2. Quant au second jugement, il est peu à peu infirmé par les observations suivantes : petites émotions sans réaction sur les mouvements
du cœur; alliance intime de tout sentiment avec la pensée de ses
causes, de son but, de sa nature; en définitive, on localise le sentiment
dans la tête avec la pensée.

3. *Se mettre une idée dans la tête, une tête faible, une pauvre tête, la
forte tête de l'endroit*, etc. On en trouvera une liste à peu près complète dans le dictionnaire de M. Littré, au mot TÊTE, 27°.

4. Voir Littré, même mot, 6°. C'est de cet usage du mot *tête* que
dérivent *entêter, entêté, entêtement*. Primitivement, un homme *entêté*,

ces observations tendent à transporter de la bouche au front le lieu de la pensée, et, par suite, elles généralisent la localisation : la pensée se trouve dès lors située dans la tête en général et non plus particulièrement dans la bouche [1]. On peut du moins supposer que tel est le processus générateur de cette opinion universellement répandue qui fait du mot *tête* le synonyme populaire d'*esprit*.

L'hypothèse que nous venons de proposer n'implique de notre part aucune concession réelle à l'opinion de Bain. Elle nous conduit uniquement à considérer comme possible ou probable une conscience infinitésimale de l'image tactile ; or, à ce degré inobservable, nous n'avons jamais nié l'image tactile.

Un fait linguistique important, qu'on sera peut-être tenté de nous opposer, ne nous conduira guère au delà de cette conclusion. Nous avons admis plus haut que l'habitude jointe à l'attention peut créer parmi les hommes des différences individuelles en ce qui concerne l'image tactile ; or les habitudes ne sont pas seulement individuelles, elles peuvent être aussi collectives ; il nous semble

c'est un homme ivre ; puis on est *entêté de* ou *par une odeur, une passion, une idée* ; puis *entêté* est pris absolument et devient le synonyme de *têtu*. — *Têtu* semble dériver de *tête* pris dans la vingt-septième acception, laquelle, on le voit, rejoint peu à peu la sixième. — L'étymologie des significations est pour le psychologue une mine de renseignements précieux.

1. Cette localisation ne peut résulter d'une sorte d'intuition *à priori* des rapports de la pensée avec le cerveau : il est absurde de supposer le cerveau sentant lui-même sa situation dans le corps ; il ne l'est guère moins de supposer l'âme sentant le cerveau, prenant connaissance de ses relations avec lui, et localisant le cerveau directement, elle-même par association. D'ailleurs pourquoi cette localisation instinctive serait-elle restreinte aux pensées ? pourquoi les sentiments sont-ils naturellement localisés ailleurs ? La localisation de la pensée dans la tête ne peut s'expliquer que par l'association de la pensée avec une sensation localisée, ou périodique ou constante ; reste à déterminer quelle est cette sensation.

que les peuples diffèrent à cet égard comme les individus, et que le tactum buccal est mieux conservé chez certains d'entre eux que chez les autres. Cette hypothèse nous est suggérée par un fait auquel elle servirait d'explication : on sait que l'importance des voyelles n'est pas la même dans toutes les familles de langues, et que, par suite, elles n'ont pas partout la même fixité ; on sait aussi que les consonnes possèdent une fixité relative toujours supérieure à celle des voyelles. Or une expérimentation des plus faciles montre que la sensation buccale est, pour les voyelles, purement musculaire et extrêmement faible ; le tactum n'est vif et distinct que pour les consonnes. Cela posé, admettons un instant avec Bain que la parole intérieure soit une simple image tactile : les voyelles n'étant jamais remémorées que sous une forme où elles sont à peu près indiscernables les unes des autres, leur mobilité serait presque illimitée ; elles ne persisteraient pas intactes durant une seule génération, et l'écriture à ses débuts aurait négligé de les noter ; toutes ces conséquences sont démenties par les faits. Si, d'autre part, l'image tactile était absolument anéantie, la même quantité de conscience s'appliquant dans un temps donné aux voyelles et aux consonnes, les premières ne sauraient être plus profondément enracinées dans les mémoires que les secondes, et la linguistique trouverait aux unes et aux autres la même fixité dans l'évolution des langues ; or il est constant que, dans le cours des siècles, les voyelles subissent en général plus de changements que les consonnes ; ce phénomène nous invite à accorder à l'image tactile une intensité minimum toujours positive, toujours supérieure à zéro ; mais la lenteur de l'évolution des voyelles, et la réalité d'une évolution parallèle, bien que plus lente

encore, des consonnes, prouvent que l'élément tactile de
la parole intérieure est bien loin d'avoir l'importance qui
lui est attribuée par l'école du toucher. Enfin, le retard
de l'évolution des consonnes sur celle des voyelles dans
une langue donnée est la mesure de l'importance de
l'image tactile dans le langage intérieur du peuple qui
fait usage de cette langue, et, comme ce retard est variable, nous devons en conclure que l'image tactile n'a
pas chez tous les peuples exactement le même degré de
faiblesse, qu'elle dépasse zéro d'une quantité tantôt plus
grande, tantôt moindre; sans doute, les peuples dont le
tempérament est plus esthétique s'attachent exclusivement aux sons; chez d'autres, l'imagination moins raf-
finée porte quelque intérêt aux souvenirs tactiles et ne
les livre pas absolument à l'habitude négative.

En définitive, rien n'est changé à nos premières décla-
rations : il reste établi que la parole intérieure est essentiellement une image simple, une image sonore; l'image
tactile qui, théoriquement, devrait l'accompagner toujours, est d'ordinaire réduite à une intensité minimum;
par suite, elle est inobservable; certains faits très généraux semblent pourtant dénoter sa présence, parce qu'ils
trouvent en elle la condition qui peut servir à les expliquer.
Si, *dans certains cas,* l'image sonore est accompagnée
d'une image tactile discernable à l'observation psychologique, ce sont là des cas exceptionnels qui confirment par
opposition la règle générale; j'accorde volontiers qu'il y a
de tels cas : ainsi l'image tactile accompagne visiblement
l'image sonore *quand nous y tenons;* elle l'accompagne,
même contre notre désir, si nous portons notre attention
sur son idée; ces deux circonstances, notons-le, ne peuvent se rencontrer que chez un psychologue; — l'image

tactile reparaît encore quand notre parole intérieure s'anime et se rapproche de la parole extérieure [ch. III]; — l'intention de parler plus ou moins prochainement la revivifie également; — chez moi, je ne sais trop pourquoi, elle me paraît être plus fréquente quand je lis que dans la simple méditation; — enfin, dans notre première enfance et dans l'humanité primitive, elle a jadis accompagné l'image sonore. Ce que je nie, c'est que l'image tactile soit un élément nécessaire de la parole intérieure et doive, en conséquence, entrer dans la définition de ce phénomène ; *d'ordinaire, elle est absente,* et cette absence est d'autant plus la règle que la parole intérieure mérite mieux son nom, qu'elle est mieux constituée à l'état de compagnon inséparable de la pensée.

Pour terminer cette discussion, il est permis d'invoquer le témoignage des premiers observateurs de la parole intérieure [ch. I, § 3, 4, 5]. Si, comme le soutient **Bain**, la parole intérieure était surtout une image tactile, par l'effet de quelle illusion Bossuet, Rivarol, Bonald n'ont-ils aperçu dans leur conscience qu'une simple image sonore ? et comment Bonald a-t-il osé contredire non seulement la logique, mais l'évidence, en soutenant que l'ouïe est « le sens de l'intelligence »? L'image tactile n'apparaît pas dans les descriptions de la parole intérieure avant Cardaillac; c'est qu'il fallait sans doute, pour découvrir l'image accessoire derrière l'image principale, observer le phénomène avec une attention persévérante, ce que nul, avant Cardaillac, n'avait su faire. Cardaillac lui-même ne parle que d'un « frémissement presque imperceptible » [1]; il ajoute que « l'habitude tend à le dimi-

1. Pages 319-320. Cardaillac paraît avoir en vue une sensation proprement dite, signe d'un véritable mouvement musculaire, et non une

nuer et finit par le faire disparaître entièrement », et il ne pense pas que « les hommes studieux, habitués à la méditation », puissent réussir à l'apercevoir, à moins de suivre le conseil qu'il leur donne de « s'écouter avec attention »; alors, dit-il, « ils le retrouveront quelquefois, surtout lorsqu'ils s'occuperont d'objets qui leur sont moins familiers, ou bien lorsqu'ils sentiront le besoin de se rendre plus vivement sensibles leurs idées et les expressions dont ils les revêtent, » c'est-à-dire lorsqu'une difficulté dans le problème étudié excitant les puissances de l'âme et donnant plus d'énergie à la parole intérieure, celle-ci se trouvera ressembler davantage à la parole extérieure. Ainsi, pour ce consciencieux observateur comme pour nous, l'image tactile est d'une extrême faiblesse; elle n'apparaît que dans des cas exceptionnels, et, même alors, il faut que la volonté mentale, l'attention, vienne au secours de la conscience; l'expérimentation seule peut la révéler [1].

## VII

Les caractères précédemment étudiés qui distinguent la parole intérieure et la parole extérieure sont tous, sauf le dernier, des caractères intrinsèques; encore l'association du tactum buccal à la parole extérieure est-elle un caractère purement empirique et dans lequel l'activité de l'en-

simple image; mais je me crois en droit d'appliquer ses remarques à l'image : car, entre une sensation presque imperceptible et son image presque imperceptible, la différence ne peut guère être perceptible.

1. Il n'est pas inutile, dans une question de fait comme celle-ci, de déclarer que je n'ai lu le chapitre de Cardaillac qu'après avoir entièrement rédigé toute la discussion qui précède. L'accord aussi complet qu'imprévu de deux psychologues sans parti pris paraîtra, je l'espère, fournir une preuve de plus en faveur de la thèse que j'ai soutenue.

tendement n'intervient pas. Nous arrivons maintenant à un dernier caractère, tout différent des précédents, à une association d'idées tout autre que l'association d'une sensation à une autre sensation ou d'une image à une autre image.

Tous les hommes considèrent naturellement la parole intérieure comme un élément de leur âme, un état du moi, à tel point que d'ordinaire ils ne savent pas la séparer et la distinguer de la pensée réfléchie; ils considèrent la parole extérieure, au contraire, comme un phénomène physique. Des deux paroles, l'une *nous est intérieure*, elle fait partie de nous; l'autre *nous est extérieure*, elle n'est que notre œuvre, elle fait partie du monde matériel.

Ce ne sont pas là des caractères intrinsèques. En effet, dire que, des deux paroles, l'une est extérieure, l'autre intérieure, ce n'est pas constater un fait; l'extériorité de l'une et l'intériorité de l'autre ne nous sont pas données avec leurs éléments constitutifs; l'extériorité ne fait pas partie de la parole extérieure, ni l'intériorité de la parole intérieure. *Nous leur attribuons* ces deux qualités; ce sont deux idées que nous tirons de notre esprit pour les ajouter aux caractères intrinsèques qui distinguent déjà les deux paroles, et en compléter ainsi la séparation. Après les avoir distinguées par les différences qu'elles nous présentaient, nous les distinguons par l'opinion que nous avons sur elles.

Sans aucun doute, cette distinction se fonde sur la différence des caractères intrinsèques; mais on ne saurait dire qu'elle les résume et qu'elle ne contient rien de nouveau : ces quatre termes, état faible et phénomène intérieur, état fort et phénomène extérieur, ne sont point unis deux à deux par des rapports analytiques ; ajoutons, pour plus de rigueur, à la faiblesse et à la force les autres caractères intrinsèques, nous n'obtiendrons pas davantage une équation.

En résumé, *nous jugeons* que l'état fort est corporel et extérieur, et *nous jugeons* que l'état faible est intérieur, c'est-à-dire psychique.

Mais y a-t-il là *deux* jugements, à proprement parler, deux jugements distincts, explicites et opposés? Nous ne le pensons pas. Le second de ces jugements est inutile, car l'absence du premier équivaut à l'affirmation du moi.

Pour élucider ce point, une courte digression sur la perception externe est nécessaire :

Les faits ou états de conscience forment une succession continue ; leur totalité, c'est nous-même ; ce qui est hors de la conscience étant comme s'il n'était pas, *je suis la totalité des choses ;* elle forme une série successive qui ne se distingue pas de la série de mes états, et elle est par là soumise, sans exception et avant tout, à la forme du temps.

Que la conscience enveloppe tout ce que nous connaissons, que, par suite, il n'y ait rien qui ne soit un état du moi, que le monde extérieur, en particulier, soit un état ou un groupe d'états de conscience, ce sont là des vérités que la réflexion philosophique seule nous révèle ; elle ramène à l'unité ce que le sens commun partageait en deux groupes opposés ; le sens commun ignore qu'il n'y a pas de non-moi absolu, que *tout non-moi est mien ;* il est dualiste, absolument et sans réserve.

Le sens commun lui-même n'est pas l'état primitif de l'âme ; le dualisme du moi et du non-moi suppose un travail de l'esprit ; avant que l'esprit ait acquis la force et l'expérience nécessaires pour accomplir ce travail , l'esprit est idéaliste; il n'y a pour lui qu'un être, dont il saisit confusément l'unité en même temps que la diversité, et cet être unique, puisqu'il est seul et puisqu'il est un, c'est lui-même. L'idée du non-moi, inséparable de l'idée de la diversité des choses et de leur permanence individuelle en dehors de la succession psychique, suppose tout un travail d'analyse et de synthèse qui se fait peu à peu, à mesure que les observations s'accumulent et que l'esprit les compare et les interprète. Mais ce travail, si complexe qu'il soit, se résume en une affirmation simple, toujours la même; aussi peut-on l'envisager d'une vue synthétique et l'appeler d'un terme simple : le jugement de perception externe.

D'ailleurs, à l'âge où l'esprit peut s'observer, la perception externe se fait sans tâtonnement et sans effort; depuis longtemps, le monde extérieur a été créé par notre pensée, et, quand nous l'affirmons, nous ne faisons plus que le reconnaître; depuis longtemps, les signes de l'extériorité nous sont à tel point familiers que nous les interprétons constamment à notre insu; l'habitude est **enracinée** en nous d'externer certaines classes de nos états; nous la suivons sans la connaître, esclaves aveugles de notre passé.

Psychologue, je veux connaître cette habitude ; je l'étudie, et je la trouve telle que je vais la décrire.

Elle consiste dans un jugement, jugement constant, perpétuel, incessamment porté par l'esprit, par lequel, niant de nous-mêmes une partie de nos états de conscience, les rejetant hors de nous, nous les refusant, nous les déniant, les *aliénant* en quelque sorte, nous traçons une ligne de démarcation dans la totalité des phénomènes présents à notre conscience. Son expression adéquate

serait : *ceci* ou *cela n'est pas moi* ou *n'est pas mien.*
Mais, sauf des cas exceptionnels, nous ne l'exprimons
pas, même en parole intérieure, tant il est spontané ,
rapide et facile ; il ne nous prend aucun temps ; il ne nous
coûte aucune peine. Nous ne faisons pas un pas dans la
rue sans nous refuser le sol où nos pieds s'appuient, les
maisons qui passent sous notre regard, le but que notre
œil aperçoit devant lui.

Mais nous gardons nos pensées, nos souvenirs, l'intention ou l'espoir qui guide notre marche, et, pour cela, il
n'est pas besoin d'un second jugement, corrélatif du premier ; la perception externe suffit à la tâche : car une
seule ligne tracée sur un plan le partage en deux parties ;
ce que je n'ai pas perdu, je l'ai encore ; ce que je ne refuse pas, je l'accepte ; ce qui n'est pas non-mien est mien.
Soutenir que le moi s'affirme en se distinguant du non-
moi, c'est dire, en d'autres termes, que le moi ne se
connaît pas comme moi, mais comme ce qui n'est pas le
non-moi ; la perception interne serait alors la négation du
non-moi. Mais à quoi bon cette double négation, quand il
suffit de ne rien nier ? Il n'y a pas de perception interne, à
moins que l'on ne veuille appeler ainsi ce fait tout négatif
que la perception externe n'est pas un jugement universel et ne s'étend pas à tous les états de conscience ;
mais alors elle n'est qu'une *privation,* dirait Aristote ; il
n'y a donc pas de fait psychique qui soit la perception
interne.

Nous n'affirmons pas l'extériorité ou le non-moi sans
affirmer en même temps l'étendue [1]. Les états que nous

1. On remarquera que, dans tout le cours de cette étude, nous em-
ployons le mot *extériorité* et les mots de la même famille, comme
*externer*, etc., pour désigner une tout autre idée que celle de l'étendue :

rejetons de nous à chaque instant sont tous des états qui nous paraissent posséder la qualité de l'étendue. L'étendue semble leur vice rédhibitoire et la raison de leur exclusion ; on dirait que l'âme est venue à l'existence avec une haine innée contre l'étendue : plutôt que de l'admettre en elle, elle renonce à se bien connaître, elle refuse de se voir dans les modes étendus où se disperse une partie de

*externer* = aliéner, déclarer non-moi ; *extérieur* = aliéné par le moi, étranger au moi, ou cru tel ; *extériorité* remplace les barbarismes *non-moi-ité, alién-ité, étranger-ité* ; on voit que la langue française ne nous fournissait aucune famille de mots préférable, pour énoncer cet ordre d'idées, à celle que nous avons adoptée en désespoir de cause ; les termes *aliéner* et *étranger* sont excellents, mais isolés dans la langue, et ne suffiraient pas à un exposé doctrinal suivi. — L'inconvénient des mots *externer*, etc., vient de leur origine ; ils ont reçu leur sens actuel de l'association même que nous essayons de dissoudre, et, bien que la philosophie les emploie surtout (dans les locutions comme *perception externe*) pour désigner la *non-moi-ité*, ils gardent encore, même chez les philosophes, quelque chose de leur sens primitif ; ce sont des métaphores, des mots à sens mixte, et, par suite, équivoques ; ils signifient, dans leur acception usuelle, le non-moi spatial, et non pas le non-moi, abstraction faite de la spatialité. Mais il est au moins permis de leur attribuer par une convention ce dernier sens ; ce n'est pas faire autre chose que préciser leur sens philosophique actuel, et terminer l'évolution, déjà très avancée, de leur signification [voir, sur les métaphores et l'évolution des sens des mots, notre ch. VI, § 3]. — Notons d'ailleurs que l'idée de *l'externe*, dans le sens commun, n'est pas, à parler exactement, celle de l'étendue, mais seulement celle de l'étendue qui entoure mon corps et que mon corps n'occupe pas ; de même, *l'interne* n'est pas le moi, l'inétendu, mais l'étendue occupée par mon corps. L'idée, plus générale, de l'étendue n'a donc jamais été confondue avec celle de l'externe, qui ne saurait l'épuiser ; l'inétendu n'est pas interne à l'étendue, ni l'étendue externe à l'inétendu, à moins de faire de l'inétendu un point mathématique ; mais un point mathématique, s'il est inétendu, est du moins spatial ; or, quand on dit que l'âme est une pure succession inétendue, on ne prétend pas dire qu'elle est à l'espace ce que le centre d'une sphère est à la sphère ; on veut dire, et l'on devrait dire, qu'elle n'est ni étendue ni même spatiale, que l'idée de l'espace n'entre pas dans sa définition. La métaphore consiste donc à appliquer par analogie à l'antithèse du moi et du non-moi des mots qui expriment fort bien celle de mon corps et du reste du monde, mais qui exprimeraient fort mal celle de la matière étendue et de l'âme inétendue, et l'on ne saurait nous reprocher de distinguer l'extériorité de l'étendue ou de la spatialité, puisque jamais, en définitive, le mot *externe* n'a été synonyme d'*étendu* ou de *spatial*.

son être ; l'étendue est une partie d'elle-même, mais c'est là, croit-elle, son imperfection ; ne pouvant en purifier sa nature, elle se concentre en idée dans la pure durée ; elle s'appauvrit par une fiction, et elle réussit à paraître à elle-même, non ce qu'elle est, mais ce qu'elle veut être.

Ce ne sont là que des images ; il est possible, nous le croyons du moins, et nous espérons le prouver tout à l'heure, d'expliquer sans mythologie pourquoi l'âme se refuse les états étendus et non les autres, pourquoi elle associe si fortement les deux idées de moi et de pure succession. Mais le fait est incontestable : il y a là, dirait Stuart Mill, deux associations inséparables ; d'une part, l'âme ne se refuse aucun état sans le constater ou le déclarer étendu ; le non-moi et la spatialité sont pour elle deux idées absolument corrélatives et presque les deux aspects d'une seule et même idée ; d'autre part, le moi et la durée sans étendue ne peuvent se concevoir l'un sans l'autre. Cherchons d'abord quelle est la nature et l'origine de la première de ces deux associations.

Une solution, sinon complète, du moins simple et séduisante, du problème, serait de considérer l'étendue comme toujours *donnée* à l'esprit avec certains états, et de lui attribuer la vertu de susciter le jugement de perception externe ; la présence de l'étendue dans un état étant alors la condition nécessaire et suffisante de la perception externe, on pourrait dire qu'elle est le *signe de l'extériorité*, et la perception externe serait la conclusion d'un syllogisme : *Ce phénomène est étendu ; — or tout étendu m'est étranger ; — donc ce phénomène n'est pas mien.* Resterait seulement à expliquer l'origine de la majeure : pourquoi le privilège d'être jugé mien n'appartient-il pas au contraire aux phénomènes étendus? pourquoi l'étendue est-elle considérée par mon esprit comme le signe infaillible de l'extériorité?

Les choses se passent ainsi pour les sensations de la vue et du toucher, où l'étendue, immédiatement donnée avec la qualité et l'intensité, semble appeler la perception externe. Mais la même genèse ne convient pas à la perception externe quand elle sert à extérioriser la parole; car les sensations de l'ouïe, dont les paroles sont une espèce, sont souvent extériorisées sans hésitation alors que leur localisation est incertaine : un son que nous venons d'entendre est un phénomène du non-moi, nous n'en doutons pas, et, par suite, nous sommes convaincus qu'il a son origine en un point de l'espace; mais ce point, nous le cherchons, et nous ne le trouvons pas nécessairement ; il ne nous avait donc pas été donné avec la sensation, et si nous avons jugé que le phénomène était extérieur, notre jugement a dû être motivé par d'autres signes. En pareil cas, mon esprit ne va pas de la spatialité au non-moi, mais au contraire du non-moi à la spatialité; il fait un syllogisme inverse du précédent : *Ce phénomène m'est étranger; — or tout ce qui m'est étranger a une situation dans l'espace; — donc ce phénomène doit avoir une situation dans l'espace.* Le rapport des deux termes corrélatifs est renversé : c'est l'extériorité qui est la raison de la spatialité.

Je ne dis pas qu'elle en est le *signe;* l'expression, ici, serait inexacte; car il ne s'agit plus d'un caractère donné qui entraîne un jugement, mais d'un premier jugement qui en entraîne un second; l'extériorité n'est jamais donnée, elle est toujours inférée; elle ne saurait être un signe.

En résumé, l'extériorité n'étant jamais donnée, la spa-
lité l'est souvent, mais ne l'est pas toujours; en ce qui
concerne les sons, l'une et l'autre résultent de jugements;
les deux jugements sont d'ordinaire simultanés, parfois
successifs; quand ils sont successifs, le jugement d'extériorité vient le premier. Tantôt donc le son est en même
temps jugé extérieur et local; tantôt il est jugé extérieur
d'abord, puis localisé par un second jugement.

Cela posé, sur quoi se fondent ces deux jugements ?

Les motifs du jugement d'extériorité ne sont pas tout à
fait les mêmes suivant que la parole est la nôtre ou celle
d'autrui. On peut croire que celle-ci est extériorisée la
première, en même temps que les autres sons extérieurs
et par les mêmes motifs. Ces motifs me paraissent être au
nombre de trois :

1° La parole extérieure d'autrui est un état fort ;

2° Elle est généralement associée à d'autres états forts,
des visa en mouvement ;

3° Elle est un état imprévu, fortuit, qui rompt la série
des états faibles en laquelle nous sentons s'exercer notre
pouvoir personnel, et qui est dépourvu de tout rapport logique avec les états faibles immédiatement antérieurs.

La force de l'état et de ses concomitants ne suffirait pas
à motiver la perception externe ; la raison première de
l'idée d'extériorité, c'est le caractère imprévu et isolé de
certains états : voilà des états qui entrent dans une série
et qui en rompent l'unité ; ils n'en faisaient donc pas
partie; ils ne dérivaient pas de leurs antécédents dans la
série; ils sont jusqu'à un certain point étrangers à cette
série, dont ils sont venus déranger l'allure, et si on leur
suppose, comme aux autres faits, des antécédents, c'est

hors de la série, dans l'inconnu, dans l'extérieur absolu, qu'il faut les imaginer.

Lorsque nous extériorisons notre propre parole, ce n'est pas qu'elle soit imprévue et sans lien avec la série des états faibles, mais :

1° Elle est un état fort ; — donc elle est analogue aux sons imprévus ;

2° Elle est associée à d'autres états forts, des tacta buccaux ; — donc elle fait partie de mon corps tactile ;

3° Elle provoque divers phénomènes de la classe des états imprévus : de la part de la nature, des échos ; de la part de mes semblables, des paroles et des mouvements sympathiques ; — donc, bien que prévue et voulue, elle se rattache à la classe des états imprévus.

Telle nous paraît être la genèse de la perception externe en matière de sons et de paroles. Quant au jugement de localisation, deux cas sont à considérer séparément :

1° Quand il est simultané à la perception externe, ce jugement est motivé par l'association à la parole de visa ou de tacta, c'est-à-dire d'états essentiellement étendus et locaux.

2° Quand il succède à la perception externe, c'est que le son a été perçu isolé ; en ce cas, nous suivons une habitude : d'ordinaire, il n'y a pas de son sans visum, par conséquent sans point d'origine ; si le son nous apparaît seul, nous cherchons son associé habituel, le visum en mouvement, la chose sonore ; la découvrir, c'est à la fois nous expliquer le son et le localiser.

Remarquons ici que la sensation essentiellement étendue grâce à laquelle nous localisons les sons ne nous fait jamais défaut pour notre propre parole, car le **tactum** buccal en est inséparable, mais seulement pour les paroles d'autrui : le parleur peut être invisible.

Une autre remarque peut servir de confirmation aux idées qui précèdent. Le sens commun et la physiologie ne sont pas d'accord sur le siège de la parole ; le sens commun ignore le rôle du larynx dans la phonation, parce que le larynx d'autrui nous est invisible et que le nôtre ne nous est révélé, sauf le cas de maladie, par aucune sensation tactile; nous localisons la parole d'autrui là où nous voyons un mouvement simultané au son entendu, c'est-à-dire à sa bouche, et plutôt à ses lèvres que dans la cavité buccale ; nous localisons la nôtre là où nous sentons des *tacta*, c'est-à-dire dans la cavité buccale et sur nos lèvres.

Telles sont les raisons pour lesquelles la parole extérieure est à la fois jugée extérieure et locale, en d'autres termes déclarée non mienne ou corporelle, et située en un point de l'espace.

La parole intérieure n'est l'objet d'aucun de ces deux jugements, parce qu'elle ne se présente pas avec les caractères intrinsèques ou les associations qui les motivent [1] :

1° Aucune étendue, aucune position ne fait partie de son essence, et elle n'est associée ni à des sensations locales par elles-mêmes, ni à des images de telles sensations : nous avons prouvé [§ 6] que, la plupart du temps l'image du tactum buccal ne l'accompagne pas. — Sans doute nous avons reconnu [§ 6] que la parole intérieure

1. Selon M. Taine, « pour qu'une image soit reconnue comme intérieure, il faut qu'elle subisse le contre-poids d'une sensation; ce contre-poids manquant, elle paraîtra extérieure » (*De l'intelligence*, I, ii, i, 4); or ce « réducteur » fait défaut à la parole intérieure au moins dans la méditation; elle paraît alors intérieure en dépit de l'absence de tout son matériel. Il faut donc chercher une autre explication de son intériorité apparente.

est localisée d'une façon vague et indéterminée dans la tête, avec l'ensemble des autres états que le moi ne se refuse pas, et au même titre qu'eux ; et nous avons ajouté que son association avec les *tacta* buccaux, quelque évanouis que ceux-ci soient d'ordinaire, est peut-être la raison secrète de la localisation générale de cette série des états intérieurs dont elle est un élément perpétuel et important. Mais ce n'est pas là ce que nous appelions tout à l'heure *localisation*, quand nous parlions de la parole extérieure ; la parole intérieure n'est pas l'objet d'une localisation *spéciale* dans un lieu *précis*, c'est-à-dire d'une localisation, au sens propre et ordinaire du mot.

2° Elle est un état faible.

3° Elle n'est pas un état imprévu. — C'est ici le lieu de nous expliquer sur la valeur que nous attribuons à ce caractère :

L'idée du moi ne saurait être l'idée de l'inétendu : le rapport de ces deux idées n'est pas analytique, et, s'il est synthétique, la synthèse n'est pas primitive; elle peut et elle doit être expliquée.

Le moi ou le mien, c'est ce qui est fondamental, et, en même temps, ce qui est un.

Dans la série de nos états, il en est qui semblent en constituer le fond ou la trame; d'autres semblent des broderies ajoutées aux premiers; ils l'enrichissent, ils l'enveloppent à chaque instant, ils ne la constituent pas ; dans le silence, dans l'obscurité, quand le corps reste immobile, ils disparaissent plus ou moins complètement; le fond de l'âme paraît alors à nu.

Les premiers sont souvent reliés entre eux par un rapport spécial, qui est l'acte propre de l'esprit, le rapport d'analogie, racine et type de tous les rapports logiques; ils ont encore un autre lien, celui-ci plus constant : c'est l'action toujours sensible d'une force permanente, la volonté mentale ou l'attention, qui, à différents degrés, s'exerce à chaque moment sur eux, et de laquelle dépendent, dans une certaine mesure, leur intensité, leur durée, leur ordre même.

Les états ainsi reliés sont les états purement successifs ou ceux qui, comme les images visuelles du souvenir, tout en ayant la forme de l'espace, reçoivent expressément du jugement de reconnaissance la forme du temps [§ 9]. Tous aussi sont des états faibles.

La conscience de la volonté mentale, l'unité sériaire qu'elle produit conjointement avec les rapports d'analogie, tels sont les éléments constitutifs de l'idée du moi ; la faiblesse et l'allure successive des états ne viennent qu'ensuite ; et, si ces caractères complètent l'idée du moi, c'est uniquement parce qu'ils coïncident avec les premiers.

Ainsi se constitue dans notre esprit la classe des états qui échappent à la perception externe ; ainsi se forment et l'idée du moi ou du mien et l'association de cette idée avec celle d'une série successive d'états faibles.

Un grand nombre d'états restent en dehors de cette classe et sont exclus du moi par la perception externe ; leur ensemble est le non-moi. Le non-moi ou le non-mien, c'est ce qui, dans les états de conscience, n'est ni fondamental ni un, c'est l'accessoire et le multiple, ce qui cadre mal avec la série fondamentale et semble résister à la forme successive, ce qui, par moments, cesse d'environner et d'enrichir cette série, ce qui présente de l'incohérence et en soi-même et à l'égard de la série fondamentale. Tous les états qui offrent ces caractères sont en même temps des états forts. Les uns sont forts et étendus, les autres forts et inétendus, mais associés aux premiers. La force d'un état et sa spatialité deviennent ainsi les symboles, les signes de son extériorité ; mais ces deux caractères sont secondaires et n'ont une telle valeur que par leur coïncidence ordinaire avec les deux caractères essentiels, la résistance à la succession et l'absence d'analogie ou incohérence [1].

## VIII

Si la théorie que nous venons d'esquisser est exacte, elle ne peut être que confirmée par l'examen des erreurs qui consistent à confondre le *nostrum* et l'*alienum*, soit en portant le jugement de perception externe mal à propos, soit en l'omettant quand il y aurait lieu de le porter.

De ces deux erreurs, la première est très fréquente, et ce qui, en pareil cas, séduit l'esprit à juger à faux, c'est évidemment la perturbation des lois que nous venons d'établir.

La seconde, qui est plus rare, s'explique par des raisons analogues. L'homme passionné ou préoccupé passe facilement du monologue intérieur au monologue audible [ch. III, § 12] ; d'ordinaire, il est averti qu'il parle haut par le son de sa voix et par le tactum buccal ; mais un certain degré de préoccupation peut l'empêcher de remarquer les caractères extérieurs de sa parole ; cette illusion est difficile, mais elle est possible, parce que la parole extérieure garde alors un des caractères de la parole intérieure : elle est prévue, conforme aux pensées antécédentes et concomitantes,

---

1. Nous ne prétendons pas avoir, dans les pages qui précèdent, complètement élucidé le problème de la perception externe, un des plus difficiles de la psychologie ; mais nous ne pouvions non plus restreindre notre étude à la seule parole, sous peine de poser des aphorismes sans les justifier ; force nous était d'agrandir le problème sans pour cela le parcourir dans toute son étendue.

avec lesquelles elle forme un groupe rationnel; le même homme sera tiré de sa distraction par un bruit subit, ou par la parole d'autrui, ou par toute autre sensation imprévue.

Ce fait doit être très rare dans l'état de santé intellectuelle. Pour ma part, je n'ai jamais eu occasion de l'observer. Mais il m'est arrivé une fois, dans l'état hypnagogique, de me demander si certain bruit était une hallucination de l'ouïe ou un son réel, et cela sans pouvoir m'arrêter à une solution; je dois d'ailleurs reconnaître que le son problématique n'était pas une parole. Voici l'observation, telle que je l'avais notée en son temps : « Au début de l'état hypnagogique, j'entends un cri informe ou un bruit, tellement fort que j'en suis saisi et réveillé et que je me demande si ce n'est pas un bruit extérieur. Comme il ne se répéta pas et que rien ne l'expliquait, je suis disposé à croire que c'était une hallucination auditive. » L'intensité du son explique comment j'ai pu, malgré mon expérience des phénomènes hypnagogiques, avoir l'idée d'un bruit extérieur : je sais que ces faits sont miens, bien qu'imprévus et subits; leur faiblesse reste pour moi le principal signe de leur intériorité; l'absence de ce caractère m'a dérouté.

Quant à prendre une parole intérieure pour une parole extérieure, c'est là l'illusion propre à toutes les hallucinations de l'ouïe. Elle peut également se rencontrer en dehors de l'hallucination. D'où vient, par exemple, l'illusion de l'inspiration, sinon de l'imprévu des paroles intérieures qui surgissent dans l'esprit du poète? Lui-même en est étonné, et il n'ose les revendiquer pour siennes :

> Non vindice lingua
> Defendit sua dicta sibi [1].

1. Milton, *Poésies latines.* — Cf. saint Augustin, au début des *Soliloques :* « J'étais livré à mille pensées diverses..., je faisais les plus

Plusieurs fois, il m'est arrivé d'écouter les sons lointains d'une cloche ou d'une horloge; je remarquais bientôt qu'ils se répétaient indéfiniment, et la chose me paraissait invraisemblable; c'est que mon imagination en prolongeait la série après que mon oreille avait cessé de percevoir; comme les sons perçus étaient très faibles et aussi peu localisés que possible, le dernier entendu et le premier imaginé avaient présenté les mêmes caractères, et je n'avais pu les distinguer à temps.

Dans l'hallucination, l'erreur provient de ce que la parole intérieure est alors, par exception, un état fort, et elle est confirmée par l'imprévu du phénomème et l'absence de toute relation avec la série antécédente des états faibles. Tout état fort qui est sans liaison avec le *nostrum* est aliéné sans hésitation, sauf ensuite à reconnaître que nous avons été victimes d'une illusion et que nous avons pris pour des voix réelles les fantômes de notre imagination malade.

En ce cas, au nom de quoi se fait la rectification?

1° La réflexion peut nous faire découvrir la liaison qui nous avait d'abord échappé : ce dont nous étions préoccupés, nous en avons rêvé; cela est maladif, mais naturel. — 2° Tout son suppose un sonore; si nous entendons des paroles et si nous ne parvenons pas à découvrir la bouche qui a dû les prononcer, nous nous prenons à douter; nous ne pouvons localiser le son que nous avons entendu, et nous nous demandons si nous n'avons pas eu tort de l'externer. — 3° A ces deux raisons s'ajoute la connaissance que nous avons des lois de la nature. Cette connaissance

grands efforts pour me trouver moi-même, moi et mon bien..., quand tout à coup, — était-ce moi-même? était-ce un autre? était-il hors de moi ou en moi? je l'ignore... ; — toujours est il que tout à coup il me fut dit : .... » etc.

constitue comme un sens du probable, du possible, du réel, sens non pas inné, mais acquis ; c'est le bon sens dans son application à la simple expérience ; ce qui le contrarie, ce qui l'étonne, nous nous refusons à le croire réellement extérieur. Mais, pour faire cette comparaison et porter cette condamnation, comme pour l'emploi des autres procédés de rectification, il faut un moment de travail intellectuel et de réflexion ; il faut que l'esprit retrouve sa science et l'applique. En attendant, les jugements les plus usuels, qui, par suite de l'usage constant que nous en faisons, ont atteint en nous le degré maximum de l'habitude, se font irrésistiblement, suscités sans l'ombre d'un retard ou d'une hésitation par les caractères qui les suscitent d'ordinaire ; la force d'un état, le plus souvent, suffit à entraîner, au moins provisoirement, la perception externe.

## IX

Nous avons nié l'utilité et, par suite, l'existence de la perception interne. Le jugement d'extériorité n'est pourtant pas seul de son espèce ; mais celui qui lui fait pendant n'est pas la perception interne ; c'est cet élément du souvenir complet que la plupart des psychologues appellent la *reconnaissance* et que l'on peut définir ainsi : *l'idée du souvenir jointe au fait de se souvenir*, ou encore : *l'idée que notre état présent reproduit un de nos états passés.* La reconnaissance, en effet, est un jugement, et un jugement analogue à la perception externe ; c'est un jugement tout spontané, qui ne nous prend aucun temps et ne nous demande aucun effort pour être porté, et que la parole intérieure, d'ordinaire, néglige d'exprimer. L'antithèse de ces deux jugements est celle de l'espace et de la durée : la perception externe enveloppe toujours d'une façon ou d'une autre l'affirmation de l'étendue ; de même, la reconnaissance est l'affirmation du temps ; — non pas du temps, dira-t-on, mais du passé seulement ; — du passé, en effet, c'est-à-dire du temps, du temps réel, car le présent est un point indivisible, un néant de durée, qui ne peut contenir aucun événement ; l'avenir n'est qu'une hypothèse, un simple possible auquel nous croyons ; ce n'est pas une réalité dont nous ne puissions douter.

Tous les objets de l'expérience sont renfermés dans l'étendue et dans le passé : à proprement parler, il n'y a pas d'expérience du présent ; la conscience ainsi définie est une contradiction logique, car elle ne serait autre chose que la connaissance d'un néant par un néant ; ou le terme *conscience* est vide de sens, ou il signifie la mémoire immédiate, la mémoire avant l'oubli. Le contenu de l'espace et le contenu du passé sont les deux objets sur lesquels s'exerce l'action du sujet pensant ; toute connaissance phénoménale est aperçue ou située par lui dans l'une de ces deux formes ou dans toutes les deux à la fois ; seulement, il distingue le passé immédiat du passé lointain ; il appelle le premier *présent*, le second seul est pour lui le *passé*. Et, tandis que l'affirmation du passé est toujours explicite dans le jugement de reconnaissance, l'affirmation du présent n'est guère autre chose que l'absence de reconnaissance ; l'idée de cette détermination du temps est obscurément enveloppée dans l'expérience des phénomènes que nous ne jugeons pas anciens et dans ce fait que nous nous sentons durer au moment de cette expérience.

Les états de l'âme sont spatiaux ou non spatiaux ; les mêmes états sont répétés ou nouveaux, effets de l'habitude ou produits de nos facultés d'innovation. Ces deux distinctions passent de la réalité objective dans la pensée, la première par la perception externe, la seconde par la reconnaissance ; la reconnaissance nous révèle ainsi la loi fondamentale de notre existence intérieure, l'habitude ; la connaissance de l'habitude n'est qu'une généralisation de nos jugements de reconnaissance. La perception externe, par sa présence ou son absence, partage l'ensemble des phénomènes en deux groupes, les phénomènes extérieurs et *mes* phénomènes ; la reconnaissance, par sa présence ou son absence, les partage en deux nouveaux groupes qui ne coïncident pas avec les deux premiers : mon passé et le présent. Tantôt l'esprit nie le moi en apercevant dans les phénomènes ou en leur attribuant la forme de l'étendue ; — tantôt il recule dans le passé les phénomènes qui viennent de lui apparaître ; ils sont présents, c'est-à-dire récents, immédiatement passés ; mais il les nie du présent, il les *reconnaît*, c'est-à-dire qu'il les déclare anciens, passés depuis un certain temps ; — d'autres fois, il les déclare en même temps extérieurs et passés : « j'ai vu cela jadis, » telle est la formule synthétique qui enveloppe les deux jugements, la formule où se réunissent les deux négations du moi et du présent, et, par suite, les deux affirmations de l'extériorité et de l'antériorité ; cette double affirmation peut avoir lieu, soit à l'égard d'un état fort (par exemple, reconnaître un visum, affirmer qu'on voit un objet pour la seconde fois), soit à l'égard d'un état faible (reconnaître une image visuelle). Enfin, dans certains cas, l'esprit s'abstient de toute thèse à l'égard de ses états ; c'est lorsqu'ils n'ont pas les caractères qui motivent la perception externe, et que le passé, étant minime, homogène quant à son contenu, limité sans solution de continuité par le présent, est, en quelque sorte, négligeable ;

alors il est, en effet, négligé, il passe inaperçu, il se confond avec sa limite, à laquelle il donne un contenu et une réalité ; le passé immédiat devient le présent empirique, le présent apparent, le présent du langage vulgaire, qui n'est pas vide comme le présent des logiciens, mais contient un événement, un seul, ou tout au plus quelques événements simultanés. Les états passés qui, n'ayant pas encore été remplacés par d'autres, n'ont pas été oubliés, ne sont pas reconnus ; ce sont ceux-là qui nous paraissent présents ; et, lorsque rien en eux ne suscite la perception externe, l'absence de tout jugement équivaut à une affirmation du moi et du présent ; ce que je ne me refuse pas et que je ne recule pas dans le passé, c'est moi-même, en mon état actuel. Ni la durée ni le moi ne sont en pareil cas explicitement affirmés ; mais, lorsque la durée est explicitement posée par la reconnaissance, le moi l'est en même temps ; la reconnaissance contient une affirmation positive du moi ; l'idée du moi et l'idée de la durée sont donc associées entre elles comme le sont les idées du non-moi et de l'espace ; elles s'éclairent et elles s'obscurcissent en même temps : faute de situer dans le passé un de nos états, il est souvent aliéné sans réserve ; le moi présent peut s'ignorer ; le moi passé n'est jamais dissimulé à l'entendement, à moins que l'idée du passé, elle aussi, ne fasse défaut. C'est ce que les remarques suivantes feront, nous l'espérons, ressortir clairement.

D'une part, il est constant que l'idée du passé, — du moins cette idée du passé dont la reconnaissance est l'affirmation [1], — entraîne fatalement l'idée du moi. Un état passé et oublié qui revient à la conscience, s'il est reconnu,

---

1. L'autre idée du passé, l'idée du **passé** *qui n'est pas le mien*, est l'extension ultérieure de l'idée de *mon passé*. Peu d'idées, ce me semble,

est par là même affirmé mien : *on ne se souvient que de soi-même.*

D'autre part, parmi les états étendus dont la perception externe fait des phénomènes du non-moi, les uns sont situés dans le passé immédiat, les autres reproduits après un temps d'oubli. — Ces derniers sont à la fois jugés miens et non-miens, non-miens parce qu'ils sont étendus, miens parce qu'ils sont reconnus; « j'ai vu cela jadis; » *cela*, c'est-à-dire quelque chose d'extérieur; *jadis*, c'est donc un phénomène de mon passé; *jadis* entraîne *je;* tandis qu'à un point de vue je me refuse le phénomène, à un autre point de vue je le retiens. — Si, au contraire, le fait étendu me paraît présent, je me le refuse parce qu'il est étendu ; mais, comme je ne le reconnais pas, j'omets de me l'attribuer. Je ne m'aperçois qu'il est un de mes états que s'il est l'objet de mon attention ; on dit : « *je* vois, » quand on regarde; mais *je*, en pareil cas, désigne plutôt l'attention que l'esprit porte au visum que le visum lui-même en tant qu'il fait partie de mes états. Faute de reconnaissance, c'est-à-dire d'affirmation explicite du moi, le caractère *mien* des états étendus présents reste dans l'ombre, et voilà pourquoi mes sensations me paraissent être un monde extérieur à l'existence duquel je ne prends aucune part, un non-moi pur et simple et absolu.

Comme d'ailleurs l'attention a pour effet de prolonger la sensation, je suis en droit de conclure que mes états me paraissent miens dans la mesure où leur

sont plus difficiles à acquérir pour l'enfant. « Il y a longtemps, longtemps, » ne signifie pas d'abord clairement pour lui *avant ma naissance;* il lui faut un grand effort pour imaginer qu'avant lui quelque chose pouvait être. On lui dit : « Tu n'étais pas né; » mais rien n'est plus obscur : qu'est-ce que *naître?* Un jour, on lui montre un tout petit enfant qui, la veille, n'était pas là. Alors seulement il peut se figurer par analogie un temps où lui-même n'était pas, mais où d'autres êtres vivaient. Le non-moi est une idée bien plus naturelle que l'*avant-moi.*

situation dans la durée, leur temporalité m'apparaît.

Il est des états éminemment miens dans lesquels le moi ne s'aperçoit pas toujours, faute de reconnaissance. Ce sont les actes d'imagination. La croyance à l'inspiration n'a pas d'autre cause. Pour peu qu'un des caractères du non-moi appartienne, même faiblement, à ces états du moi, rien ne les retenant au moi, ils passent facilement au non-moi : le poëte croit entendre la Muse alors qu'il n'entend que sa parole intérieure.

Parfois la reconnaissance, inutile, sans intérêt, cesse, à mesure qu'un même état est répété, d'être l'objet de l'attention, et peu à peu elle disparaît. Le souvenir devient alors une simple réminiscence, un simple fait d'habitude ; il cesse d'être connu comme souvenir par l'être qui se souvient. C'est ainsi que les vieillards se répètent à leur insu ; on reconnaît leurs paroles, eux-mêmes ne les reconnaissent pas ; le même phénomène se produit à tout âge, mais il est moins fréquent et moins sensible avant la vieillesse. Si les états ainsi privés de la temporalité sont des états faibles, logiquement enchaînés, etc., le moi n'en est plus affirmé qu'implicitement et en ce sens qu'ils ne sont pas extériorisés.

En résumé, l'idée du moi ou du mien a deux degrés : — implicite, elle résulte de l'absence de la perception externe ; — explicite, elle résulte de la reconnaissance.

Implicite, sa racine première est dans les caractéres précédemment énumérés [§ 7]. La reconnaissance ne s'applique qu'à des états possédant ces caractères ; de là une synthèse naturelle, une association, entre l'idée du passé et l'idée du moi ; le moi implicite n'était associé qu'à l'idée toute négative de l'inétendu ; le moi explicite est associé à l'idée positive de la succession ou de la durée.

Ce n'est pas tout ; à l'idée du moi, la reconnaissance ajoute une détermination importante : le moi devient l'être dont la manière d'être se reproduit, dont le présent répète le passé ; à l'idée positive de la succession se joint une idée plus positive encore, celle de la répétition ou de l'habitude. Le moi est ce qui s'écoule, ce qui passe ou est passé, mais qui, une fois passé, souvent, redevient présent.

Voilà comment la reconnaissance, affirmation directe du passé, affirmation indirecte du moi, se trouve faire l'antithèse de la perception externe, affirmation directe du non-moi, affirmation indirecte de l'étendue. Cette antithèse, on le voit, n'est ni complète ni immédiate ; mais, si l'on néglige et les nuances précédemment indiquées et la genèse des deux associations, on peut dire qu'en définitive le non-moi et l'étendue, le moi et la durée sont des idées équivalentes : en affirmant l'espace, nous affirmons le non-moi ; en affirmant la durée, nous affirmons le moi ; l'inétendu qui dure, c'est le moi ; *je suis une pure succession ;* les faits qui ne sont ni étendus ni localisés, mais qui ont une durée propre, des antécédents et des conséquents, ce sont mes faits, et les faits à la fois étendus et successifs ou la succession des faits étendus, c'est le monde extérieur en tant que je le connais, c'est le non-moi dans son rapport avec le moi.

La parole extérieure, avons-nous dit, est extériorisée par un jugement explicite, la perception externe. La parole intérieure est-elle jugée intérieure par la reconnaissance ? est-elle mienne explicitement ou implicitement ?

Il faut ici distinguer dans la parole intérieure les mots

et les phrases. Nous n'avons qu'un vocabulaire, toujours le même depuis notre première enfance, vocabulaire restreint, mais qui se prête à un nombre infini de combinaisons. Aussi, presque toujours nos phrases sont nouvelles. au moins comme phrases, et quand même la pensée n'a rien de nouveau; les mots, au contraire, sont répétés pour la millième fois; ils ont déjà servi souvent dans des phrases différentes. D'après la théorie qui précède, nous devrions reconnaître chaque mot pris à part; les ensembles qu'ils forment, les phrases, échapperaient au jugement de reconnaissance.

Mais ici s'applique la loi, que nous avons posée, de la disparition progressive de la reconnaissance. Quand nous apprenons une langue, la seconde fois que nous voyons un mot, nous le reconnaissons; pendant quelque temps, si nous nous remémorons intérieurement les mots que nous avons appris, nous les reconnaissons encore; mais, à mesure que cette langue nous devient familière, nous reconnaissons plus faiblement, et, peu à peu, la reconnaissance disparaît.

A quoi bon reconnaître, en effet? Parmi les objets matériels que je possède, la plupart me sont simplement utiles : j'en fais usage sans songer à leur origine; quelques-uns sont « des souvenirs »; chaque fois qu'ils frappent mes yeux, je les reconnais. La même distinction s'applique aux actes de l'âme. Les mots ne sont pas *des souvenirs*, ce sont des instruments de travail, ce sont les outils de l'intelligence. Une fois qu'on a appris à s'en servir, qu'importent et la date et les circonstances de leur entrée dans l'esprit? Qu'importe leur histoire? Sans doute, tout mot a son histoire en nous; son acquisition est un événement de notre passé; mais ce n'est pas là ce qui nous intéresse en lui ; ce qui nous importe, c'est de connaître sa signification et son emploi, c'est de savoir en user à propos pour exprimer telle ou telle partie d'une idée complexe. Le mot, une fois usuel, n'existe plus pour lui-même, mais pour les phrases dans lesquelles il entre et pour la portion d'idée qu'il sert à exprimer.

Or tout fait que l'attention abandonne subit l'action déprimante et, à la longue, destructive de l'habitude négative. Comme fait psychique, ayant une date dans mon existence passée, le mot est sans valeur ; il ne vaut à mes yeux que comme élément d'un fait psychique nouveau, en cours d'exécution ; son passé, ce par quoi il est explicitement mien, m'est indifférent ; je cesse donc de le reconnaître, je néglige de proclamer qu'il est mien. Il reste mien pourtant, s'il est un état faible ; mais il n'est mien que d'une manière implicite, sans être proclamé tel, et seulement parce qu'il n'est pas proclamé non-mien.

Ce qui arrive aux mots arrive également aux locutions composées et aux phrases usuelles, consacrées, familières, et cela dans la mesure où elles sont familières, c'est-à-dire en proportion de leur fréquence.

En résumé, la reconnaissance n'a lieu ni pour les faits nouveaux, ni pour les faits fréquemment répétés, mais seulement pour les faits compris entre ces deux extrêmes ; presque tous les mots et presque toutes les phrases rentrent dans la première et dans la seconde de ces trois catégories ; la reconnaissance n'a lieu que pour les faits de la troisième, qui sont de beaucoup les moins nombreux. c'est-à-dire pour les néologismes, la seconde ou la troisième fois qu'ils sont employés, pour les mots et les locutions des langues étrangères, quand on commence à les apprendre.

Elle a lieu également, elle a lieu surtout quand nous nous répétons intérieurement mot pour mot des paroles que nous avons prononcées ou entendues, des phrases que nous avons lues, ou bien quand nous retrouvons un mot que nous avions dans l'esprit un moment auparavant et qui nous avait fui. Mais alors le cas est tout autre : ces paroles, ces phrases, ces mots sont *des souvenirs ;* ils valent par eux-mêmes ; il faut en conserver précieusement la lettre et non seulement le sens ; la reconnaissance, criterium de l'exactitude littérale que nos souvenirs doivent conserver, est alors cultivée par l'attention et maintenue par elle à l'état d'habitude positive.

Ainsi la reconnaissance accompagne la parole intérieure dans deux cas seulement, quand nous sommes en train d'enrichir notre vocabulaire et quand nous nous récitons intérieurement. Mais ces deux opérations peuvent se faire tout aussi bien avec la parole extérieure, et alors la reconnaissance coexiste avec le jugement de perception externe : car une parole extérieure répétée est nôtre, à titre d'événement de notre passé, en même temps qu'elle est extérieure. Ce n'est donc jamais la reconnaissance, c'est toujours l'absence de perception externe qui distingue la parole intérieure de son modèle extérieur. Celui-ci a la perception externe comme caractère spécifique, mais la reconnaissance n'est pas un caractère spécifique de la parole intérieure, car elle ne l'accompagne pas toujours et elle peut accompagner aussi la parole extérieure ; elle accompagne indifféremment les deux paroles dans les mêmes circonstances, et ces circonstances sont exceptionnelles.

Il faut même ajouter que les circonstances qui provoquent la reconnaissance se rencontrent plus rarement pour la parole intérieure que pour la parole extérieure. Souvent ce que j'ai dit à autrui engage ma conduite à venir; je dois ne pas me démentir, et, de même, ce que j'ai entendu dire à autrui l'engage. Il y a lieu de retenir, pour pouvoir, au besoin, se les remémorer intérieurement ou les proclamer à haute voix, non seulement les termes exacts, mais encore le jour, l'heure, le lieu, l'occasion, les faits concomitants. Tout au contraire, ce que je me suis dit à moi-même, la plupart du temps, ne vaut pas la peine d'être retenu. Que contient, en effet, ma parole intérieure? rien qui m'engage, rien qui soit définitif, mais seulement les tâtonnements de ma pensée, les boutades de ma passion, les fantaisies de mon imagination. Si parfois ma parole intérieure est l'expression réfléchie d'une conviction arrêtée, elle n'est alors pour moi que la formule de la vérité; or ce qui est vrai est vrai de toute éternité; l'heure où j'ai pour la première fois rendu hommage à la vérité dans le silence de la méditation, importe peu; l'essentiel, c'est que je crois encore tenir le vrai, c'est que ma conviction n'a pas changé; ma pensée n'est pas un moment du temps écoulé, elle est un présent qui reflète l'éternité.

Par la même raison, souvent une parole intérieure est répétée sans être reconnue, la reconnaissance portant uniquement sur la pensée qu'elle exprime : je me souviens que tout à l'heure j'avais dans l'esprit telle idée ; l'idée seule m'intéresse : elle seule est reconnue, située dans le passé; l'expression silencieuse qui revient avec elle à la conscience reste à l'état de simple réminiscence. Le mot intérieur est pourtant, dans le groupe qu'il forme avec l'idée, l'élément le plus fort et le plus distinct [ch. VI, § 8 et suiv.] ; mais l'idée est la chose essentielle ; pour le jugement, pour l'entendement, le mot, comme tel, est sans valeur, et nous rappeler le mot, c'est nous rappeler l'idée ; le mot est l'occasion, ou, si l'on veut, l'instrument de la reconnaissance ; mais il n'en profite pas : l'affirmation du moi et du passé porte sur l'idée seule.

## X

Et voilà pourquoi la parole intérieure a échappé à l'attention de la plupart des psychologues ; faute d'être reconnue, elle passe inaperçue ; elle est comme ces personnes actives et modestes qui, dans une famille ou dans une société, rendent mille services sans exiger de retour, dont chacun subit la bienfaisante influence et auxquelles personne ne fait attention. Nous n'avons pas l'habitude, dans la vie ordinaire, de reconnaître la parole intérieure comme telle, alors même que nous reconnaissons les faits qui reviennent avec elle à la conscience, et, par suite, nous ne savons pas la distinguer de la réflexion ou de la rêverie ; elle est pour nous, dit très justement de Bonald, « comme la vie, dont nous jouissons sans savoir ce qu'elle est » [1]. Les psychologues n'ont pas rompu avec cette habitude négative, laquelle est fort enracinée, il faut le dire à leur excuse. Leur silence serait inexplicable si l'observation psychologique était, comme la plupart d'entre eux l'ont affirmé, l'observation directe et immédiate, l'observation *de conscience ;* mais, en réalité, l'observation de nous-mêmes se fait par la mémoire : le premier objet qui se présente à l'étude du psychologue, ce sont les faits explici-

---

1. *Recherches philosophiques*, ch. II, p. 65. — Cf. de Cardaillac, p. 234 et 386 : « Le sentiment de la pensée et celui de la parole ne sont qu'un sentiment unique, » etc.

tement miens, les faits accompagnés de reconnaissance ; ceci explique comment, parmi les auteurs qui citent la parole intérieure, plusieurs ne l'ont aperçue que dans le principal des deux cas exceptionnels où nous la reconnaissons : elle n'est pour eux que la remémoration littérale [1]. Pour découvrir les faits du moi implicite, tels que la parole intérieure dans ses manifestations les plus fréquentes et les plus remarquables, le psychologue doit *cultiver* sa faculté naturelle de reconnaître les faits intérieurs : pour les faits reproduits dans la conscience après un temps d'oubli, il lui faut lutter contre l'habitude négative qui les dépouille peu à peu de la reconnaissance, et tendre à faire de celle-ci, par un exercice régulier de l'attention, une habitude positive ; il doit aussi, il doit surtout chercher à étendre cette habitude de reconnaître aux faits immédiatement passés, avant qu'ils aient subi les premières atteintes de l'oubli. A cette condition seulement, le psychologue peut acquérir la science du moi implicite, c'est-à-dire dépasser vraiment la psychologie du sens commun.

Les psychologues ont souvent pris pour des observations *de conscience* l'analyse logique des notions qui composent la psychologie du sens commun. Analysant, réfléchissant, discutant des définitions, comparant des arguments, le psychologue-logicien se parle intérieurement ; il s'observe, — si tant est qu'il s'observe, — il s'étudie, du moins, *avec* la parole intérieure ; on pourrait dire qu'alors elle fait partie du *sujet* pensant ; mais elle n'est pas comprise dans l'*objet* étudié, car le sens commun l'ignore. Plus le psychologue persévère dans cette méthode, plus

---

1. Par exemple, Prevost (de Genève) [voir plus haut, ch. I, § 4].

il use de la parole intérieure et moins il est près de la connaître, car elle s'habitue, pour ainsi dire, à son rôle ; elle ne peut devenir objet que par le souvenir, et, pour que le souvenir ait lieu, il faut que la réflexion dialectique *fasse silence,* c'est-à-dire qu'elle s'arrête, et, avec elle, le discours intérieur qui la traduit ; car l'invention et la reproduction ne peuvent coexister ; toute phrase intérieure nouvelle plonge dans un oubli presque toujours définitif la phrase intérieure qui la précédait dans la conscience.


## XI


Malgré ces obstacles naturels qui s'opposent à son observation, la parole intérieure n'est pas absolument ignorée du sens commun, qui la désigne de temps à autre par la locution : *s'entretenir avec soi-même.* C'est à elle aussi que font allusion ces expressions fréquentes dans les romans ou les autobiographies : « pensa-t-il... ; — se disait-il... ; — je me disais... ; — il se dit en lui-même... » Si de courts apartés, si de longues méditations sont naturellement désignés dans le langage par le verbe *se dire,* si cette locution est le synonyme reçu de *penser en silence,* ce n'est pas seulement par métaphore [1] et parce que la pensée *pourrait* être dite extérieurement [2], c'est aussi

1. [Voir ch. I, § 2, sur Platon, Aristote, etc.] — Dans Marc-Aurèle, les expressions : *se dire à soi-même, s'interroger soi-même,* sont fréquentes, mais toujours indécises entre le sens propre et le sens métaphorique ; voir, pour la première : II, 1 (προλέγειν ἑαυτῷ) ; VIII, 29 (σεαυτῷ λέγων) ; IX, 39 ; XI, 19 ; pour la seconde : VIII, 2 ; IX, 42 ; X, 12, 29, 37 ; cf. V, 1 ; VII, 64, et les passages cités plus haut, [§ 4]. Dans VIII, 49, la métaphore est évidente : « Ne te dis jamais rien à toi-même de plus que ce que t'apprennent les impressions de tes sens.... ; ne rien y ajouter intérieurement toi-même ;... ou plutôt ajoutes-y quelque chose, mais en homme qui a médité sur les accidents habituels du monde. »
2. Cette explication suffit pour *On dirait que...* : ici, *dire = penser,*

parce que la pensée est réellement dite en nous. Ce fait vaguement connu confirme et justifie l'image qui, sans lui, serait peut-être usuelle, mais ne paraîtrait pas aussi exacte, et dont, par suite, l'usage serait plus restreint. On peut supposer que d'autres locutions encore contiennent une allusion à la parole intérieure. « Qu'en dites-vous? » n'est peut-être pas seulement : « Qu'allez-vous en dire? » mais aussi : « Qu'en dites-vous en vous-même? » et « Qui l'eût dit? » est peut-être une formule concise pour : « Qui l'eût pensé, se le disant intérieurement? » Si les verbes *parler* et *dire*, avec un nom de chose pour sujet, ont si fréquemment le sens d'*exprimer*, *faire penser*, c'est assurément que les choses sont des signes plus ou moins directs de certaines idées, mais c'est aussi qu'en pareil cas elles suscitent des paroles intérieures, c'est qu'elles font dire intérieurement ce qu'elles font penser. Je rattache à cette double source les expressions comme : « cela ne dit rien à l'esprit ; — cela parle au cœur » ; et chez les poètes :

<blockquote>

Tout parle de sa gloire.                    (Corneille.)

Jusqu'au silence même,
Tout me parle de ce que j'aime.           (Quinault.)

Venez, fuyez l'aspect de ce climat sauvage,
Qui ne parle à vos yeux que d'un triste esclavage.
                                     (Racine, *Mithridate*.)

</blockquote>

Enfin, si, dans le langage littéraire, *le cœur parle* si souvent, c'est sans doute qu'il suggère, qu'il inspire des

parce que la pensée = ce qui se dit ou peut se dire [cf. plus haut, § 6]. — Nous ne voyons non plus aucune allusion à la parole intérieure dans les expressions *s'écouter*, *écouter ses scrupules*, *ses préjugés*; par l'emploi du mot *écouter*, on veut indiquer seulement l'absence de spontanéité novatrice. De même, il faut voir de pures métaphores dans *s'entendre soi-même* (pour *se comprendre*) et *entendement* (pour *pensée*), locutions invoquées, avec *s'entretenir avec soi-même*, par Bonald (*Dissertations*, p. 249; *Recherches*, ch. II, p. 58; ch. VII, p. 169).

pensées, comme une bouche étrangère et persuasive, mais c'est aussi que ses suggestions se traduisent immédiatement en parole intérieure ; il est donc implicitement question de la parole intérieure dans la locution : « si le cœur vous en dit, » et dans les vers suivants [1] :

> L'âge me conduisait où le cœur me disait.      (MAROT.)
>
> Mon cœur s'en est plus dit que vous ne m'en direz.
> (RACINE, *Britannicus*.)
>
> Mon cœur....
> M'en dira d'autant plus que vous m'en direz moins.
> (RACINE, *Andromaque*.)

De même, quand Cicéron, après avoir dit : *garrire quidquid in buccam*, se hasarde à écrire à Atticus : *ad me scribe quod in buccam venerit* [2], il pense bien faire une métaphore ; mais son expression lui plaît aussi par je ne sais quelle exactitude dont il ne saurait rendre compte.

Quel que soit l'intérêt de ces indices d'une vague connaissance de la parole intérieure par le sens commun, — indices auxquels il faut ajouter certains titres d'ouvrages, comme *Les soliloques* (de saint Augustin et de saint Bonaventure), *Les voix intérieures* (de Victor Hugo), et cette locution populaire du midi de la France : *dire son chapelet*

---

1. Nous empruntons ces exemples, comme les précédents, au *Dictionnaire* de M. Littré, aux mots PARLER (18e sens, en partie), et DIRE (11e et 14e sens). A nos yeux, l'existence de la parole intérieure n'est qu'une explication partielle de ces locutions ; nous avons négligé les exemples où l'autre cause paraît la principale. [Cf. plus loin, ch. III, § 11.]

2. *Ad Atticum*, I, 12 ; VII, 10 ; XII, 1 ; XIV, 7. L'expression ne se retrouve qu'une seule fois, dans Martial. Cf., en français, *avoir un mot sur la langue*, métaphore pour *prêt à être dit*, ce qui n'implique pas nécessairement la parole intérieure dans son rôle de souffleur. Le peu de précision de ces expressions défend de faire du *scribere quod in buccam* de Cicéron un argument en faveur du *tactum buccal* de Bain [§ 6].

*en dedans* [1], — il est certain que son importance et son vrai rôle restent d'ordinaire inconnus ; et il n'en est pas de preuve plus décisive que l'observation suivante, empruntée, elle aussi, à l'étude du langage : dans les langues classiques, et sans doute dans toutes les langues, les opérations de la pensée sont exprimées par des images relatives le plus souvent à la vision, quelquefois au toucher, à l'odorat, au goût ; les termes qui font allusion à l'ouïe et à la parole ne sont employés ni exclusivement ni même dans la majorité des cas [2].

## XII

Résumons rapidement les différences, intrinsèques ou autres, qui distinguent les deux paroles :

1° La parole extérieure est plus forte, plus variée d'intensité, d'intonations, de rythme ; la parole intérieure est faible et monotone [§ 3].

2° La parole intérieure est plus rapide et plus concise ; elle est souvent plus originale et plus personnelle dans la syntaxe et le vocabulaire [§ 4].

1. Je la rencontre dans une nouvelle de M. Emile Pouvillon, *Césette* (1880), qui retrace les mœurs et le langage de l'Aveyron.

2. Ainsi, dans une description remarquable, déjà citée [ch. I, § 2], Pline le Jeune, s'exerçant à composer dans le silence et l'obscurité, dit qu'il *voit* mieux sa pensée ; il ne s'aperçoit pas qu'il l'entend. De même Quintilien, dans un grand nombre de passages. Socrate, dans le *Philèbe*, dit : σκοπῶ, pour *j'examine, je réfléchis*; Marc-Aurèle, VII, 59 : ἔνδον βλέπε, « regarde en toi-même ». Inutile de multiplier les exemples. — La langue grecque distingue *lire tout haut :* λέγειν ou ἀναγιγνώσκειν, et *lire tout bas :* ἐντυγχάνειν (mot à mot : *prendre connaissance*); mais ce dernier terme, tout abstrait, ne renferme aucune allusion à la parole intérieure, et, en latin, la distinction s'affaiblit : *recitare* signifie *lire tout haut, legère* a les deux sens ; en français, elle a totalement disparu : nous n'avons qu'un mot, *lire*, pour les deux opérations, et ce mot ne signale à l'esprit ni la présence de la parole extérieure dans le premier cas, ni celle de la parole intérieure dans le second.

3° Elle admet une plus riche variété de sons spécifiques [§ 5].

Telles sont les différences intrinsèques des deux phénomènes. Ils sont aussi caractérisés par certaines associations :

1° Notre parole extérieure est toujours accompagnée d'une sensation tactile buccale ; la parole intérieure n'est pas, d'ordinaire, accompagnée d'une image tactile [§ 6].

2° La parole extérieure, à mesure qu'elle est produite ou entendue, est l'objet du jugement de perception externe, c'est-à-dire qu'elle est déclarée ne pas faire partie du moi. En même temps, elle est localisée, c'est-à-dire rattachée à un point de l'espace comme origine ; non qu'elle se présente avec un caractère spatial intrinsèque, mais parce que l'expérience nous a montré les sons en général et les paroles en particulier presque toujours associés à des phénomènes spatiaux, visa et tacta. La parole intérieure n'est pas l'objet du jugement de perception externe ; par suite, elle reste mienne. Elle n'est pas non plus localisée ; elle est pure de toute association avec des états doués de spatialité, et par elle-même elle ne possède pas ce caractère [§ 7].

On serait tenté de rattacher l'intériorité de la parole intérieure au jugement de reconnaissance. Mais l'opposition des deux jugements ne correspond pas à la distinction des deux paroles : la reconnaissance ne sert pas à distinguer les paroles intérieures et les paroles extérieures ; elle sert seulement à distinguer, parmi les paroles, intérieures ou extérieures, celles qui ont une valeur verbale ou historique et celles qui n'ont qu'une valeur significative [§ 9].

# CHAPITRE III

VARIÉTÉS VIVES DE LA PAROLE INTÉRIEURE

§ 1. La parole intérieure passionnée; la parole intérieure imaginaire; leurs caractères distinctifs. — § 2 et 3. Suite : la reconnaissance, etc. — § 4. Suite : l'image tactile, la perception externe et l'idée du drame. — § 5. Suite : l'inspiration poétique. — § 6. La parole intérieure morale. — § 7. Suite : Socrate et Jeanne d'Arc, considérations générales. — § 8. Suite : les voix de Jeanne d'Arc. — § 9. Suite : le démon de Socrate. — § 10. Suite : les dieux d'Homère; la prosopopée. — § 11. Témoignages du sens commun sur les variétés vives de la parole intérieure. — § 12. Passage de la parole intérieure à la parole extérieure par l'intermédiaire des variétés vives : les monologues, les apartés, etc.

## I

Dans la description qui précède, nous avons négligé à dessein les cas où la parole intérieure se rapproche des caractères de la parole extérieure. Ils sont fréquents, et, par cela même que la parole intérieure y est plus intense, ils ont été plus remarqués que les autres, soit par les philosophes [1], soit même par le sens commun, dont les observations imparfaites ont laissé une trace dans les littératures et dans les langues.

Dans la variété que nous avons décrite, la parole inté-

---

1. Ainsi, dans les passages de Bain déjà cités [ch. I, § 6; ch. II, § 6], il n'est guère question que des *variétés vives* que nous étudions dans ce chapitre.

rieure a toute son originalité; elle est pour ainsi dire à l'état de perfection; aussi cette variété extrême a-t-elle été pour nous le type de la parole intérieure, quand nous voulions l'opposer à la parole extérieure. Mais le moment est venu d'amender notre antithèse par la description des *variétés vives* de la parole intérieure.

Quand la parole intérieure est faible, monotone, rapide, concise, personnelle et absolument intérieure, c'est que l'âme est repliée sur elle-même et très calme; c'est que nous pensons pour nous seuls, sans passion comme sans imagination.

Si la passion entre en jeu, la parole intérieure devient plus forte; l'articulation en est plus précise et plus ferme, l'intonation plus variée; la parole intérieure est devenue vivante, accentuée, véhémente, émue, un peu plus lente aussi, chaque mot ayant alors un sens plus plein, et l'âme se plaisant, pour ainsi dire, à savourer un court instant chacune de ses idées. Mais elle ne cesse pas pour cela d'être toute personnelle quant au choix et à l'assemblage des locutions; bien au contraire : la concision et la personnalité que nous avons signalées dans le langage intérieur se montrent alors plus que jamais.

L'éveil de l'imagination produit à peu près les mêmes effets. Si je m'imagine un interlocuteur ou un auditoire, alors aussi ma parole intérieure devient plus intense, plus nette, plus variée d'intonations et plus lente; elle est pourtant moins lente que dans le cas précédent; elle prend l'allure exacte de la parole extérieure, c'est-à-dire qu'elle est continue, sauf les intervalles nécessaires à l'audition distincte des mots et ceux qui résultent de la nécessité de reprendre haleine; ceux-ci, comme les premiers, doivent se retrouver dans la parole intérieure de l'homme d'imagination, car il croit entendre sa propre voix telle qu'elle est quand elle est extérieure et, par suite, soumise à d'impérieuses conditions physiologiques. — Par la même raison, la parole intérieure n'est plus alors ni concise ni personnelle ; étant comme un discours adressé à autrui, elle se fait prolixe et, autant que possible, impersonnelle, afin d'être clairement entendue et d'entraîner la conviction. Enfin, comme l'imagination d'un ou de plusieurs auditeurs est la circonstance déterminante de cette modification de la parole intérieure, il est naturel que, par intervalles, elle devienne une imitation de la parole d'autrui ; aussi est-ce spécialement dans cette variété que se rencontrent des sons spécifiques étrangers aux habitudes ou aux facultés de la parole extérieure individuelle. — Dans le dialogue imaginaire, la parole intérieure est donc doublement impersonnelle : quand je crois parler, je parle, autant que je puis, le langage de tous ; puis, souvent, je suppose une réponse : alors, j'imite et la voix et les habitudes de langage de l'interlocuteur que ma fantaisie s'est donné.

## II

Lorsque nous nous remémorons des paroles que nous avons prononcées ou entendues, notre parole intérieure est dans les conditions les plus favorables pour devenir imaginaire, c'est-à-dire pour s'entourer d'images, visuelles ou autres, qui représentent les conditions dans lesquelles les paroles reproduites avaient été prononcées, et pour simuler elles-mêmes un véritable langage extérieur ; aussi la reconnaissance de la parole intérieure est-elle plus fréquente chez l'homme d'imagination que chez le méditatif, toujours à la recherche de pensées nouvelles.

Chez l'homme passionné, au contraire, elle est rare : la passion se répète souvent, mais à son insu; elle se croit toujours nouvelle; c'est qu'en effet, prise en elle-même, indépendamment des faits accessoires qui l'accompagnent et la modifient, elle n'est pas soumise à la loi de l'habitude; tant qu'elle dure, elle est toujours à l'état naissant; si elle disparait, elle peut renaître; mais ce n'est pas là la répétition qu'on appelle habitude ou souvenir, c'est un recommencement dont le passé ne rend pas compte. Sans doute, l'expression intérieure de la passion peut devenir habituelle; mais la nouveauté de la chose signifiée se reflète sur le signe, qui parait, lui aussi, nouveau, parce qu'il exprime une chose nouvelle; le signe n'est qu'un accessoire, ce n'est pas lui qu'on écoute, et sa monotonie n'est pas remarquée.

### III

Il ne faut pas croire que la parole intérieure absorbe l'attention d'autant plus facilement qu'elle est plus intense, et que les variétés vives aient, sous ce rapport, un privilège. Une parole intérieure vive par imagination n'exclut nullement la vision distincte : on peut contempler un paysage tout en imaginant un dialogue animé auquel on prend une part active. La passion est plus absorbante; mais, dans le repos le plus complet de la passion comme de l'imagination, on peut être *tout à ses pensées*. Pour que la parole intérieure devienne exclusive de la sensation actuelle, il faut et il suffit qu'elle nous intéresse; or le drame que nous imaginons peut nous intéresser faible-ment : il n'est souvent qu'une rêverie qui nous repose et à laquelle nous ne nous attachons pas; et, si notre passion nous intéresse toujours, le moindre problème de science ou de conduite peut tout aussi bien concentrer sur lui la totalité de la conscience; une méditation purement intellectuelle peut rendre momentanément aveugle et sourd celui qui s'y livre. L'habitude de la concentration, c'est-à-dire de l'attention exclusivement portée sur la pensée et son expression intérieure, se prend dans le jeune âge, et d'autant mieux que l'âme est naturellement plus calme, plus intellectuelle, moins fréquemment détournée du but qu'elle s'est fixé par l'éveil subit de la passion ou de l'imagination, puissances de caprice et de distraction.

## IV

L'intensité plus grande est le principal caractère qui rapproche de la parole extérieure les variétés vives de la parole intérieure. A l'intensité se rattache, quand la parole intérieure nous paraît la nôtre, la présence du tactum buccal, plus ou moins nettement imaginé, selon que le son intérieur est plus ou moins fort, plus ou moins semblable à un son extérieur. L'image du tactum buccal est le complément naturel de la parole intérieure quand elle simule l'extériorité; cette illusion que l'âme passionnée subit, que l'âme en verve d'imagination se donne à elle-même, serait incomplète sans la présence de ce phénomène, associé constant de l'état fort que nous avons l'habitude de juger extérieur à nous.

Dans quelle mesure sommes-nous dupes de l'illusion dont nous parlons? La question, assurément, est délicate; mais elle revient à celle-ci : Jusqu'à quel point l'enfant qui joue *de tout son cœur* et l'acteur *tout à son rôle* se trompent-ils eux-mêmes et perdent-ils la notion de leur vraie personnalité ? Un tel problème, à le bien prendre, ne contient pas de mystère impénétrable : dans tout jeu, dans toute feinte, l'âme se dédouble, et l'acteur convaincu recouvre un spectateur sceptique. Ce n'est pas le lieu d'analyser en détail ce phénomène, il nous suffit de l'indiquer sommairement : dans le jeu, d'une façon générale, le moi individuel s'affirme et se nie simultanément ou à des intervalles indiscernables. Quelque chose d'analogue se produit dans la parole intérieure animée : le jugement d'extériorité, sans cesse porté, est aussitôt retiré. Ce faisant, l'esprit ne croit pas se contredire : de cette affirmation et de cette négation il fait la synthèse, et cette synthèse est l'idée même du jeu ou du drame. Rappelons que le jugement de perception externe n'est presque jamais exprimé intérieurement ; il ne demande donc, pour être porté comme pour être retiré, qu'un temps inappréciable ; aussi rien n'est-il plus simple, en fait, que cette opération assez compliquée à définir.

L'idée du drame, c'est-à-dire la connaissance exacte de ce qui se passe en nous, suppose un juste équilibre entre l'affirmation et la négation du moi. L'équilibre peut être rompu en faveur du non-moi : parfois, au lieu de n'être dupes qu'à demi, ce qui revient à n'être dupes en aucune façon, nous nous abandonnons insensiblement à l'illusion ; la perception externe, mollement critiquée, finit par triompher. Si l'intervention illégitime de la perception externe est le caractère spécifique de l'hallucination, il faut dire que la parole intérieure vive devient alors une véritable hallucination.

Ce phénomène est propre au caractère imaginatif. L'âme passionnée est moins exposée à cette sorte d'illusion : la passion est essentiellement intérieure, et le langage qui l'exprime n'est pas destiné aux oreilles d'autrui. L'homme passionné sait cela ; il vit avec lui-même ; si sa pensée parle haut, il sait que c'est en lui, et qu'elle est ce qu'elle doit être, intérieure comme son objet ; elle aura beau crier, il lui refusera avec persistance l'extériorité, comme au sentiment qu'elle traduit. Si quelque illusion est ici possible, c'est l'illusion inverse de l'hallucination : il croira peut-être encore parler en lui-même, quand sa parole, devenue extérieure, trahit son secret à son insu.

<h2 style="text-align:center">V</h2>

Dans les analyses qui précèdent, nous avons distingué avec soin l'homme d'imagination et l'homme de passion. On peut critiquer cette distinction ; car, d'ordinaire, la passion ne s'éveille pas sans susciter à quelque degré l'imagination, et, réciproquement, il n'est pas d'imagination sans quelque passion. Mais la proportion de ces deux phénomènes est très variable ; dans certains cas extrêmes, chacun d'eux peut être à peu près seul dans l'âme ; à tout le moins, on ne peut nier qu'ils ne soient spécifiquement distincts, bien qu'ordinairement réunis ; le psychologue a donc le droit de les considérer séparément.

La parole intérieure *dramatique* et la parole intérieure *passionnée* sont les deux plus importantes des variétés vives. La parole intérieure *inspirée*, propre aux poètes qui croient écrire sous la dictée de la Muse, doit être rattachée à la parole intérieure dramatique. La Muse est un interlocuteur privilégié qu'on écoute sans l'interrompre ; quelquefois, comme dans les *Nuits* d'Alfred de Musset, le poète parle à son tour, et son dialogue avec la Muse est un drame complet.

Mais la Muse, dans les temps modernes, n'est qu'une convention poétique ; il faut remonter jusqu'à la poésie primitive pour trouver une croyance naïve et sincère à l'inspiration d'en haut. Qu'elle soit ou non considérée comme un phénomène surnaturel, l'inspiration consiste dans une exaltation de la parole intérieure en même temps que des facultés esthétiques de l'esprit. Selon les cas, la parole intérieure devenue vive simule ou ma propre voix parlant haut (poésie éolienne, personnelle), ou la haute voix d'un autrui déterminé (prosopopée poétique, poésie dramatique), ou enfin une haute voix absolument impersonnelle, si *la vérité parle en moi*, c'est-à-dire si le sujet poétique est d'ordre abstrait et général ; c'est dans ce dernier cas surtout qu'il y a lieu d'attribuer l'inspiration à la Muse ou à un dieu de la poésie, comme Apollon. Quand la poésie est personnelle et que le poète n'imagine pas parler à autrui, mais se parler à lui-même, — ce qui est rare, — l'inspiration est un cas particulier de la parole intérieure passionnée ; partout ailleurs, elle est un cas particulier de la parole intérieure dramatique.


## VI


Mais il est une troisième variété qui mérite une place à part dans notre analyse : c'est la parole intérieure *morale*.

Celle-ci n'occupe jamais l'âme aussi longtemps que les précédentes ; elle est intermittente et concise ; elle interrompt brusquement une méditation, prononce son arrêt, qui est toujours un impératif non motivé, puis elle se tait jusqu'à ce qu'une nouvelle occasion se présente pour elle de rentrer en scène. Elle parle volontiers aussi haut que la passion, et, par suite, elle simule également bien l'extériorité. Elle la simule d'autant mieux que la conception du devoir est logiquement hétérogène au calcul d'intérêt qu'elle vient interrompre ; lors même que tous deux se rapportent au même problème de conduite, l'idée du devoir survient donc dans la succession psychique comme un état jusqu'à un certain point imprévu, circonstance favorable pour que son expression paraisse extérieure.

La loi morale a encore ceci de particulier qu'elle parle plus volontiers à la seconde personne qu'à la première : *tu dois*, au lieu de *je dois* ; dans le cas de reproche, elle emploie quelquefois le *vous* au lieu de *tu*, parce que le *vous*, dans nos usages modernes, est méprisant quand il n'est pas cérémonieux. Ces formes de langage indiquent qu'un certain degré d'imagination accompagne les jugements de la raison pratique : la loi morale nous parle comme un père à ses enfants ou comme un maître à ceux qui lui doivent obéissance.

Dans un petit récit, dont l'intention philosophique importe peu ici, Stendhal a assez bien représenté l'imprévu du dictamen moral. La littérature a souvent, et sous des formes bien diverses, dramatisé la *voix de la conscience*, la *voix du devoir ;* mais l'exactitude psychologique manque à la plupart de ces demi-fictions ; l'exemple du lieutenant Louaut, bien qu'inventé à l'appui d'une thèse discutable, nous paraît être un des moins inadéquats à la réalité ; nous le réduirons d'ailleurs aux détails les plus vraisemblables.

« Je me promenais vers le pont d'Iéna ; il faisait un grand vent ; la Seine était houleuse... Je suivais de l'œil un petit batelet rempli de sable jusqu'au bord qui voulait passer sous la dernière arche du pont... Tout à coup, le batelet chavire ; je vis le batelier essayer de nager, mais il s'y prenait mal. « Ce maladroit va se noyer, » me dis-je. J'eus quelque idée de me jeter à l'eau ; mais j'ai quarante-sept ans et des rhumatismes, il faisait un froid piquant... « Ce serait trop fou à moi, me disais-je ; quand « je serai cloué dans mon lit avec un rhumatisme aigu, « qui viendra me voir ? qui songera à moi ? Je serai seul à « mourir d'ennui, comme l'an passé... » Je m'éloignai rapidement, et je me mis à penser à autre chose. Tout à coup je me dis : « Lieutenant Louaut, tu es un .... — Et « les soixante-sept jours que le rhumatisme m'a retenu au « lit l'an passé, dit le parti de la prudence ! Que le diable « l'emporte ! Il faut savoir nager quand on est marinier. » Je marchais fort vite vers l'Ecole militaire. Tout à coup, une voix me dit : « Lieutenant Louaut, vous êtes un « lâche ! » Ce mot me fit ressauter... Je me mis à courir vers la Seine... Je sauvai l'homme, sans difficulté...

« Qu'est-ce qui m'a fait faire ma belle action ?... Ma foi, c'est la peur du mépris ; c'est cette voix qui me dit : « Lieu- « tenant Louaut, *vous* êtes un lâche ! » Ce qui me frappa, c'est que la voix, cette fois, ne me tutoyait pas... Je me serais méprisé moi-même si je ne me fusse pas jeté à l'eau [1]. »

VII

Le lieutenant Louaut n'attribue aucune origine surnaturelle à cette voix qui lui a fait peur de sa lâcheté. Pour un mystique, dans les mêmes circonstances, la voix sera une voix *céleste*, une voix *d'en haut*. Le démon de Socrate et les voix de Jeanne d'Arc sont deux illustres exemples de la divinisation de la parole intérieure morale

---

1. Stendhal, *Correspondance*, lettre CLI.

en même temps que de son attribution à une personnalité étrangère [1].

Entre le philosophe athénien et la jeune fille ignorante qui fonda la nationalité française, les analogies sont frappantes. Tous deux moururent martyrs de leur foi : Socrate fut accusé d'introduire de nouveaux dieux dans l'Etat [2] ; Jeanne d'Arc, de reconnaître une autre autorité spirituelle que celle de l'Eglise ; c'étaient là, dira-t-on, des prétextes et non les véritables motifs de l'accusation ; toujours est-il que Socrate et Jeanne d'Arc auraient sans doute désarmé leurs accusateurs s'ils avaient consenti à renier l'origine surnaturelle des voix qu'ils croyaient entendre. Chez l'un et chez l'autre, un état d'hallucination chronique coïncidait avec une parfaite fermeté de l'intelligence, fait plus remarquable encore chez Jeanne d'Arc que chez Socrate ; car Jeanne d'Arc n'était qu'une toute jeune fille, et les phénomènes hallucinatoires avaient chez elle bien plus de fréquence et d'intensité que chez Socrate. Ces deux cas célèbres ne doivent donc pas être comptés parmi les cas morbides ; ce sont des cas extraordinaires, anormaux, rien de plus [3].

---

1. Nous ne citons pas ici le célèbre *Sume, lege,* de saint Augustin. Cette prescription a bien l'allure de la parole intérieure morale ; mais il semble résulter du texte même des *Confessions* (VIII, 12) qu'Augustin attribua après réflexion une origine divine à une voix bien réelle et extérieure, qu'il avait de la peine à s'expliquer comme telle et qui coïncidait étrangement avec ses préoccupations du moment : « J'entendis une voix jeune qui semblait venir d'une maison voisine et qui répéta ces mots plusieurs fois en chantant. Je ne pus trouver dans mes souvenirs aucun jeu d'enfant auquel ces paroles pussent convenir. »

2. « C'est parce que tu dis que le (signe) démonique a lieu pour toi qu'on t'accuse d'innover touchant les choses divines » (Platon, *Euthyphron,* p. 3 *b*). Cf. Xénophon, *Mémorables,* I, 3, et *Apologie,* 12 ; Platon, *Apologie,* p. 31 et *passim;* Chaignet, *Vie de Socrate,* p. 149.

3. Hallucinations *physiologiques,* non *pathologiques,* dit à ce propos M. Brière de Boismont (*De l'hallucination historique,* 1861). Cf. Lélut,

D'ailleurs, de toutes les hallucinations, la moins pathologique est, de l'aveu même des médecins, l'hallucination de l'ouïe, et l'ensemble des faits rassemblés dans le présent chapitre a la valeur d'une confirmation psychologique de cette opinion. En effet, les variétés vives de la parole intérieure, c'est la parole intérieure se rapprochant de la forme hallucinatoire sans l'atteindre ; quoi d'étonnant si elle atteint cette forme chez certains tempéraments prédisposés, surtout quand les circonstances et le milieu intellectuel sont favorables à la croyance au merveilleux ? Et, si jamais l'hallucination peut être dépourvue de tout caractère morbide, c'est quand elle n'est autre chose que la parole intérieure morale devenue assez vive pour provoquer impérieusement le jugement d'extériorité [1]. Elle est toujours, même alors, le symptôme d'un état anormal ; mais elle est sans danger pour la raison, car elle ne suscite aucune de ces terreurs qui ont valu à l'hallucination religieuse les condamnations passionnées de Lucrèce ; elle ne trouble pas l'âme, parce que, tout en étant d'accord avec ses croyances et en confirmant ses tendances les plus élevées, elle contredit peu son expérience sensible. Ceci mérite peut-être une démonstration méthodique :

1° D'une part, si l'on croit aux esprits, il est normal qu'un pur esprit se manifeste par des sons, le son étant, de toutes nos sensations, la moins engagée dans l'idée de matière. Le son est immatériel, au point de vue phénoméniste, car il est par lui-même dépourvu de spatialité ;

---

*Du démon de Socrate*, 2ᵉ édition (1856), p. 75 ; et P. Despine, *De la folie au point de vue philosophique*, p. 235 et suivantes. — On ne saurait en dire autant de Cardan, qui, lui aussi, avait un démon familier (Lélut, p. 226), ni de Pascal, ni de la plupart des mystiques.

1. Cf. A. Lemoine, article Hallucination du *Dictionnaire des sciences philosophiques*, à la fin ; et *De la physionomie et de la parole*, p. 169.

il est peu matériel, au point de vue substantialiste ; car,
d'abord, il est impalpable ; ensuite, c'est une sensation relativement isolée, tandis que toutes les autres sensations,
visa, odeurs, saveurs, sont intimement liées à des tacta ; que
la matière soit la résistance tactile ou le lien commun de
plusieurs sensations généralement simultanées, le son est
donc la sensation qui exige le moins impérieusement l'idée
d'une substance matérielle. Une vision, au contraire,
trouble l'esprit [1] par ce doute : est-ce un esprit ? est-ce un
être matériel ? Il est anormal qu'un visum, en plein jour, ne
soit qu'une ombre vague et transparente ; il est anormal,
en toute circonstance, qu'un visum soit impalpable, etc.

2° Si l'esprit se manifeste, non par des bruits ou des
sons inarticulés, mais par des sons humains, par des paroles, il est, en cela du moins, notre semblable ; une suite
régulière de sons coordonnés et rythmés, c'est une succession pure et continue, comme notre existence intérieure ; puis ces sons expriment des idées que nous
comprenons : cet esprit est donc une intelligence, comme
nous, et une intelligence analogue à la nôtre ; il est donc
notre semblable ; il n'est pas quelque chose d'absolument
nouveau pour notre expérience, partant quelque chose
d'étrange et d'effrayant.

3° Il le sera néanmoins si, dans ses paroles mêmes, il
se montre notre ennemi, s'il se révèle comme un esprit
méchant et mauvais. Mais, s'il ne nous dit que des paroles
bonnes et sensées, alors, bien loin d'être troublés par sa
venue, nous lui rendrons amitié pour amitié, nous aime-
rons sa présence et nous respecterons sa voix [2]. S'il parle

1. Jeanne d'Arc, la première fois qu'elle *vit* saint Michel, eut grand
peur ; il la rassura *par ses paroles*.
2. Jeanne d'Arc craignit quelque temps d'être hantée par un mauvais

comme notre conscience, fût-il sévère, il ne nous effrayera pas, car nous comprendrons qu'il a raison.

Ainsi, quand dans une âme naturellement droite, mais exaltée, préexiste la croyance à des esprits exclusivement bons et moraux [1], l'hallucination qui présente les caractères d'une telle origine ne peut par elle-même être le point de départ d'un trouble psychique, d'une maladie de l'âme ; on conçoit même qu'elle devienne un principe d'héroïsme et de génie. Socrate et Jeanne d'Arc ont donc pu avoir confiance en leurs voix et conserver intactes la finesse et la probité natives de leurs facultés intellectuelles ; et il n'est point étrange que dans l'illusion d'une inspiration divine ces facultés aient trouvé un puissant mobile d'activité confiante et sereine.

## VIII

Grâce aux documents authentiques du procès de Rouen, le cas de Jeanne d'Arc est mieux connu que celui de Socrate [2]. Il est aussi plus net et plus complexe ; les hallucinations de l'ouïe se détachaient avec vigueur sur la trame de la vie intérieure [3] ; et elles étaient, toujours dans

esprit ; l'apparition la rassura peu à peu et pour toujours, par ce fait que son langage était *celui des anges*.

1. Au moyen âge, tout le monde croyait à l'existence d'esprits parfaitement bons et d'esprits parfaitement méchants. Socrate croyait à la divination et à la providence des dieux ; c'est un point que M. Fouillée a supérieurement traité (*Philosophie de Socrate*, t. II, livre VII). — Cf. Bouché-Leclercq, *Histoire de la divination dans l'antiquité*, t. I (1879), p. 43 et suiv.

2. Voir J. Quicherat, *Procès de Jeanne d'Arc*, t. I, p. 52, 73, 170, etc.

3. A l'audience du tribunal, pressée de questions, elle « n'entend pas bien » la voix ; aussi n'admet-elle pas cette révélation confuse comme suffisante ; revenue dans sa prison, et libre de méditer en silence, elle demande à son « conseil » des paroles plus précises, et les obtient. — Socrate, à ce qu'il semble, était moins exigeant.

les premiers temps, presque toujours par la suite, accompagnées d'hallucinations visuelles très caractérisées, auxquelles se joignirent quelquefois des hallucinations du toucher et peut-être de l'odorat. Tous ces phénomènes simultanés et successifs étaient parfaitement coordonnés : Jeanne communiquait avec un véritable monde surnaturel composé de quatre personnages : saint Michel, le premier apparu et le garant des trois autres, saint Gabriel, sainte Catherine et sainte Marguerite. Il ne paraît pas que chacun d'eux ait eu un timbre de voix particulier; elle les distinguait par les noms qu'ils se donnaient et surtout par des signes visibles. Il ne paraît pas non plus que chacun des saints ait eu, comme conseiller de la jeune fille, son rôle spécial. La voix, comme telle, est unique et l'expression d'une même sagesse; c'est toujours « le parler et le langage des anges »; l'apparence visible qui l'accompagne varie seule. Cette voix se fait entendre presque tous les jours, et, quand les circonstances sont graves, plusieurs fois en un même jour. Quand elle s'est habituée à cette société surnaturelle, Jeanne la provoque par des prières et l'entretient par des questions; des dialogues suivis s'établissent entre elle et ses divins protecteurs.

Dans les révélations qu'elle reçoit, les préceptes moraux dominent; aussi disait-elle souvent : « mon conseil », pour « mes voix »; ce terme indique à la fois que les paroles étaient l'élément essentiel de ses visions, et que les préceptes pratiques formaient, soit à ses yeux, soit en réalité, la partie la plus importante des paroles qu'elle entendait. Ces préceptes sont tantôt des ordres, tantôt des défenses; une fois, la voix interrogée refuse de prononcer un impératif; elle ne donne qu'une permission; Jeanne est laissée libre d'agir selon son inspiration naturelle [1]. Toute spontanéité consciente n'était donc pas étouffée par la présence intermittente de la voix céleste ; en effet, deux fois, depuis sa captivité, le courage de Jeanne a faibli ; elle a désobéi à ses voix [2] ; mais, après l'événement, celles-ci lui ont fait de vifs reproches. Ordres et défenses, quand le devoir est clair, simple permission dans le cas contraire, sentiment dramatisé du démérite, aucun phénomène moral ne manque au tableau, si ce n'est peut-être le moins moral de tous, le sentiment du mérite, la satisfaction du devoir accompli ; encore peut-on le voir dissimulé sous une forme discrète, la seule qu'admette une conscience scrupuleuse, dans la promesse du secours de Dieu et dans l'annonce du succès final. Jeanne reçoit donc, en vue du but spécial qu'il lui a été ordonné de poursuivre, une direction morale complète, qui semble ne l'abandonner jamais.

Mais est-il une doctrine pratique qui puisse se passer de tout aperçu théorique ? Tout précepte s'applique à des faits passés qui, pour une part, le motivent, et des faits à venir doivent un jour le sanctionner ; la révélation morale doit donc s'entourer et se compléter par une révélation qui porte sur des événements indépendants de la volonté de l'agent moral : les voix ont raconté à Jeanne les malheurs de la France ; voilà pour le passé ; elles lui ont aussi et surtout prédit l'avenir : elles lui ont garanti le succès de sa mission ; elles lui ont annoncé qu'elle serait prise, aux mains des Anglais, délivrée, etc [3]. On peut croire qu'une

---

1. La question était la suivante : Jeanne devait-elle quitter ses parents à leur insu, ou non ?

2. Tentative malheureuse d'évasion ; rétractation publique à Rouen.

3. Je compte parmi les prédictions d'avenir la promesse qu'une épée serait découverte dans les fondations d'une église ; cette prédiction,

certaine analogie avec la destinée du Christ, qui lui aussi n'a triomphé qu'après sa mort, n'a pas été sans influence sur ces dernières prédictions, en apparence décourageantes. Quelques promesses démenties, quelques autres sans rapport évident avec la mission de Jeanne, déparent un peu cette partie, la plus aventureuse, des révélations ; mais, si le cas de Jeanne d'Arc se rapproche par là des phénomènes véritablement anormaux, il n'en est que plus vraisemblable, et l'ensemble n'en conserve pas moins un remarquable caractère d'unité ; on sent qu'une ferme raison a gouverné à son insu la sublime folie de la jeune fille.

## IX

Les phénomènes attribués par Socrate à son *démon* [1] sont assurément beaucoup moins complexes, mais aussi beaucoup moins nets, beaucoup plus subtils, beaucoup plus malaisés à déterminer et à définir. Nous n'avons pas le témoignage authentique de Socrate, comme nous avons celui de Jeanne d'Arc. Deux formes du jeu, l'iro-

qui se trouva réalisée, est la plus hardie qu'aient faite les voix de Jeanne d'Arc et la seule où l'espace soit franchi au lieu du temps ; mais, philosophiquement, l'espace lointain, c'est l'avenir.

1. Nous conservons provisoirement l'expression consacrée ; elle ne rend pas exactement τὸ δαιμόνιον, littéralement *le divin*, seul terme employé (avec θεός, *un dieu*, comme synonyme) par Xénophon et Platon. Ὁ δαίμων ne se rencontre pas, dans les écrits sur ce sujet, avant Plutarque (Fouillée, *La philosophie de Socrate*, t. II, p. 314 à 316). Mais, dans l'*Apologie* de Platon (p. 26 et 27), Socrate établit avec une parfaite netteté les rapports logiques qui existent pour son esprit et, selon lui, pour tout esprit bien fait, entre δαιμόνια, δαίμονες et θεοί. — Dans sa *Rhétorique* (II, 23, 8), Aristote, faisant une allusion évidente à cette argumentation de l'*Apologie*, en formule le début à sa manière avec beaucoup de précision : « Τὸ δαιμόνιον ne peut être qu'un dieu ou l'œuvre d'un dieu... »

nie et le mythe, la feinte et la métaphore, étaient dans les habitudes constantes de sa parole; il dramatisait, il poétisait à sa façon beaucoup des objets sur lesquels il attirait l'attention de ses disciples. Souvent, pour démêler la part de sérieux que renfermaient ses discours, il fallait à la fois une grande expérience et une grande perspicacité; pour renseigner exactement la postérité sur le problème qui nous occupe, il eût fallu qu'un de ses disciples s'y intéressât en *naturaliste*, et, malheureusement pour nous, Socrate n'a pas eu pour disciple un Aristote. Quand il a parlé de son démon, Socrate ne s'est pas décrit en psychologue, et souvent, sans doute, il a joué au merveilleux. Dans les passages où Xénophon nous parle de l'oracle intérieur que s'attribuait son maître, il semble n'avoir rien ajouté à ce qu'il croyait la vérité; mais le sérieux constant de cet esprit positif et borné permet de supposer qu'il n'a pas su distinguer dans les allusions de Socrate ce qu'il y avait de sincère et ce qu'il y avait de feint, la part du témoignage et celle de l'allégorie; et cette distinction que Xénophon, d'ailleurs crédule et superstitieux, n'a pas su faire, Platon, idéaliste et poète, l'a volontairement dédaignée; Platon, lui, a si bien compris l'ironie socratique qu'il l'a élevée à la hauteur d'un procédé littéraire; il a renchéri sur Socrate; il a greffé son ironie sur celle du maître, les mythes que lui dictait son imagination sur les mythes de l'enseignement socratique; ce que Socrate avait divinisé, Platon s'est gardé de le ramener à des proportions humaines; il se serait privé par là de ressources précieuses pour la partie artistique et inspirée de ses dialogues; tout prouve d'ailleurs qu'il professait pour la vérité historique un dédain presque absolu; il était d'avance de l'avis d'Aristote, que « la poésie est plus philosophique que l'histoire[1] » ; le fait sensible et particulier n'est pour lui qu'un fragment insignifiant du non-être ; la légende de Socrate était plus vraie, sans doute, à ses yeux, que la vie de Socrate. Après avoir été dans l'*Apologie* un biographe exact et précis, il n'a pas craint, malgré son pieux respect pour la mémoire de Socrate, de commencer cette légende dans le *Banquet*, dans le *Théétète*, et ailleurs ; son imitateur, l'auteur du *Théagès*, y a ajouté quelques traits ; puis sont venus les auteurs inconnus [2] auxquels Cicéron, Diogène Laërce et Plutarque ont emprunté des anecdotes aussi puériles que merveilleuses ; bientôt l'interprétation prend des allures alexandrines, et tout esprit critique a disparu des intelligences avant que le merveilleux socratique ait été l'objet d'une exégèse scientifique [3].

Même au XIXe siècle, cette exégèse a été retardée par divers préjugés d'école, les uns médicaux, les autres philosophiques, et Socrate [4] n'a guère eu plus à se louer de nos

1. *Poétique*, ch. IX.

2. Le principal est sans doute Antipater de Sidon : « Permulta collecta sunt ab Antipatro quæ mirabiliter a Socrate divinata sunt » (Cicéron, *De divinatione*, I, 54).

3. Nous ne pouvons prendre au sérieux l'auteur du XXXe livre des *Problèmes* aristotéliques, ch. I, qui, sous prétexte de physiologie exacte, classe Socrate parmi les mélancoliques, pêle-mêle avec Platon, Empédocle, Ajax, Bellérophon, Lysandre et Hercule. Rien de plus inexact qu'une pareille définition, contredite aussi bien par le témoignage d'Aristophane que par celui des disciples ; sans doute Socrate était ce que nous appellerions aujourd'hui *un original;* mais son caractère était fait de fierté, d'optimisme et d'enthousiasme ; les sottises ou les fautes d'autrui ne paraissent jamais avoir altéré la sérénité de son âme ; l'ironie socratique est à l'opposé de la mélancolie. Dans cet ordre d'idées, l'auteur grec a ouvert la voie à MM. Lélut et Moreau (de Tours) ; c'est là le seul intérêt du texte que nous mentionnons.

4. Voir Chaignet, *Vie de Socrate*, p. 113 à 157 ; Fouillée, p. 314 à 316. — Tout récemment encore (*Revue philosophique*, mars 1880), M. P. Despine faisait de Socrate un somnambule cataleptique, en se fondant sur deux témoignages également dénués de valeur historique : l'un est d'Aulu-Gelle ; dans l'autre, qui est un passage célèbre du *Banquet*, Platon dégage lui-même sa responsabilité en mettant son récit dans la bouche d'Alcibiade et d'Alcibiade ivre.

contemporains que des premiers Pères de l'Église. Il nous semble qu'elle a été faite enfin, avec toute l'ampleur et la finesse que comportait un pareil sujet, par M. Fouillée ; grâce à une comparaison attentive des textes et à des rapprochements aussi ingénieux que décisifs avec la doctrine générale de Socrate, il a donné du phénomène démonique une explication qui paraît, à peu de chose près, définitive, et que nous suivrons dans ses lignes principales [1].

Socrate croyait à une providence immanente répandue partout et se manifestant aux hommes de temps à autre par des signes particuliers, de préférence par des signes audibles ; pour certains hommes, la Providence divine était plus attentive et plus manifeste que pour le vulgaire ; Socrate se croyait du nombre de ces privilégiés. Étant déterministe, il n'hésitait pas à reporter à la divinité, d'une façon plus ou moins formelle, l'honneur de ses pensées les plus heureuses, soit en matière de spéculation, soit en matière pratique ; toute spontanéité était à ses yeux une inspiration quand elle donnait naissance à quelque chose de beau et de bien ; comment surtout n'aurait-il pas reconnu à ses idées une origine divine, quand elles étaient relatives à l'avenir, chose cachée aux mortels, et que l'événement les confirmait ?

Cette théorie de la Providence, par laquelle Socrate conciliait les résultats de ses spéculations personnelles avec les idées religieuses de son temps, est, en quelque

---

1. *La philosophie de Socrate*, t. II, p. 266 à 316. Nous ne différons d'avis avec M. Fouillée que sur certains points d'importance secondaire ; sur quelques autres, les expressions qu'il emploie nous paraissent inexactes ; enfin, dans les citations de Xénophon et de Platon, nous avons plus d'une fois remanié sa traduction ou celle de Cousin pour serrer le texte de plus près.

sorte, le sol sur lequel a germé dans son esprit la conception du signe démonique. Pour l'ordinaire, la divinité des
faits de sa vie intérieure n'était qu'une théorie née dialectiquement des principes de sa philosophie ; c'était une
conclusion, ce n'était pas une évidence. Mais parfois il se
sentait forcé de nier sa personnalité ; quelque chose de
subit et d'imprévu se produisait en lui, qu'il ne reconnais-
sait pas comme sien : c'était là le *signal divin* dont il parlait fréquemment, son oracle personnel, la voix d'un dieu
sans nom. Toujours il avait dû se féliciter d'avoir obéi à
cet avertissement, et jamais sa raison n'avait eu de peine
à le trouver sage et bien fondé ; dès lors, que pouvait-il
être, sinon une manifestation sensible de la suprême
sagesse ? Ce phénomène spécial confirmait la théorie de la
Providence, et, de même, cette théorie lui donnait un
sens ; la doctrine justifiait l'apparence et l'expliquait.

Mais en quoi consistait au juste ce phénomène extraordinaire ? Séparons avec soin dans les textes ce qui doit être
attribué, d'une part à l'imagination de Platon, et d'autre
part à ses souvenirs et à ceux de Xénophon. Les souvenirs seuls ont la valeur de documents historiques ; les
passages qui nous paraissent présenter ce caractère sont
courts ; nous y trouvons d'abord plusieurs définitions générales du phénomène, définitions plus ou moins explicites,
mais concordantes ; puis l'indication d'une de ses applica-
tions habituelles ; enfin, un seul exemple particulier nous
paraît pouvoir être reçu comme authentique.

Voici d'abord la définition du *demonium* telle qu'on la
trouve dans les *Mémorables* de Xénophon, au cours d'un
exposé de la théorie socratique de la divination : « Quand
nous ne pouvons prévoir par nous-mêmes ce qui peut
nous être utile dans l'avenir, les dieux nous viennent en

aide par la divination; répondant à nos demandes, ils nous disent ce qui arrivera et nous enseignent ce qu'il y a de mieux à faire. — Mais toi, Socrate, les dieux ont l'air de te traiter avec plus d'amitié encore que les autres hommes, puisque, sans même être interrogés par toi, ils te désignent d'avance ce qu'il faut faire ou non. » Et ailleurs : « Socrate disait que le divin lui donnait des signes [1]. » Au dernier chapitre des *Mémorables* se trouve une expression plus précise : « Il disait que le divin lui signifiait d'avance ce qu'il devait et ce qu'il ne devait pas faire » [2] ; et dans l'*Apologie* (ouvrage suspect, mais non convaincu de fausseté) : « Une voix de dieu vient me signifier ce qu'il faut faire [3]. »

A quels genres de faits se rapportait de préférence le signe divin ? Xénophon ne nous donne sur ce point qu'un seul renseignement, et Platon n'en donne pas qui ne soit suspect. Voici le texte de Xénophon : « Bon nombre de ses familiers étaient avertis par lui de faire telle chose, de ne pas faire telle autre, suivant ce que d'avance lui signifiait le divin, et ceux qui l'ont cru s'en sont bien trouvés, ceux qui ont négligé ses avis ont eu lieu de s'en repentir. » Ce qui suit nous renseigne sur le genre d'autorité que Socrate attribuait à ses conseils : « Socrate eût passé pour imposteur et insensé si, annonçant certaines choses comme révélées par un dieu, il eût été convaincu de mensonge ; il est donc clair qu'il n'eût pas fait de prédictions, s'il n'eût pas eu la confiance qu'il disait vrai [4]. »

1. *Mémorables*, IV, 3, 12, et I, 1, 2-3. — Cf., sur la divination, divers passages réunis par M. Fouillée, particulièrement cette expression : « Les dieux *donnent des signes* aux hommes sur leurs affaires. »
2. *Mémorables*, IV, 8, 1.
3. *Apologie*, 12.
4. *Mémorables*, I, 1, 4-5.

Et dans l'*Apologie* : « Ayant annoncé à bon nombre de mes amis les desseins du dieu, jamais je n'ai été convaincu de mensonge [1]. »

Dans les passages de Platon que nous allons citer, il ne faut retenir que la définition, et négliger le fait particulier à propos duquel intervient le signe démonique ; Platon, bien certainement, n'a pas inventé ce signe ; il le décrit même avec plus de précision que Xénophon, et, sans doute, avec plus d'exactitude ; mais il l'évoque quand il lui plaît, sans souci de la vérité historique.

« J'ai senti tout à l'heure cette chose divine et ce signal accoutumé qui m'arrête toujours au moment d'agir ; il m'a semblé entendre à l'instant une certaine voix qui me défendait de... [2] » etc.

« Je m'étais levé pour sortir quand le signal divin accoutumé me retint ; je m'assis donc de nouveau [3]. »

« Quand ceux qui m'ont quitté viennent de nouveau pour renouer commerce avec moi, la chose divine qui se produit en moi me défend de converser avec quelques-uns et me le permet avec quelques autres [4]. »

« La cause (de ma réserve) n'était point quelque chose d'humain, mais un certain empêchement divin... Le dieu ne m'a pas permis de te parler jusqu'ici, afin que mes paroles ne fussent pas perdues ; j'attendais sa permission ; aujourd'hui il me le permet, car tu es capable de m'entendre... Mon tuteur est meilleur et plus sage que

1. *Apologie*, 13.
2. *Phèdre*, p. 242 *b*. M. Fouillée traduit : « J'ai entendu *par ici* une certaine voix ; » Cousin : « *de ce côté*. » Le texte n'impose pas ce sens : αὐτόθεν est aussi bien adverbe de temps qu'adverbe de lieu, et, dans tous les autres textes que nous citons, jamais la voix ne vient du dehors.
3. *Euthydème*, p. 272 *e*.
4. *Théétète*, p. 151.

ton tuteur Périclès. — Qui est ce tuteur? — Le dieu qui, avant ce jour, ne m'a pas permis de te parler [1]. »

Voici maintenant deux passages plus explicites, tirés de l'*Apologie;* le premier surtout est d'une remarquable précision; il semble que Platon ait voulu donner là, pour n'avoir plus à y revenir, la formule authentique et rigoureusement exacte du phénomène dont il ne parle ailleurs qu'en termes abrégés :

« Ce qui (m'a empêché de m'occuper des affaires publiques), ô Athéniens, c'est cette chose dont vous m'avez si souvent entendu parler, ce phénomène divin et démonique que Mélétus, pour plaisanter, a inscrit dans l'accusation. Il a commencé pour moi quand j'étais encore enfant; c'est une voix qui survient, toujours pour me détourner de ce que j'ai dessein de faire, car jamais elle ne m'exhorte (à rien entreprendre). Voilà ce qui s'oppose à mon intervention dans les affaires publiques [2]. »

« Cette prophétie du divin qui m'est habituelle a été fréquente dans tout le cours de ma vie, et dans les moindres occasions elle n'a jamais manqué de me détourner de ce que j'allais faire de mal; or aujourd'hui, alors qu'il m'arrive ce qu'on pourrait prendre... pour le plus grand des maux, le signe du dieu ne s'est opposé à moi, ni ce matin, quand je suis sorti de ma maison, ni quand je suis venu devant ce tribunal, ni, tandis que je parlais, quand j'allais dire quelque chose. Cependant, dans beaucoup d'autres circonstances, il vint m'interrompre au milieu de mon discours; mais aujourd'hui il ne s'est opposé à aucune de mes actions, à aucune de mes paroles... C'est que ce qui m'arrive est, selon toute vraisemblance, un bien...

1. *Premier Alcibiade*, p. 103 ; 105 *d, e;* 124 *c.*
2. *Apologie*, p. 31 *c, d.*

Infailliblement, si j'avais été sur le point de faire quelque chose qui ne fût pas bien, le signe ordinaire se fût opposé à moi... Il est clair pour moi que mourir dès à présent est ce qui me convient le mieux; c'est pourquoi le signe ne m'a empêché en rien [1]. »

Dans le *Gorgias,* Socrate explique par des raisons purement logiques son abstention des affaires publiques; rien ne prouve donc que le signe démonique soit intervenu réellement pour cet objet particulier. De même, l'éloignement de Socrate pour toute production littéraire est justifié dialectiquement dans le *Phèdre,* tandis qu'une phrase, assez vague d'ailleurs, du *Théétète* [2], semble le rapporter à un empêchement divin. Le silence du *demonium* le jour du procès de Socrate est beaucoup plus vraisemblable, mais c'est un fait purement négatif; apparemment, si Socrate prit la parole devant ses juges, c'est que le signe ne s'y opposa pas; car il respectait toujours l'oracle intérieur dont les dieux l'avaient favorisé.

Mais il dut improviser sa défense, car le signe divin s'était opposé à ce qu'il la méditât. Ceci est le seul fait positif et particulier pour lequel l'intervention du prétendu démon nous soit attestée par un témoignage authentique; Xénophon, qui le rapporte, mais qui était absent d'Athènes lors du procès et de la mort de Socrate, nomme son garant, un certain Hermogène, fils d'Hipponicus, que nous savons par d'autres textes [3] avoir été parmi les familiers de Socrate. Hermogène pressait Socrate de préparer sa défense ; « deux fois déjà, répondit Socrate, je me suis mis à méditer quelque chose à cet effet; le divin s'y

---

1. *Apologie,* p. 40 et 41 *d.*
2. *Théétète,* p. 150 *c.*
3. *Banquet* de Xénophon; *Mémorables,* II, 10 ; *Cratyle.*

est opposé. — C'est une chose étrange, reprit Hermogène.
— Que trouves-tu d'étrange à ce que le dieu lui-même croie
meilleur que je meure dès à présent ? » Suit la justifica-
tion dialectique du *veto* divin, et Socrate conclut ainsi :
« C'est donc avec raison que les dieux m'ont détourné de
méditer un discours [1]. » Le témoignage de Xénophon
concorde avec celui de Platon, car le discours que Socrate
prononça devant ses juges n'était pas de nature à lui concilier leur indulgence ; si le *demonium* voulait la mort de
Socrate, il fut d'accord avec lui-même en le laissant parler
ce jour là selon son inspiration ; cette inspiration était bien
divine.

Il est impossible de ne pas voir dans le phénomène démonique habituel à Socrate une manifestation originale et
particulièrement vive de la parole intérieure morale, ou,
tout au moins, un phénomène analogue. La plupart du
temps, Socrate parle d'un *signe* divin, sans spécifier que
ce fût une parole ; d'autres fois, au contraire, il emploie le
mot φωνή, et il ne semble pas que ce soit une pure métaphore [2]. Nous croyons en conséquence que le *veto* divin,
sous sa forme la plus ordinaire, n'était autre chose qu'un
sentiment vif et inexpliqué d'éloignement que Socrate
éprouvait subitement pour l'action qu'il se préparait à
faire ou pour les paroles qu'il allait prononcer ; alors le
nom véritable du phénomène était *l'empêchement divin,*

---

1. Le récit d'Hermogène se trouve en termes à peu près identiques
dans le dernier chapitre des *Mémorables* et dans le premier de l'*Apologie ;* nous avons traduit d'après l'*Apologie ;* les mots « deux fois »,
« lui-même » et la phrase de conclusion manquent dans les *Mémorables.*

2. Nous ne tenons pas pour authentique le *Théagès,* dont l'auteur s'est
emparé de ce mot φωνή, et en a abusé pour donner à son récit plus de
couleur et un caractère plus merveilleux ; mais le texte de l'*Apologie*
l'autorisait du moins à s'en servir.

δαιμόνιον ἐναντίωμα; mais est-il possible qu'il se produisit toujours sans être jamais exprimé intérieurement, ne fût-ce que par un monosyllabe comme notre mot *non?* Tous les phénomènes de conscience ont leur expression intérieure, quand ils sont bien distincts, à moins que l'activité de l'âme ne soit trop grande et ne permette pas de tout exprimer : au milieu d'un discours, Socrate n'éprouvait sans doute qu'un sentiment ; mais dans la promenade solitaire, par exemple, il était naturel que le sentiment s'exprimât par une forme brève de langage analogue ou équivalente à un impératif [1] ; expression d'un sentiment, cette parole devait être sur un ton assez élevé ; étant vive et subite, elle avait les caractères d'une voix étrangère, et, n'étant accompagnée d'aucun phénomène spatial, elle ne paraissait pas avoir un lieu d'origine distinct de l'âme même qui la percevait [2]. Tantôt donc, Socrate appelait le *reto* divin *une voix,* parce qu'il avait réellement entendu quelques mots ; tantôt, quand le phénomène avait été silencieux, il pouvait encore l'appeler ainsi par analogie, ou, comme on dit aujourd'hui, par association d'idées. Enfin, si, comme il est vraisemblable, Platon a rendu plus fidèlement que Xénophon certains côtés du caractère de Socrate, celui-ci a dû souvent évoquer en souriant le signe divin et le mêler par ironie à des événements sans importance [3] ; il a pu quelquefois présenter à ses amis les conseils réfléchis de sa prudence comme des avis mystérieux de la sagesse divine, afin d'éviter une discussion qui, malgré toute son habileté, eût

1. Cf. Fouillée, p. 285.
2. Voir plus haut, p. 147, la note sur le sens de αὐτόθεν dans le passage du *Phèdre.*
3. Voir Fouillée, p. 294-296, etc.

risqué d'être moins persuasive [1] ; sans doute aussi, il y avait une part d'ironie dans les rapprochements qu'il aimait à faire entre les grossiers procédés de divination de ses contemporains et le subtil oracle qu'il savait si bien interpréter.

On le voit, ramené à ses proportions véritables, le phénomène socratique est beaucoup moins anormal que celui de Jeanne d'Arc :

1° Les conceptions de Socrate sur le surnaturel et sur les manifestations de la Providence étaient moins précises, et, comme l'hallucination est une fausse interprétation d'un fait réel, les idées préconçues ont sur ce phénomène une influence décisive. Socrate ne croyait guère à des dieux personnels; s'il eût eu pareille croyance, sans doute il eût identifié la voix du divin avec celle d'Apollon, qui avait, par l'organe de la Pythie, garanti sa sagesse et encouragé son apostolat [2], et, sous l'influence d'une telle conviction, la voix eût sans doute pris une autre allure : Socrate eût eu de véritables révélations, en belle et bonne prose, ou même en vers; l'oracle se fût nommé; peut-être même le dieu eût apparu sous une forme visible. Mais Socrate enseignait que les dieux sont invisibles, et l'Olympe de la religion officielle n'était guère pour lui qu'un symbole.

2° Telles étant les idées religieuses de Socrate, il ne

---

1. A peu près comme les grands-pères d'autrefois disaient aux enfants : « Mon petit doigt m'a dit cela, » ce qui coupe court à toute discussion. Ce rapprochement est d'autant plus légitime que le *petit doigt* est un δαίμων très ancien, dont on a écrit l'histoire : voir l'étude de M. Gaston Paris sur *Le conte du Petit Poucet.*

2. Dans l'*Apologie* de Platon, Socrate invoque successivement l'*ordre* d'Apollon et les *défenses* du *demonium,* mais en termes tels qu'on voit bien qu'il les distingue. Apollon et le *demonium* ne sont pas non plus confondus dans l'*Apologie* de Xénophon. Dans le *Théétète,* même rapprochement, sans confusion.

pouvait guère être séduit à l'hallucination par d'autres images que celles de l'ouïe ; encore le phénomène, pour ne pas éveiller son ironie, devait-il être discret : Socrate eût douté d'un dieu trop évident ou trop bruyant. Il n'a pas eu d'hallucinations de la vue, quoi qu'en ait dit M. Lélut, et les hallucinations auditives qu'il faut bien lui attribuer[1] étaient très simples, très rudimentaires ; presque toute leur importance venait de l'interprétation qu'il leur donnait. Qu'elles ne fussent pas très nettes ou du moins très développées, c'est ce qu'indique ce passage du *Phèdre* : « Je suis un devin, non pas, il est vrai, fort habile ; je ressemble à ceux dont l'écriture n'est lisible que pour eux-mêmes[2] ; » et, si la voix eût prononcé en bon grec des phrases entières, elle n'eût pas eu besoin de s'y reprendre

---

1. M. Fouillée (p. 284 à 287, 313-314) proteste en vain contre le mot *hallucination*, qui implique pour lui l'extériorité apparente. Il dit pourtant lui-même que le phénomène socratique était une « erreur de jugement » ; or l'hallucination n'est pas autre chose ; elle consiste essentiellement non pas tant à *externer* un état de conscience qu'à l'*aliéner*, et peu importe que l'être imaginaire au profit duquel nous nous dépouillons d'un élément de notre personnalité soit situé par nous dans notre corps ou dans l'espace ambiant. Nous dirions donc sans hésiter que Socrate avait des *hallucinations du sens intime* quand il n'éprouvait qu'une répulsion, et des *hallucinations de l'ouïe* quand la répulsion s'exprimait intérieurement et simulait une voix. Il y a sans doute des fous qui entendent des voix intérieures : dira-t-on qu'ils ne sont pas hallucinés ? M. Fouillée consent à attribuer à Socrate des hallucinations « psychologiques », mais non « physiologiques » ; M. Brière de Boismont exprimait la même opposition en bien meilleurs termes quand il disait : *hallucinations physiologiques* (c'est-à-dire non morbides), *et non pas pathologiques* (c'est-à-dire morbides). Nous n'adressons d'ailleurs ici à M. Fouillée que des critiques de mots. Il est incontestable qu'aliéner des faits de conscience sans les externer constitue un état très faiblement anormal, et, sans nul doute, il est à souhaiter « que la nature produise souvent des fous tels que Socrate ». Nous ajouterons même que le fait d'avoir remarqué en lui-même une voix, sans l'externer, sans la rattacher à un corps sonore, visible et tangible, fait de Socrate le premier observateur de la parole intérieure ; seulement la psychologie n'a pas profité de son observation, puisqu'il a vu là un fait *théologique*, au lieu d'un fait *psychologique* [cf. ch. I, § 2].

2. *Phèdre*, loc. cit.

à plusieurs fois, comme il semble qu'elle le fit, pour s'opposer à la participation de Socrate aux affaires publiques et à la préparation de son apologie.

3° Socrate eut de ces hallucinations, ou des phénomènes analogues, depuis son enfance jusqu'à la veille de son procès tout au moins, mais à des intervalles moins rapprochés, semble-t-il, que Jeanne d'Arc. Leur matière était très simple : c'étaient des *défenses*, jamais des ordres. Le silence du *demonium* impliquait la permission et même l'approbation divines : c'est ainsi qu'il faut interpréter, avec M. Fouillée, les passages de Platon qui semblent contredire le texte formel de l'*Apologie;* dans Platon, le signe divin *s'oppose* toujours et n'*incite* jamais, ou bien il *défend* et *permet* successivement, dans une même question, selon les cas qui se présentent; il est clair qu'alors il permet implicitement parce qu'il s'abstient de défendre ; selon Xénophon, il aurait donné aussi des conseils positifs; mais les textes de Platon sont si précis qu'il faut en conclure ou que Xénophon avait mal observé les habitudes de son maître, ou qu'en écrivant les *Mémorables* il fut mal servi par ses souvenirs sur ce point particulier [1]. Il est d'ailleurs naturel que le signe divin ait été surtout ou uniquement prohibitif, car tel est aussi le caractère le plus fréquent de la *voix de la conscience*, tel est même le principal aspect de la morale rationnelle; la satisfaction légitime est un sentiment moins vif que le remords; la plupart des doctrines morales insistent plus sur les défenses que sur les obligations positives; les premières sont incontestablement plus nettes et plus strictes, et, le plus souvent, elles sont données comme le commencement

---

1. M. Fouillée se trompe quand il affirme, p. 289-290, l'accord complet de Platon et de Xénophon.

et le principal, sinon comme le tout, de nos devoirs [1].

Persuadé que la Providence ne l'abandonnait jamais, qu'elle le retenait toujours par un signal sur la pente de l'erreur, Socrate était amené à considérer toutes ses actions, toutes ses pensées, comme attentivement surveillées par la divinité; il pouvait donc appeler le *demonium* un « tuteur » toujours présent, comme Jeanne d'Arc disait « mon conseil » en parlant de ses voix. Sa nature intellectuelle et, par suite, morale, était, par elle-même, droite et active; un *veto* intermittent, qui le garantissait de toute faute involontaire, suffisait à lui assurer la parfaite sagesse et constituait à lui seul une direction morale complète; Socrate n'avait besoin ni de préceptes positifs ni d'encouragements. Par les mêmes raisons, et grâce à sa parfaite obéissance aux signes divins, Socrate ne paraît pas avoir connu le remords ni mérité jamais les reproches du dieu [2]. Enfin la satisfaction morale répandue sur toute sa vie n'a jamais pris la forme d'un sentiment distinct; on la trouve seulement parmi les raisons qui expliquent à ses yeux le privilège singulier dont il est l'objet : apparemment, il est aimé des dieux, puisqu'ils prennent soin de le garantir de toute erreur.

4° Le *demonium* n'a jamais explicitement révélé l'avenir; mais c'est une conséquence des théories de Socrate sur la nature du bien et du mal que tout avertissement divin enveloppe une prédiction : *ne fais pas cela* équivaut à : *si tu fais cela, tu t'en repentiras;* car les conséquences bonnes ou mauvaises, soit sensibles, soit supra-sensibles,

---

1. Cf. Fouillée, p. 288-289.
2. Dans le passage précité du *Phèdre*, on lit ces mots : « Il y a longtemps qu'en te parlant je me sentais agité d'un certain trouble;.... à présent, je reconnais ma faute. » Mais l'ironie est évidente.

font la bonté ou le mal de nos actes ; l'avenir et le devoir sont deux corrélatifs ; connaître l'avenir, c'est connaître le bien ; celui qui a la raison théorique complète, comme les dieux et par leur secours, a toute la raison pratique. Cela suffit pour que Socrate ait comparé les signes démoniques à des révélations; ils équivalaient logiquement, selon sa doctrine, à des aperçus anticipés sur un avenir inaccessible à la prévision humaine [1].

5° Enfin il est vraisemblable que ces pressentiments fâcheux, que ces répulsions obscures, plus ou moins confusément exprimées dans la succession de ses états internes, n'étaient pas sans rapports avec la sagesse profonde dont il avait, dans toute autre circonstance, pleine conscience ; souvent, la voix démonique ne fut pour Socrate que l'intuition synthétique d'une vérité qui lui apparaissait ensuite sous forme dialectique et développée, et qu'un peu plus tard il eût trouvée tout d'abord sous cette forme si le brusque signal n'eût devancé la marche régulière de la pensée [2]. On peut donc reconnaître dans le phénomène démonique une manifestation anormale, mais fidèle, de cette incomparable intelligence dont nous admirons, dans

---

1. Selon M. Chaignet (*Vie de Socrate*, p. 118, 124-125, 147-148), la voix du *demonium* n'aurait aucun rapport avec ce que nous appelons la parole intérieure morale, car le *demonium* et, en général, les dieux auraient révélé seulement l'avenir, y compris les conséquences de nos actes, laissant à la raison humaine la tâche et l'honneur de découvrir le devoir ; « la théorie de Socrate exclut l'intervention du surnaturel dans les questions d'ordre moral ». — Nous ne voyons pas comment l'avenir et la moralité pouvaient former, selon Socrate, deux domaines distincts. Zeller, Grote et M. Fouillée sont d'accord (sauf des nuances) pour considérer la morale de Socrate comme essentiellement eudémonique (voir *La philosophie de Socrate*, t. I, livre III, p. 272 et *passim*) ; dans une doctrine déterministe et eudémonique, la prescience est le fondement de la morale.

2. Voir le dernier chapitre des *Mémorables* et tous les autres passages où Socrate expose en dialecticien le bien fondé de l'empêchement démonique. — Cf. Fouillée, p. 277-279, 288.

les dialogues socratiques, la finesse et la pénétration. Dès lors, tout mystère disparaît ; nous nous expliquons même comment Socrate et ses disciples accordèrent au signe divin une confiance que les événements ne vinrent jamais troubler.

## X

Socrate ne rattachait ses idées propres sur les rapports des dieux avec les hommes qu'aux idées religieuses de son temps ; néanmoins, il est impossible de ne pas remarquer une certaine analogie entre le rôle qu'il attribuait à son démon et le rôle que prennent dans Homère les divinités protectrices à. l'égard des héros : tantôt elles leur révèlent l'avenir ; tantôt et plus souvent , elles les invitent à certaines actions déterminées, ou bien elles les retiennent au moment d'agir, elles leur imposent le calme et la réserve ; enfin, prédiction et conseil ont souvent dans les discours des dieux de l'Olympe le rapport de principe à conséquence : l'avenir dévoilé justifie le conseil présent. Homère a tiré parti en poète de ce fait que, chez les hommes d'action, surtout chez les natures primitives, l'idée d'une action à faire est spontanée, vive, presque violente ; soit qu'une parole intérieure la définisse à l'esprit, soit qu'elle reste à l'état d'impulsion confuse, toujours elle parle haut dans l'âme, et comme elle est subite et vive, elle semble inspirée. De même, l'idée de s'abstenir d'une action conçue et désirée, pour laquelle déjà les muscles s'agitent et frémissent, cette idée ne peut réussir à arrêter l'élan actif de la passion que si elle prend, elle aussi, l'allure de la passion, si elle semble rompre subitement le cours naturel des désirs et des actes. Telle est la verité psychologique qu'Homère exprime à sa façon quand il fait intervenir les dieux dans les résolutions des mortels; mais ce qui, dans les paroles attribuées aux divinités, n'est pas vrai au point de vue psychologique, c'est l'élément dialectique; Homère est purement poète, il n'est plus à aucun degré psychologue, quand, à la suite d'impératifs catégoriques ou d'inspirations irrationnelles, il attribue encore aux dieux les sages raisonnements qui, pour une pensée calme, motivent et justifient l'impulsion primitivement conçue. Socrate, lui, a toujours distingué les impulsions s ontanées, qui seules étaient divines à ses yeux, et les motifs que son esprit concevait ensuite de les trouver raisonnables et divines; ceci était bien humain, car il y sentait l'effort personnel de son intelligence ; ce qui est divin, c'est l'intuition ; l'acte propre de l'esprit humain, c'est la dialectique laborieuse par laquelle la pensée discursive s'efforce de joindre les idées divines.

Cette réserve faite, nous pouvons dire qu'Homère a décrit à sa façon la parole intérieure morale; comme Socrate, comme Jeanne d'Arc, il l'a divinisée; mais elle n'exprime chez lui que la morale grossière des temps primitifs; ce n'est pas même une morale, si l'on veut; c'est du moins la raison pratique, encore mal réglée, incertaine d'elle-même, dominée par la passion et en ayant l'allure; le temps n'est pas encore venu où les préceptes incohérents d'un Olympe anarchique feront place aux décrets immuables d'un Jupiter purifié des passions humaines.

Aujourd'hui encore, la parole intérieure morale, avec sa soudaineté, sa concision, son silence sur les motifs d'agir ou de s'abstenir, est sans doute chez nos contemporains en raison inverse du développement intellectuel. Il n'y a pas de cas de conscience pour les âmes simples; au contraire, pour des esprits fins et instruits, la vie ne présente guère que des cas de conscience ; rarement la loi morale prononce de ces brèves sentences dont l'évidence s'impose et qui brillent dans l'âme comme des éclairs ; presque toujours elle inspire une discussion calme, méthodique ; elle est comme la lumière douce et constante d'un soleil surnaturel. La parole intérieure morale, telle que nous l'avons décrite, est un reste de l'état sauvage ; avec les progrès de la civilisation, elle doit devenir de plus en plus rare ; il est donc naturel que nous en cherchions dans le passé les traces les plus vives, les exemples les plus frappants.

L'inspiration divine correspondait chez Homère à un fait psychique réel ; chez ses imitateurs, elle n'est plus qu'une figure poétique ; Virgile, assurément, n'a pas connu par lui-même ces élans sauvages de l'âme vers une action irréfléchie. De même, le premier orateur qui employa la *prosopopée* fut, en quelque mesure, sincère ; il représenta à sa manière le phénomène qu'Homère avait décrit en poète, et le même instinct esthétique lui suggéra de placer à tort dans la bouche du conseiller imaginaire la démonstration du précepte après son énoncé. Puis la prosopopée prit place dans les rhétoriques parmi les conventions oratoires ; sa vérité psychologique, de plus en plus faible à mesure que les esprits se raffinaient, fut oubliée ; on ne se souvint plus que de sa valeur esthétique et de sa vertu démonstrative. Et si aujourd'hui elle est considérée comme le plus banal des artifices oratoires, est-ce seulement parce qu'elle est usée ? n'est-ce pas aussi parce qu'elle ne correspond plus à rien de réel chez les esprits auxquels s'adresse l'éloquence contemporaine ?

Quoi qu'il en soit, la parole intérieure morale est incontestablement le type primitif et la première raison d'être de la prosopopée ; cette forme de l'éloquence était en germe dans les impulsions les moins obscures et les plus rationnelles des premiers orateurs ; la raison pratique avait été éloquente en eux, éloquente avec concision : l'orateur répétait ses décrets ; puis, pour faire durer l'intérêt dramatique qui s'attachait dès lors à ses paroles, et aussi pour donner à ses arguments plus de force persuasive, il continuait pendant un temps à dissimuler sa personnalité, il attribuait les motifs du décret à la même voix qui l'avait prononcé, et il les développait avec complaisance sous un nom d'emprunt.

La prosopopée des Lois dans le *Criton* est un des plus célèbres exemples de cette figure aujourd'hui passée de mode ; elle est d'ailleurs entièrement fictive ; Socrate ne fait pas intervenir le signe divin ; par une feinte hautement avouée, il introduit les Lois dans son dialogue, à la façon des poètes tragiques qui font descendre du ciel les divinités pour les besoins de leurs dénouements ; les Lois, dont l'éloquence triomphera de la morale trop facile de Criton, ne sont, il le fait clairement entendre, que la voix de sa conscience individuelle ; mais il se plaît, en orateur habile, à l'incarner dans les institutions d'Athènes, et il prête à celles-ci tout un discours. S'il insiste, à la fin, sur le caractère extérieur de la voix qu'il vient d'interpréter, c'est en des termes où la métaphore n'est pas douteuse : « Sache, mon ami, que je crois entendre ces choses, comme les Corybantes croient entendre les flûtes ; le son de ces discours retentit en moi (βομβεῖ ἐν ἐμοί) et m'empêche d'en entendre aucun autre ; ainsi..., tout ce que tu me diras contre, tu le diras en vain. » Socrate symbolise par une feinte hallucination l'inébranlable conviction qui l'anime ; ce qu'il fait entendre à Criton par ce détour se dirait ainsi en langage exact : « Toutes ces raisons, je les conçois si fortement que je ne puis même arrêter mon esprit sur les objections que tu voudrais m'opposer. »

La parole intérieure morale, avec son apparente extériorité, est un fait psychique naturel, fréquent surtout aux époques primitives ; la voix d'un dieu apparent ou caché en est l'imitation consacrée dans les ouvrages d'imagination (drame, épopée, roman) ; la prosopopée remplit le même office dans les ouvrages où l'écrivain parle en son nom propre ; le fait ne contenant qu'un précepte catégorique, sans motifs à l'appui, l'art de l'écrivain ajoute ces motifs et les développe en conservant au discours sa forme extérieure. La prosopopée est donc une parole intérieure morale fictive, à laquelle, par une nouvelle fiction, l'orateur ou l'écrivain refuse l'intériorité, pour l'attribuer à une personnalité étrangère, soit humaine, soit divine, soit abstraite, soit indéterminée, dans laquelle enfin l'impératif moral est complété par une démonstration tantôt concise, tantôt développée selon les règles de l'art. La prosopopée est à l'état naissant, mais elle existe déjà, dans ces vers d'Horace :

> Est mihi purgatam crebro qui personet aurem :
> Solve senescentem mature sanus equum, ne
> Peccet ad extremum ridendus et ilia ducat [1] ;

elle existe toutes les fois que la formule : « J'entends une voix qui me dit..., » est suivie de quelques phrases contenant les raisons de l'injonction ou du conseil anonyme.

1. Horace, *Epîtres*, I, 1.

Cette voix peut être, comme dans Horace, la voix de l'intérêt bien entendu; elle peut être, comme les impulsions des héros d'Homère, la voix de la passion, de la passion active et pratique; d'autres fois, elle est véritablement la voix du devoir, l'expression d'un impératif rationnel et catégorique. Dans les deux premiers cas, elle exprime ou elle imite les formes inférieures de la parole intérieure pratique; dans le dernier seulement, elle exprime ou elle imite la parole intérieure *morale*, au sens propre et philosophique du mot.

## XI

La littérature est pleine d'allusions aux variétés vives de la parole intérieure. Nous n'en trouvons pas seulement la trace dans les fictions conventionnelles de la poésie et de l'éloquence antiques; nous la rencontrons aussi à l'origine de nombreuses locutions, parmi lesquelles nous avons déjà cité les plus usuelles, comme la *voix de la conscience* et d'autres semblables.

L'étude psychologique de ces locutions n'est pas sans difficultés. Un assez grand nombre de formes de la langue française, où le mot *voix* et ses analogues sont employés métaphoriquement, me paraît s'expliquer à peu près comme les conseils des dieux d'Homère et comme les prosopopées, par des allusions plus ou moins directes à des vivacités subites, plus ou moins réelles, plus ou moins fictives, de la parole intérieure. Mais le *génie* d'une langue a ses mystères; il est souvent difficile de justifier d'une façon satisfaisante pour l'entendement telle image, que, pourtant, nous comprenons sans peine, et qui, si notre réflexion se tait, nous paraît *juste*, et non pas seulement gracieuse ou brillante; il me semble que, parfois, les figures du style plaisent à l'esprit pour plus d'une raison et ne peuvent être rangées exclusivement dans aucune des catégories que distinguent les dictionnaires. La métaphore a donc pu s'introduire dans l'acception des mots *parler, cri, langage,* etc., par d'autres voies que celle que nous signalons ici. La parole intérieure vive, soit morale, soit imaginative, soit passionnée, est incontestablement sous-entendue dans certains cas; pour d'autres, la chose est douteuse; enfin, il est des locutions qui s'expliquent au mieux sans qu'on fasse intervenir la parole intérieure; le difficile est de fixer les limites de son influence. Nous essayerons du moins de définir comment cette influence s'est exercée, et nous indiquerons ses effets les moins contestables.

C'est une loi du développement du langage qu'un même mot éveille successivement des idées différentes, alternativement simples et complexes. $N$ signifiera tour à tour $a$, $a+b$, $b$, $b+c$, $c$, etc. En d'autres termes, un mot, d'abord attaché à un sens spécial, passe à un sens voisin du premier; il est alors une image, une métaphore, c'est-à-dire qu'il renferme, outre son sens propre, une allusion à son premier sens; plus tard il se dégagera de ce sens primitif et sa signification redeviendra simple et homogène [1].

Le mot *voix* n'a pas échappé à cette règle générale. Nous avons déjà remarqué que Socrate avait dû désigner par la *voix du divin* tantôt une véritable parole intérieure, tantôt un sentiment subit intérieurement inexprimé; dans le second cas, le mot *voix* était une image. Ce mot n'est

1. Stuart Mill et Bain (*Logique* de Bain, t. II, p. 254-274, trad. franç.); A. Darmesteter, dans la *Revue philosophique*, nov. 1876 [cf. notre chap. VI, § 3 à 8].

pas autre chose dans un grand nombre d'expressions usuelles ou de passages des écrivains classiques ; il ne contient qu'une simple allusion à la parole intérieure passionnée, dramatique ou morale ; souvent même, il est employé sans allusion comme synonyme de *motif intérieurement conçu* ou même de *motif légitime qu'on peut concevoir* [1]. Mais, si cette transition d'un sens à un autre a été possible, c'est grâce à l'apparition intermittente dans la succession psychique de paroles intérieures particulièrement vives ; ce fait, vaguement aperçu par certains hommes, et désigné plus ou moins nettement dans leur langage, ne parut point étrange à leurs interlocuteurs ; ils reconnurent un phénomène qui leur était familier ; l'allusion étant comprise, elle s'acclimata dans la langue commune jusqu'à devenir une métaphore presque banale.

Ainsi s'expliquent les locutions bien connues : *la voix de la raison, la voix du cœur, la voix du sang, la voix des passions ;* chez nos tragiques, tout mobile est une voix ; ils disent : *la voix de la nature, la voix de la fortune, la voix des bienfaits.* Chez des auteurs moins classiques, la voix devient un cri ; il y a *le cri de l'innocence, le cri de la nature, le cri de l'amour, le cri du remords, le cri de l'honneur,* et même *le cri du besoin public.* Racine avait déjà dit : « Le sang de nos rois crie, » et Corneille :

> ...Ne point écouter le sang de mes parents
> Qui ne crie en mon cœur que la mort des tyrans.

Dans Rollin, Alexandre blessé dit : « Tous jurent que je suis fils de Jupiter, mais ma blessure me crie que je suis homme. » Dans divers auteurs, *les bienfaits, les hauts*

1. Cf. Fouillée, ouvr. cité, p. 284-285.

*faits parlent*, de même *l'honneur, la gloire, la nature, l'amour, l'humanité, la justice, le repentir* [1]. Il s'agit toujours d'un motif impérieux ou d'un mobile violent qui doit ou peut s'exprimer par une des variétés vives de la parole intérieure.

## XII

Au point de vue de l'essence et de la définition, la parole intérieure vive est comme une espèce intermédiaire entre la parole intérieure proprement dite et la parole extérieure. Elle est également un phénomène de transition en un autre sens, si nous nous plaçons au point de vue de la succession des phénomènes : succédant à la parole intérieure calme, elle précède et prépare souvent une explosion plus ou moins vive de la parole extérieure; ou bien elle succède à la parole extérieure, et ce n'est que peu à peu que l'âme revient à l'état calme de la parole intérieure. De ces deux successions la première est la plus remarquable; elle a été souvent décrite [2]; arrêtons-nous quelque temps à l'étudier.

La parole intérieure devient vive sous l'influence de la passion et de l'imagination. Si l'excitation intérieure con-

---

1. Nous empruntons ces locutions et ces exemples au *Dictionnaire* de M. Littré, articles Voix (14e sens), Parler (18e sens, en partie seulement), Cri (5e sens), Crier (*passim*). Des locutions semblables en apparence nous paraissent avoir une autre étymologie : ainsi une injustice *criante* est une injustice qui peut et doit faire crier *à haute voix*. Pour le *cri du besoin public*, que nous avons cité, pour d'autres que nous omettons, on peut se demander s'il s'agit d'un cri intérieur ou extérieur. Plusieurs acceptions des mots *parler* et *dire* font allusion à la parole intérieure calme, ou à des degrés intermédiaires entre la forme calme et la forme vive [voir chap. II, § 11].

2. Par exemple par M. Maury [voir chap. I, § 6]. Cf. A. Lemoine, *De la physionomie et de la parole*, p. 166.

tinue à croître, l'état de l'âme doit s'exprimer par un phénomène qui lui soit égal en intensité; alors la parole intérieure vive ne suffit plus; l'âme a besoin de sensations
fortes, de bruit et de mouvement; la parole extérieure, qui
ébranle fortement les nerfs du toucher comme ceux de
l'ouïe, jaillit des lèvres; aux mouvements de la phonation
se joignent ceux de la physionomie, des bras, des
jambes : on gesticule, on se promène sans but, uniquo-
ment pour se sentir vivre, comme si le degré maximum
de la sensation était pour l'état mental le plus intense
un complément esthétique à l'attrait irrésistible; l'âme
envahie par un sentiment violent ou par une conception
vive de l'imagination n'a plus de conscience pour le milieu
qui l'entoure; elle l'oublie, elle l'ignore momentanément,
et, avec lui, les convenances, la réserve, les habitudes
sociales qu'il impose; par les sensations qu'elle se donne,
elle se crée un milieu artificiel en accord avec le phénomène dominant et exclusif qui la possède; elle est tout à
son rêve ou à sa passion, et ce qui s'est emparé d'elle
tout entière est par là même maître absolu du corps
comme de l'âme [1].

Cette prise de possession du corps n'a pas lieu tout
d'un coup, mais par degrés. Avant même que la parole
soit devenue extérieure et audible, les muscles s'agitent et
trahissent aux yeux l'état vif de la parole intérieure. Le
visage de l'homme qui médite est immobile; mais si l'âme
s'émeut, le visage devient expressif, la joie le dilate ou la
tristesse le contracte; quelque chose d'extérieur commence; ce n'est pas encore la parole. Un degré de plus

[1]. Si nous sommes en train de parler à haute voix, les mêmes phénomènes se produisent sous l'influence des mêmes causes : la parole
devient plus forte et plus accentuée, elle s'accompagne de gestes.

dans l'intensité intérieure, et la langue s'agitera, frappant sans bruit le palais, les dents ; puis les lèvres s'entr'ouvrent et s'animent à leur tour et coordonnent leurs mouvements à ceux de la langue ; ce n'est encore qu'un murmure, car l'organe sonore par excellence, le larynx, ne prend pas part au jeu ; on parle *tout bas*, ce qui n'est pas parler. Si l'orateur muet s'anime davantage, le larynx se contracte et vibre, mais faiblement ; une sorte de pudeur retient encore l'émission de la voix ; la parole, comme honteuse d'elle-même, ne s'élance pas hardiment au dehors ; on parle *entre ses dents*. Enfin, toute contrainte disparaît ; on parle *tout haut ;* la parole, à peine audible un instant auparavant, est devenue vraiment extérieure.

Les divers moments de ce processus ont été fréquemment décrits ou imités dans les œuvres littéraires ; c'est que l'observation dans la vie de chaque jour en est facile et presque toujours amusante. Souvent la parole intérieure vive et l'état de l'âme qui la cause n'ont été révélés que par les éclats imprévus de la parole extérieure ; celle-ci n'étant évidemment que la suite d'un discours, il faut bien supposer que le début préexistait à l'état de parole imaginaire dans la conscience du parleur maladroit qui livre sa pensée secrète à des oreilles indifférentes ou railleuses. Souvent aussi, c'est le parleur lui-même qui, réveillé par le son de sa propre voix et par l'étonnement de ceux qui l'entourent, s'aperçoit non seulement qu'il a parlé mal à propos, mais encore qu'il pensait avec intempérance, qu'il était ému, agité, que son visage a dû le trahir avant sa parole ; il est ainsi provoqué à réfléchir, à se connaître lui-même ; il observe sa parole intérieure : elle s'est révélée à lui en devenant extérieure ; il apprend tout au moins qu'elle est l'antécédent ordinaire de l'exclamation involontaire.

Surprendre un aparté, recevoir à l'improviste la confidence involontaire d'un taciturne, dérober un secret soigneusement caché sans être soi-même indiscret, voir à nu dans une exclamation le vrai caractère ou la passion maîtresse d'un politique, ce sont là de petits événements qui font pour une soirée la joie d'un observateur; un moraliste en tire un portrait, un auteur comique l'idée d'une scène heureuse ou d'un caractère nouveau. Et chacun se dit à cette occasion que souvent il se laisse aller, lui aussi, à penser tout haut, mais sans imprudence, toutes portes closes, dans le silence et la solitude; ceci n'est plus un ridicule, mais un trait de la nature humaine, commun à tous; le monologue se développe alors, selon le tempérament individuel, en phrases plus ou moins vives, plus ou moins pressées, plus ou moins périodiques. Les monologues tragiques, s'ils ne passent pas dans l'allure générale et dans les détails la mesure de la vraisemblance, et s'ils ne sont introduits par le poète que dans les circonstances qui les motivent dans la réalité, reproduisent un événement assez fréquent de la vie humaine; la preuve en est que la comédie use aussi de ce procédé et que le drame moderne l'a conservé; rien n'est donc plus légitime que son emploi. Le monologue n'est pas une convention dramatique, mais un des éléments vrais du drame. Dira-t-on qu'il n'est que la représentation audible d'une méditation intérieure, solitaire et passionnée? A ce compte il ne serait encore qu'à demi conventionnel, car l'homme qui, dans la solitude, médite en silence sur sa passion, pourrait tout aussi bien parler à haute voix; un monologue audible, dans ces conditions, n'est jamais invraisemblable [1].

---

1. Cf. A. Lemoine, *De la physionomie et de la parole*, p. 167.

On ne peut en dire autant des apartés ; presque toujours nécessaires à la clarté du drame, souvent comiques, rarement vraisemblables, ils sont, à tout le moins, beaucoup plus fréquents sur la scène que dans la vie réelle ; leur usage, sinon leur essence, en fait une véritable machine dramatique, une convention. Les paroles que le comédien prononce en aparté sont toujours faites pour être dites intérieurement ou murmurées à l'oreille d'un ami sûr, et non pour être lancées à pleine voix, au risque de tomber dans des oreilles malveillantes ou indiscrètes. Qu'un sot entêté *parle à son bonnet* à tout propos, cela est naturel ; mais, lorsqu'un homme de sens rassis en fait autant, ce n'est plus la nature prise sur le fait, c'est *l'art* qui se substitue à la nature pour les besoins du genre dramatique. Encore les apartés vrais sont-ils toujours dits à mi-voix, entre les dents ; on prend soin que la parole soit inaudible ; même avec ces précautions, ils supposent quelque passion, une passion puérile ou sénile. L'aparté est vraisemblable dans la comédie bouffonne, comme élément du ridicule de certains personnages ; partout ailleurs, il ne l'est pas, et pourtant il est d'un usage constant dans toutes les variétés du drame, à l'exception peut-être de la tragédie.

Le faux aparté traduit en langage extérieur une parole qui devrait rester intérieure ; le véritable consiste d'ordinaire à dire à mi-voix, par peur, ce qu'on voudrait, par amour-propre, crier à très haute voix. Ainsi l'écolier répondeur qu'un professeur veut faire taire, pour ne céder qu'à moitié, pour avoir le dernier mot à son su et au su de ses deux voisins, et sans danger, riposte à l'injonction par un murmure qui arrive indistinct aux oreilles du maître ; si le professeur a entendu quelque chose et menace, l'orgueil de l'écolier ne fait retraite que pas à pas ;

*il remue les lèvres;* j'en connais un qui gagna un fort *pensum* « pour avoir remué les lèvres » ; le considérant était mal rédigé, mais l'intention rebelle était évidente et digne de châtiment ; j'imagine volontiers qu'alors, pour avoir le dernier mot sous une forme quelconque, l'écolier retors continua son discours subversif en pure parole intérieure. — Remarquons ici le renversement, sous l'action de la crainte, du processus que nous avons précédemment décrit, et qui résulte, dans sa direction normale, de l'enthousiasme imaginatif ou de la passion active [1].

Donnons quelques exemples de cette marche de la parole vers l'extériorité ; les uns ont été observés sur le vif ; d'autres, que nous emprunterons à des œuvres d'imagination, nous paraissent représenter assez fidèlement la réalité. Les uns et les autres nous permettront de confirmer et de préciser la distinction que nous avons faite de la parole intérieure passionnée et de la parole intérieure dramatique.

Un romancier contemporain a peint avec beaucoup de bonheur l'innocent travers des *imaginaires :* « M. Joyeuse était un homme de féconde, d'étonnante imagination.... Au bureau, les chiffres le fixaient encore... ; mais, dehors, son esprit prenait la revanche de ce métier inexorable. L'activité de la marche, l'habitude d'une route dont il connaissait les moindres incidents, donnaient toute liberté à ses facultés imaginatives. Il inventait alors des aventures extraordinaires, de quoi défrayer vingt romans-feuilletons. » Suit un exemple, dont le début importe peu :

---

1. La tristesse, le découragement, passions déprimantes comme la peur, ont le même effet [voir plus loin, chap. IV, § 1, sur *La nuit de mai*, d'Alfred de Musset].

« M. Joyeuse s'élançait, sauvait le petit être tout près de la mort ; seulement le timon l'atteignait lui-même en pleine poitrine... On le mettait sur une civière, on le montait chez lui... ; il entendait le cri déchirant de ses filles... ; et ce cri désespéré l'atteignait si bien au cœur, il le percevait si distinctement : *Papa, mon cher papa!* qu'il le poussait lui-même dans la rue, au grand étonnement des passants, d'une voix rauque qui le réveillait de son cauchemar...

« Il pleut, il gèle ; M. Joyeuse a pris l'omnibus pour aller à son bureau. Il est assis en face d'une espèce de colosse... M. Joyeuse se prend à songer, et tout à coup le colosse... est très surpris de voir ce petit homme changer de couleur et le regarder en grinçant des dents avec des yeux féroces... En ce moment, M. Joyeuse fait un rêve terrible », etc. «... *Je viens de tuer un homme dans un omnibus!* » Au son de sa propre voix prononçant bien, en effet, ces paroles sinistres, mais non pas dans le bureau de police, le malheureux se réveille ; il devine à l'effarement des voyageurs qu'il a dû parler tout haut...

« La race est plus nombreuse qu'on ne croit de ces dormeurs éveillés chez qui une destinée trop restreinte comprime des forces inemployées, des facultés héroïques. » Leur imagination se donne carrière dans le rêve. « De ces visions, les uns sortent radieux, les autres affaissés, décontenancés, se retrouvant au terre-à-terre de tous les jours. » On les rencontre « monologuant, gesticulant sur les trottoirs », poussant de temps à autre une exclamation : « *Je l'avais bien dit!... gardez-vous d'en douter, monsieur!* » On passe en souriant, non sans pitié pour « ces inconscients possédés d'une idée fixe, que le rêve conduit. tirés par une laisse invisible. »

« Un matin que notre imaginaire avait quitté sa maison à l'heure habituelle, il commença au détour de la rue Saint-Ferdinand un de ses petits romans intimes. La fin de l'année approchait... Le mot de *gratification* se planta dans son esprit comme le premier jalon d'une histoire étourdissante. » Suit un dialogue, tout intérieur, du caissier avec son patron : «... *Oh! monsieur le baron, c'est trop!* » Mais, quoiqu'il eût dit cette dernière phrase tout haut, dans le dos d'un sergent de ville qui regarda passer d'un œil de méfiance ce petit homme gesticulant et hochant la tête, le pauvre imaginaire ne se réveilla pas. Il s'admira rentrant chez lui, annonçant la nouvelle à ses filles, les conduisant le soir au théâtre, pour fêter cet heureux jour », etc [1].

M. Joyeuse est un homme d'imagination : quand la parole intérieure devient vive en lui, elle n'est pas seule, elle s'environne d'images visuelles, elle fait sa partie dans un drame complet; puis cette parole intérieure n'est pas toujours la sienne ; elle prend successivement plusieurs timbres, elle est un dialogue. L'imaginatif ne se croit jamais seul ; il promène avec lui ses enfants, ses amis, ses ennemis, ses supérieurs, tous ceux dont l'existence est liée à la sienne et peut l'émouvoir en joie ou en tristesse. Il rêve éveillé ; entre son rêve et ceux qu'il fait endormi, il n'y a d'autre différence que la vraisemblance ; les rêves du sommeil sont toujours incohérents, ils n'imitent pas vraiment la réalité, car, pendant la durée du sommeil, les lois de la nature sont suspendues ; tandis que les rêves de l'homme éveillé sont des drames analogues à ceux que le roman raconte ou que le théâtre représente aux

1. Alphonse Daudet, *Le nabab*.

yeux, avec cette différence que l'auteur même du drame y joue toujours le rôle principal. Sans doute l'amour paternel est le mobile caché, l'inspiration secrète de tous les drames qu'invente l'imagination féconde de M. Joyeuse ; mais sa passion s'exprime par des symboles et non pas directement, en termes abstraits, et dans sa vérité nue ; cette expression détournée du sentiment, voilà son originalité : il est surtout un imaginatif.

Tout autre est l'attitude de l'homme passionné : en public, nulle exubérance de gestes ; sa physionomie peu mobile garde longtemps la même expression. S'il parle tout haut, sa phrase n'aura pas l'air de s'adresser à quelqu'un d'absent ; en effet, il n'imagine pas un interlocuteur ; il dit sa pensée tout haut, simplement parce qu'il ne peut la garder en lui, et bien qu'il se sente des auditeurs inutiles ou suspects ; mais ces auditeurs, il ne les voit pas ou il les méprise, parce qu'en lui la passion est momentanément plus forte que la prudence.

Un jour de crise politique, un homme d'un certain âge, à la figure placide, se promène sur un boulevard de Paris, donnant le bras à une jeune dame, qui sans doute est sa fille ; la foule est compacte, agitée, murmurante ; mais personne n'élève la voix ; tout à coup, sans occasion qui le provoque, sans regarder personne, notre homme dit assez haut d'une voix concentrée : « Ce X... est un misérable ! » (X... est un des orateurs du parti qui vient de triompher.) Voilà l'homme de passion.

Cet éclat fait retourner quelques têtes, mais n'éveille aucun sourire ; l'homme passionné n'est pas ridicule [1] ;

1. « Provost père contait une anecdote qui est demeurée légendaire et dont le héros, si j'ai bonne mémoire, est le célèbre acteur Monvel. Monvel jouait le vieil Horace, et il avait à répondre à la question de

c'est qu'à la différence de l'imaginaire il vit dans un monde
réel. Et pourtant il n'est pas naturel que sa voix devienne
extérieure, tandis que, si chez le père Joyeuse et ses pareils
quelque chose peut étonner, c'est que le rêve reste si
longtemps silencieux. L'imagination est essentiellement
objective; il semble qu'elle devrait toujours parler extérieurement; la passion, au contraire, est essentiellement
subjective, et son expression normale est purement intérieure. Si Joyeuse, dans l'omnibus, se taisait tout d'abord,
c'était uniquement par pudeur, par respect humain; la
logique l'invitait à parler. Si notre politique, sur le boulevard, gardait le silence, c'est qu'il se parlait à lui-même,
à lui seul, c'est qu'il n'avait rien à dire, ni à la dame qui
l'accompagnait, ni à personne. Quand il éclate, la parole
extérieure est *pour* la parole intérieure ; chez Joyeuse, au
contraire, c'était la parole intérieure qui était *pour* la parole
extérieure, et l'apparition de la parole extérieure a été, en
quelque sorte, le rétablissement de l'ordre légal des choses.
L'homme passionné éclate sans raison, et même contre la
raison, malgré la pudeur et malgré la logique; l'imaginaire joue un rôle : peut-il le jouer dans sa vérité sans

Sabine : « Que vouliez-vous qu'il fît contre trois? » le fameux : « Qu'il
mourût! » qui passe pour un mot sublime et qui est attendu au passage par tous les spectateurs. Il y a plusieurs façons de comprendre et
de dire : « Qu'il mourût! » Monvel l'interprétait ainsi : « Ce que je voulais qu'il fît! Hé! parbleu! cela est bien simple : qu'il mourût! » Il ne
pouvait pas, entre la question et la réponse intercaler mentalement la
longue phrase que je viens de citer; il l'avait donc réduite à deux
mots : « Eh! fichtre, qu'il mourût! » Il avait pris l'habitude de dire
tout bas les deux mots ajoutés, qui étaient pour lui ce qu'est le trem-
plin d'où s'élance le gymnasiarque sur le trapèze, et il retombait, avec
l'inflexion juste, sur le « qu'il mourût! » de Corneille. Mais un jour,
emporté par la situation, il s'oublia, et d'une voix retentissante : « Eh!
« fichtre, qu'il mourût! » s'écria-t-il. Et si vous songez que *fichtre* est ici
un équivalent, vous imaginez aisément la stupeur du public. » (Sarcey,
feuilleton dramatique du 8 mars 1880.) — *Stupeur* est le mot juste :
Monvel, emporté par la passion, n'était pas ridicule.

faire aucun geste et sans parler? Quand il éclate, il oublie
la pudeur, mais il obéit à la logique. Si donc c'est l'imagination qui exalte la parole intérieure ou suscite à sa
place la parole extérieure, il n'y a d'étrange dans ces phénomènes que l'éveil de l'imagination à une heure et dans
des circonstances où, chez la plupart des hommes, cette
faculté se repose; si c'est la passion qui produit les mêmes
effets, on constate simplement sa puissance, on ne peut la
justifier [1].

Ainsi, dans la Bible, la prière d'Anne, la femme sté-
rile, qui, « le cœur plein d'amertume », demande un
fils à Dieu, scandalise tout d'abord le sacrificateur Héli :
« Il observait le mouvement de ses lèvres ; elle parlait en
son cœur ; elle ne faisait que remuer ses lèvres, et l'on
n'entendait point sa voix. C'est pourquoi Héli estima
qu'elle était ivre, et il lui dit : « Jusqu'à quand seras-tu
« ivre ? va reposer ton vin. » Mais Anne répondit : « Je ne
« suis point ivre, mon seigneur ;… j'ai parlé dans l'excès de
« ma douleur, et j'ai répandu mon âme devant l'Eternel [2]. »

L'éclat d'une passion légitime étonne ou scandalise,

1. Sans parler ici de l'ivresse, tous ces effets de l'imagination et de
la passion se retrouvent à un plus haut degré d'exaltation, et surtout
à l'état continu, chronique, chez les aliénés. Les uns sont concentrés :
sans doute ils se parlent très haut intérieurement ; les autres parlent
entre leurs dents ou se parlent tout haut à eux-mêmes. Mais tout différents sont certains faits morbides, encore mal étudiés par les médecins,
et rangés provisoirement sous le titre de *chorée anormale;* une dame
du grand monde parisien, qui est atteinte de cette affection, ne peut
s'empêcher d'adresser tout d'abord quelque grosse injure aux personnes
qu'elle aborde, puis aussitôt elle leur parle en femme du monde. Je
crois bien que ces paroles involontaires n'expriment ni un sentiment
ni une pensée, qu'elles ne correspondent à rien d'intérieur, et que la
personne qui les prononce n'a pas conscience de ce qu'elle dit ; elle
l'entend seulement et ne l'écoute pas, sachant qu'on sait qui elle est et
qu'on lui pardonnera. En ce cas, le phénomène pourrait être défini
*un aboiement choréique articulé.* Nos interjections et nos exclamations
ne sont-elles pas de même des *cris articulés,* des cris qui ont pris la
forme de mots?

2. *Samuel,* I, 1.

car il choque les bienséances ; on le blâme ou on l'excuse ; il ne fait pas rire. Mais le stoïcien, que Perse veut nous faire admirer, s'expose aux railleries grossières du centurion, quand, tout en se promenant, il se passionne pour une question abstraite : « Ce n'est pas moi qui voudrais être un philosophe, un Arcésilas, un Solon morose, de ces gens qui s'en vont la tête baissée, l'œil fixé à terre, murmurant, rongeant, rageant ; on n'entend pas ce qu'ils disent ; ils ont l'air de peser des mots sur leur lèvre qui s'avance comme un plateau. A quoi pensent-ils ? Ils méditent les songes d'un malade du temps passé : *le rien n'engendre rien, au rien rien ne retourne !* [1] » Ces méditatifs agités sont rares, et ils sont vraiment ridicules, car leur étrange allure n'a pas pour excuse une vraie passion humaine.

A elle seule et par sa seule vertu, la passion suffirait à amplifier et à externer la parole intérieure normale ; mais presque toujours l'imagination se joint à la passion et concourt à produire les mêmes effets. Nous venons de citer des exemples types : dans le premier, l'imagination domine évidemment ; dans les trois autres, la passion semble pure de tout mélange ; mais rarement la passion s'éveille sans éveiller en quelque mesure l'imagination ; la raison en est que rarement l'objet de la passion est purement intellectuel, c'est-à-dire d'ordre général, scientifique ou politique ; quand je n'ai d'autre société intérieure qu'une société

---

1. Perse, satire III, vers 78 et suiv. Nous avons dû traduire avec une certaine liberté ; le mot à mot eût été inintelligible. — Cf. Quintilien, X, 3 : « Si non resupini spectantesque tectum et *cogitationem murmure agitantes* expectaverimus quid obveniat » ; il s'agit d'une excitation factice, peu favorable à l'invention, selon Quintilien, et non d'une méditation naturellement et involontairement animée.

abstraite, consistant dans des concepts que parcourt mon entendement, mêlés à des noms propres de personnages ou de pays que je ne connais que par ouï-dire et qui valent pour mon esprit des abstractions, alors je suis, à vrai dire, *seul* avec ma pensée, je n'ai point de société véritable, et, d'ordinaire, je reste calme [1] ; l'émotion, presque toujours, me fait rentrer dans la vie réelle, dans la vie sociale ; ce qui m'émeut en joie ou en tristesse, c'est quelque objet concret de la nature, le plus souvent quelque personne humaine, dont mon souvenir reproduit l'image plus ou moins nette, et, avec cette image, le son spécifique. Si c'est un de mes semblables, je m'imagine lui parler, et il est difficile que je le suppose à la fois attentif et silencieux, que je n'imagine pas une réponse conforme à ses idées et à son caractère, réponse à laquelle je m'empresse de répliquer.

La passion a besoin d'une certaine activité de l'imagination ; les images lui donnent un commencement, une ombre de satisfaction ; elles sont comme une réponse à la demande de la passion, et ces réponses sont plus ou moins riches et variées selon que l'imagination a plus ou moins de fécondité naturelle et d'exercice. Parfois l'imagination développe à sa manière le thème fourni par la passion, de façon à occuper presque seule toute la scène

---

1. Selon quelques auteurs, la parole intérieure devient vive, puis extérieure, même dans la méditation scientifique, quand nous *voulons* penser fortement, ou quand le problème qui nous occupe exige un grand effort d'attention et comme le concours de tout notre être (de Cardaillac, p. 320 ; cf. p. 306 ; A. Lemoine, p. 166). Mais c'est qu'alors la passion s'en mêle à quelque degré, et, si la volonté intervient, elle ne fait que servir d'appoint à la passion. Ensuite, les esprits exercés à la méditation savent se passer de ce secours d'un état fort [voir plus haut, § 3], ou bien, s'il leur faut absolument associer une sensation à leur pensée du moment, ils remplacent avec avantage les sons par l'écriture, qui conserve les idées pour l'avenir, après les avoir aidées à naître.

EGGER.                                                12

de l'âme et à rejeter dans l'ombre le sentiment même qu'elle exprime ; d'autres fois, l'image évoquée est simple ; elle représente soit l'objet direct de l'émotion, soit, quand la passion est surtout intellectuelle, un interlocuteur destiné à nous entendre bien parler du sujet qui nous anime et à se laisser convaincre sans résistance.

Voici quelques exemples de cette collaboration intime de l'imagination et de la passion :

Dans l'*Andromaque* de Racine, Hermione dit à Pyrrhus :

> Ton cœur impatient de revoir ta Troyenne
> Ne souffre qu'à regret qu'une autre t'entretienne ;
> Tu lui parles du cœur, tu la cherches des yeux ;

c'est-à-dire : « tes yeux la cherchent, je le vois ; et ils me montrent l'état de ton âme : tu t'imagines être en présence d'Andromaque et lui parler avec passion. »

L'anecdote suivante est historique, bien qu'elle figure dans une nouvelle d'Alfred de Musset ; elle nous apprend comment fut conçu l'un des plus fins chefs-d'œuvre de la poésie française :

« X... reprit le chemin de son logis de mauvaise humeur, et, comme c'était son habitude, il parlait seul entre ses dents... Il marchait dans la rue de Buci, le visage soucieux, les yeux baissés... Tout à coup il s'écria :

> *Si je vous le disais, pourtant, que je vous aime ?*

Et, relevant la tête, il se trouva face à face avec un passant qui se mit à rire de cette exclamation. Son incertitude se changea naturellement en sujet de poésie ; il composa les *Stances à Ninon*, » qui débutent par ce vers improvisé [1].

---

1. Alfred de Musset, *Emmeline* ; Paul de Musset, *Biographie d'Alfred de Musset*, p. 149.

« Eugène marchait avec mille précautions pour ne se point crotter, mais il marchait en pensant à ce qu'il dirait à madame de R. ; il s'approvisionnait d'esprit, il inventait les reparties d'une conversation imaginaire, il préparait ses mots fins, ses phrases à la Talleyrand [1]. »

Le cas le plus fréquent de la parole intérieure vive nous présente l'imagination et la passion réduites chacune à un minimum ; l'une fournit un interlocuteur, et nullement invraisemblable, celui-là même que suggèrent le plus facilement les probabilités ou l'expérience ; l'autre consiste dans le simple désir de causer et d'exprimer des idées auxquelles on est attaché.

Si, dans la rue, j'aperçois un ami qui vient à moi, ou bien si je suis devant sa porte, attendant qu'il réponde à mon appel, je passe naturellement de la parole intérieure calme et toute personnelle à une sorte de répétition préalable de la conversation que je vais avoir ; malgré moi, le *bonjour* et d'autres mots plus particulièrement adaptés à la circonstance me viennent à la mémoire.

Je quitte cet ami ; si aucune cause de distraction ne survient, je me remémore quelque temps encore les parties les moins banales, les plus inattendues, de notre dialogue ; si la conversation a été brusquement interrompue avant que j'eusse épuisé tout ce que j'avais à lui dire, je la continue en moi-même ; je lui dis encore ceci, cela ; parfois, je mêle sa voix à la mienne ; et, si je suis à quelque degré un homme d'imagination, un véritable dialogue s'engage de nouveau entre nous ; mais le plus souvent, et bien naturellement, la conversation tourne au monologue, quand

1. Balzac, *Le père Goriot*, p. 60.

un des deux interlocuteurs est absent et ne peut réclamer son tour de parole.

Il y a sans doute des circonstances où la transition est plus brusque ; il y a aussi des caractères psychiques dont la discontinuité est le trait dominant : tel, en tirant un cordon de sonnette, pense à toute autre chose qu'à ce qu'il va dire, et, une fois en présence de la personne demandée, passe sans hésitation ni trouble au sujet de sa visite, le traitant avec autant de présence d'esprit que s'il venait de préparer son discours. Cette disposition est rarement un défaut ; le sens commun fait grand cas de la présence d'esprit. Mais cette heureuse habitude de la mémoire est acquise ; chez beaucoup, elle n'existe pas ; chez personne elle n'est absolument parfaite. Il reste donc vrai que la parole intérieure animée est la transition ordinaire de la parole intérieure calme à la parole extérieure, et de celle-ci à la parole intérieure calme.

Mais il n'est pas besoin qu'un interlocuteur soit prochain ou récent pour que notre parole intérieure prenne le ton du dialogue et s'accompagne de l'image vague d'un ami. « Au moment où j'écris, dit M. Delbœuf [1], je cause avec un lecteur fictif ; je lui attribue les objections, lorsque je ne me crois pas clair, et les doutes, lorsque je doute moi-même. » Diderot, homme de passion exubérante et d'ardente imagination, a donné le tour du dialogue à des essais, à des contes, etc. ; c'était, suppose avec raison M. Scherer [2], « la forme que prenaient spontanément ses idées ; causeur infatigable, discuteur acharné, il avait toujours en imagination un interlocuteur devant lui ; passionné pour le drame, il dramatisait ses pensées ; il supposait l'ob-

1. *Revue philosophique*, oct. 1879, article sur le sommeil, p. 343.
2. Étude sur Diderot, 1879.

jection et se donnait lui-même la réplique. » Cette transformation de la parole intérieure est surtout fréquente chez les hommes qui sont causeurs de leur naturel, et pour qui la conversation est un besoin de l'esprit, un excitant presque indispensable des facultés intellectuelles, mais qui ne causent pas avec tout le monde ; pour chacun des objets qui les préoccupent, ils ont un interlocuteur préféré : habitués à penser et à parler de telle chose avec tel compagnon, ils ne savent pas penser tout seuls ; quand cela leur arrive, c'est qu'ils ont évoqué ce collaborateur habituel de leur pensée ; c'est en sa présence supposée qu'ils trouvent des idées nouvelles et qu'ils épanchent leurs réflexions ; souvent, ils préparent ainsi plus ou moins volontairement leurs conversations futures. Le même phénomène se produit chez les hommes qui, en vertu de leur profession, parlent fréquemment en public ; mais, chez eux, l'ami attentif, c'est leur auditoire habituel : ainsi pour les professeurs, les conférenciers, les avocats, les hommes politiques. Plus d'un avocat, sans doute, ne peut bien préparer une cause dans son cabinet sans imaginer le tribunal auquel sa plaidoirie doit s'adresser. Parfois, mais rarement, l'auditeur imaginaire est indéterminé.

Enfin, on se parle quelquefois à soi-même à la seconde personne avec autant de vivacité qu'à un interlocuteur ; ici, nous retrouvons la parole intérieure morale ; les reproches, les conseils, les résolutions sont en effet des occasions de hausser le ton de la parole intérieure et de lui donner une allure impersonnelle. On peut signaler les rapports de la parole intérieure morale avec les deux autres variétés vives en disant que la *passion* morale implique l'*imagination* plus ou moins nette d'un conseiller, tout au moins d'une voix étrangère.

# CHAPITRE IV

COMPARAISON DES VARIÉTÉS VIVES ET DE LA FORME CALME
DE LA PAROLE INTÉRIEURE. — PLACE DE LA PAROLE INTÉ-
RIEURE DANS LA CLASSIFICATION DES FAITS PSYCHIQUES.

§ 1. Difficulté des classifications en psychologie. — § 2. La parole intérieure vive et la parole intérieure calme ; comparaison. Intérêt spécial de la forme calme. — § 3. La mémoire et l'imagination ; part
de la reproduction, part de l'innovation dans la parole intérieure. —
§ 4. La parole intérieure n'est pas une hallucination. — § 5. La parole intérieure est une image. — § 6. Classification des images ;
caractères distinctifs de la parole intérieure. — § 7. Différents rôles
des images dans la vie psychique ; rôle spécial de la parole intérieure. — § 8. La parole intérieure considérée comme habitude.

## I

La nature des choses est d'ordinaire rebelle aux classifications ; rarement elle nous présente des différences
tranchées, des limites fixes que l'esprit n'ait plus qu'à
constater avec exactitude et à fixer pour lui-même par
une nomenclature ; le plus souvent, l'esprit doit créer la
classe avant de la nommer ; la nature lui présente des
séries presque continues dans lesquelles il lui faut dé-
couper plus ou moins arbitrairement des divisions plus
ou moins idéales. Comme la plupart des sciences, la psychologie, dans ses tentatives de classification, se heurte
sans cesse à l'obstacle de la continuité ; et à cette diffi-

culté s'en ajoute pour elle une autre qui lui est spéciale, celle qui résulte de l'absence d'une nomenclature traditionnelle acceptée d'un commun accord par les différentes écoles psychologiques ; son vocabulaire étant dans un incessant devenir, la continuité semble régner dans la forme même de la science comme dans l'objet qu'elle étudie. Tout problème psychologique contient donc des questions de classification et de nomenclature, questions délicates en lesquelles il faut viser à marquer les différences des phénomènes sans les exagérer, et à les désigner par des noms de la façon la plus adéquate, en usant librement des nomenclatures actuellement usitées.

## II

Avant de rattacher la parole intérieure dans sa totalité aux faits psychiques qui font partie de la même famille, quelques observations sont nécessaires sur la distinction et la dénomination des variétés que nous avons reconnues en elle.

Les différentes variétés vives ne diffèrent guère que par les phénomènes qui les provoquent ou les accompagnent. Quant à la parole intérieure calme, il n'y a même pas lieu d'y établir de semblables subdivisions. Il n'existe, en définitive, que deux sortes de parole intérieure, la forme calme et la forme vive. Sans doute celle-ci admet différents degrés d'intensité ; sans doute aussi entre elle et la forme calme il y a continuité : il est impossible de dire à quel degré d'intensité la parole intérieure cesse d'être calme ; mais, d'une part, il suffit de considérer quelques cas bien nets pour apercevoir les caractères distinctifs de la forme vive ; d'autre part, la parole intérieure calme paraît être un état *limite;* entre elle et le silence intérieur il n'existe pas d'intermédiaire. L'opposition des deux formes n'est donc pas arbitraire; elle repose sur un fondement objectif réel.

Ce qui fait la principale valeur de cette distinction, c'est qu'elle met en pleine lumière une vérité importante, à savoir que la parole intérieure n'est pas un simple écho de la parole extérieure, un fait de répercussion ou de continuation sans but. Si ces expressions peuvent convenir dans un grand nombre de cas à la forme vive, elles ne sauraient, la plupart du temps, s'appliquer à la parole intérieure calme : celle-ci a dans la vie humaine sa raison d'être, son rôle propre, sa fonction; sans doute elle n'est pas sans rapports de dépendance à l'égard de la parole extérieure, mais elle en dépend de si loin que ces rapports ne paraissent pas; si l'on s'abstient de rechercher ses origines et si on la considère au moment même où elle se produit, la parole intérieure calme est bien réellement indépendante de la parole, car, dans notre intention, elle ne la prépare pas, elle ne la remplace pas, elle existe seulement pour la pensée.

Quand la parole intérieure est calme, nous ne croyons pas parler; quand elle est vive, nous croyons jusqu'à un certain point parler, nous croyons, ou bien nous livrer à un monologue, ou bien raconter nos pensées à un compagnon absent. Or ce n'est pas au hasard, nous l'avons montré, que la pensée revêt l'une ou l'autre de ces deux formes; si l'imagination est pour quelque chose dans la vivacité du phénomène, ce qui est le cas le plus fréquent, l'apparence extérieure est naturelle, parce que l'extériorité réelle aurait sa raison d'être. Mais le fait même que, dans les cas de passion, la parole intérieure s'anime sans raison et devient extérieure contre toute raison, ce fait nous indique qu'il y a des circonstances où la parole intérieure doit rester intérieure sans tendre aucunement à l'extériorité et sans simuler l'extériorité. Nous ne devons pas exprimer au dehors toute notre existence intérieure ; il en est une partie qui, n'étant que pour nous, doit rester entièrement nôtre ; la raison nous le dit, et, si la raison ne nous trompe pas, il est inutile que nous croyions externer ce qui doit rester interne et reste tel en effet ; quand on est raisonnable, mieux vaut l'être jusqu'au bout ; être raisonnable et s'imaginer qu'on ne l'est pas, c'est ne pas l'être entièrement, c'est mêler un grain de folie à une sagesse qui, dès lors, est imparfaite. L'homme de réflexion n'est vraiment maître de sa réflexion que lorsqu'il n'a pas besoin pour réfléchir d'imaginer un ami ou un auditoire ; la conscience morale n'est en pleine possession d'elle-même que lorsqu'elle se voit telle qu'elle est réellement, personnelle, rationnelle et discursive. Qu'un écolier, pour mieux réfléchir, évoque l'image d'un ami qui l'écoute, cela est d'un âge où la raison s'essaye et se forme ; et, de même, la *voix de la conscience* ne se fait vraiment entendre que dans la jeunesse de l'humanité ou chez les hommes dont on dit qu'ils restent éternellement jeunes ; la parfaite maturité de la raison se passe de ces illusions.

Enfin, la parole intérieure calme n'est pas seulement le langage naturel de la froide raison ; elle est aussi la seule expression convenable de la tristesse d'une âme découragée et abattue. Alfred de Musset, dans la *Nuit de mai*, n'a fait que développer à sa manière cette vérité psychologique : absorbé dans ses souvenirs douloureux, le poëte ne saurait chanter

> Ni la gloire, ni l'espérance,
> Hélas ! pas même la souffrance.
> *La bouche garde le silence*
> *Pour écouter parler le cœur ;*

sa parole intérieure reste calme ; elle ne peut s'élever jusqu'à l'inspiration ; si, dans cet état, il se souvient de la Muse et de leurs amours d'autrefois, son esprit lui représente en vain tous les motifs poétiques qui devraient éveiller son génie ; aucun n'a le pouvoir de l'arracher à lui-même ; il ne ressent ni colère durable ni enthousiasme profond ; la Muse est pourtant descendue du ciel ; elle lui a parlé ; mais il a eu peine à la reconnaître ; ni son appel ni son baiser n'ont pu réchauffer un cœur glacé ; il refuse de s'envoler avec elle dans les « mondes inconnus » qu'en des temps plus heureux ils ont tant de fois parcourus ensemble.

La parole intérieure calme est donc l'expression légitime, normale, de tout un ordre de fonctions psychiques ; elle exprime ce qu'on peut nommer d'un seul mot *la réflexion*, c'est-à-dire l'état psychique où l'internité de nos phénomènes est apparente et déclarée, où l'âme, se connaissant, sait qu'elle se connaît, et n'externe à aucun degré, ni sérieusement ni par jeu, ce dont elle a conscience. Si l'on a pu dire ironiquement de la parole extérieure qu'elle a été donnée à l'homme pour déguiser sa pensée, on pourrait dire aussi que la forme vive de la parole intérieure est souvent le langage de l'illusion et du mensonge, du moins du mensonge involontaire ; la parole intérieure calme, au contraire, est l'expression toujours véridique de ce qu'il y a en nous de plus sincère, de plus raisonnable et de plus intime. Il serait injuste d'en conclure qu'elle est le privilège des esprits les plus élevés : la réflexion, telle que nous venons de la définir, est plus commune qu'on ne pense : le paysan, le sauvage réfléchissent, comme le philosophe; peut-être seulement, avec les progrès de l'âge et de la civilisation, la réflexion devient-elle plus fréquente, en même temps qu'elle s'attache à des objets plus variés.

Ainsi, les deux formes de la parole intérieure diffèrent non seulement par leurs caractères propres, intrinsèques, mais aussi par l'état psychique qu'elles accompagnent et qu'elles expriment, c'est-à-dire par le rôle qu'elles remplissent, par la fonction qu'elles exercent dans la vie psychique. Une différence aussi importante doit-elle être marquée dans le vocabulaire plus formellement que nous ne l'avons fait jusqu'à présent? Dans tout genre, il y a des espèces plus caractéristiques, plus *génériques,* que les autres [ch. VI, § 2]; laquelle des deux paroles intérieures est la parole intérieure *proprement dite?*

La parole intérieure vive a plus que la parole intérieure calme les caractères de la parole; elle est l'écho affaibli, mais non dénaturé, de la parole extérieure; elle en conserve tous les caractères essentiels, soit intrinsèques, soit accessoires. C'est donc une véritable parole, une parole imaginaire, intérieure; mais, comme elle fait jusqu'à un certain point illusion, comme elle n'est pas jugée purement intérieure, on peut dire qu'elle est moins intérieure que la parole intérieure calme.

Celle-ci est à la précédente ce que la parole intérieure vive est elle-même à la parole extérieure; elle est l'écho d'un écho. Les caractères de la parole subsistent encore en elle, mais effacés; elle paraît moins une parole ou quelque chose de la parole qu'un élément ou une détermination de la pensée; son rapport avec la parole semble si faible et si lointain qu'il faut pour le reconnaître un véritable effort de réflexion; au contraire, on ne la conçoit pas sans la pensée ni la pensée sans elle; elle est comme un vêtement dont la pensée est toujours revêtue à nos yeux et sans lequel nous ne la reconnaîtrions pas. Qu'apercevons-nous quand nous la remarquons, sinon la pensée elle-même, mais la pensée vêtue, enveloppée d'une ombre de parole, ombre légère, insaisissable, qui fait corps avec elle et ne peut en être séparée? On serait donc tenté de lui retirer le nom de parole et de l'appeler, par exemple, la *pensée parlée* ou l'*élément phonoïde de la pensée*. Mais, malgré tout, cet élément de la pensée est bien une parole; s'il a perdu les caractères accessoires de la parole physique, il en a gardé tous les caractères intrinsèques; c'est une parole affaiblie, purifiée de tout mélange, et incorporée à la pensée; mieux vaut donc continuer à l'appeler une parole.

Des deux formes de la parole intérieure, l'une justifie mieux son nom de parole, l'autre sa qualification d'intérieure. Or l'épithète, ici, a plus d'importance que le substantif; le phénomène le plus original est le plus intérieur des deux; la parole intérieure proprement dite est donc la parole intérieure calme. L'autre serait peut-être mieux nommée la *parole imaginaire;* l'illusion qui l'accompagne, et qui la distingue à la fois de la forme calme et de la parole physique, serait ainsi clairement désignée.

Quand la parole intérieure simule encore à s'y méprendre la parole physique, elle n'est guère qu'une assez vulgaire hallucination. La parole imaginaire est surtout intéressante à titre de transition, de moyen terme, entre la parole extérieure et cet élément vocal de la pensée réfléchie qui est la vraie parole intérieure; elle nous permet de rattacher celle-ci à son premier modèle et de remonter à ses origines. La parole intérieure calme mérite d'être étudiée pour elle-même; c'est une véritable création de l'âme, à la fois l'œuvre et l'instrument de la pensée; le mécanisme ordinaire de la formation des images ayant fourni la parole imaginaire, image de la parole extérieure, l'activité intelligente de l'âme a simplifié cette image et l'a adaptée, sous sa nouvelle forme, à un rôle nouveau. L'âme a, pour ainsi dire, surveillé l'écho dans son évolution décroissante, et, à un certain degré d'affaiblissement, le trouvant approprié à ses besoins, elle l'a arrêté, cultivé, choyé, exercé, entretenu, fixé; elle s'en est emparé, elle se l'est approprié, et ce qui était quelque chose de la parole est devenu quelque chose de la pensée.

A l'appui de cette dernière affirmation, nous citerons l'observation suivante, déjà préjugée plus haut, mais sur laquelle il est bon de revenir et d'insister :

La parole intérieure calme, écho d'un écho, n'a point elle-même d'écho; elle ne saurait être plus basse, plus évanouie que nous ne l'avons décrite; entre l'intensité de la parole intérieure dans la rêverie la plus tranquille, dans l'ennui entrecoupé de bâillements, et le silence intérieur absolu, nous pouvons concevoir un milieu; mais ce milieu est une pure conception mathématique de notre entendement, et notre imagination, c'est-à-dire notre souvenir, se refuse à la confirmer par les moyens qui lui sont propres. Même dans l'état hypnagogique, quand l'activité intellectuelle succombe à la fatigue, le son intérieur ne s'affaiblit pas; les signes de la fatigue sont tout autres : quelquefois, l'articulation devient confuse; toujours les mots se dissocient d'avec les pensées; bien loin que le silence se fasse dans l'âme, la parole imaginaire remplace souvent la parole intérieure proprement dite. Tandis que le son extérieur peut aller s'affaiblissant graduellement jusqu'à devenir imperceptible à nos oreilles, le son intérieur est toujours perceptible; il peut s'exalter, sous l'influence d'une excitation interne; mais l'apathie la plus complète ne peut l'affaiblir. La parole intérieure ordinaire et vulgaire, celle de la solitude rêveuse et insouciante, du travail mental, de la lecture curieuse et sans enthousiasme, de moi qui écris ces pages, de vous qui me lisez, est un état fixe, un état limite [1].

Et pourtant l'habitude a pour effet de faire évanouir peu à peu jusqu'au néant tous les phénomènes de conscience; pour arracher ses phénomènes à cette mort naturelle, l'âme n'a qu'une ressource, l'attention, c'est-à-dire la volonté. Si donc la parole intérieure subsiste en nous avec un minimum suffisant et constant d'intensité au-dessous duquel elle ne descend jamais, c'est que, par un acte incessamment répété de volonté mentale, l'âme la maintient à ce niveau nécessaire aux opérations intellectuelles; grâce à l'attention, l'image de la parole ne descend pas jusqu'au bout la pente de l'inconscience où l'entraîne l'habitude négative, elle résiste à l'anéantissement et se forme en habitude positive. La parole intérieure proprement dite est l'écho affaibli d'un écho déjà plus faible que le son primitif; mais, se trouvant maintenu par un effort incessant et insensible à un certain degré d'intensité [ch. II, § 6], cet écho d'un écho se prolonge et se répète sans s'affaiblir davantage. Quand il remonte la pente sous l'influence d'une excitation intérieure ou quand il la des-

1. Les faits notés plus haut [chap. II, § 4] ne vont pas à l'encontre de la thèse que nous exposons ici.

cend, c'est la parole imaginaire ; quand il s'arrête à sa limite et s'y maintient sans oscillation appréciable, c'est la véritable parole intérieure ; celle-ci seule, à vrai dire, est un état ; la parole imaginaire n'est qu'une transition.

Aussi, dans la suite de cette monographie, parlerons-nous surtout de la parole intérieure proprement dite ou calme, considérant la parole imaginaire comme une forme imparfaite et d'importance secondaire du même phéno-mène, et l'intérêt spécial qu'elle présente comme à peu près épuisé désormais.

### III

Il s'agit maintenant de rattacher la parole intérieure dans son ensemble aux classes de faits précédemment établies par les psychologues.

L'ancienne psychologie distingue l'*imagination créa-trice* et l'*imagination reproductrice* ou *mémoire imagi-native*, qu'il vaudrait mieux nommer *mémoire des sen-sations*. Cette division correspond assez imparfaitement aux distinctions suivantes :

| | |
|---|---|
| Reproduction avec innovation : | des sensations : *imagination pro-prement dite ou sensible ;* des autres états de conscience : *imagination psychologique.* |
| Reproduction pure et simple, sans innovation : | des sensations : *mémoire imagina-tive ;* des autres états de conscience : *mémoire proprement dite.* |

Mieux vaut, en effet, dans la classification des faits psychiques élémentaires, réserver le mot *imagination* pour les faits qui sont nouveaux à quelque degré [1], et ca-ractériser la mémoire par l'absence de toute innovation.

1. Dans le chapitre précédent, nous avons employé le mot *imagina-tion* dans un sens différent. Mais il ne s'agissait pas de classer des faits

Il est évident que la parole intérieure se rattache, suivant les cas, tantôt à la mémoire sensible, tantôt à l'imagination sensible. Mais comment les faits qui la composent se distribuent-ils entre ces deux facultés ? Quelle part de ces faits convient-il d'attribuer à l'imagination ? quelle part à la mémoire ? La chose est assez difficile à déterminer.

Si ma parole intérieure répète une phrase que j'ai entendue, sans y rien changer, il n'y a là, évidemment, qu'un simple fait de mémoire. C'est ainsi qu'Alfred de Musset dit très exactement :

Un vers d'André Chénier chanta *dans ma mémoire* [1].

Mais si, avec des mots du dictionnaire usuel, je forge intérieurement une phrase que je n'ai jamais entendue, ce qui arrive sans cesse, les uns pourront dire que j'imagine, car l'ensemble conçu est nouveau, les éléments seuls sont anciens ; les autres pourront soutenir que, les mots étant faits pour être groupés de mille façons, on n'invente pas dans les mots, c'est-à-dire dans la parole, quand on se borne à les ranger dans un ordre nouveau, mais seulement quand on crée de toutes pièces un mot nouveau. En ce cas, l'imagination, réduite au *néologisme intérieur*, se rencontrerait très rarement dans la parole intérieure.

Mais le même raisonnement peut s'appliquer au néologisme intérieur : car les syllabes et les lettres sont faites, elles aussi, pour être groupées de mille façons et former les différents mots d'une langue par la diversité de leurs groupements ; il n'y aurait donc innovation véritable dans

---

simples et irréductibles ; nous faisions de l'éthologie plutôt que de la psychologie ; la différence des deux points de vue suffit à écarter toute équivoque.

1. *Une soirée perdue.*

le langage que dans le cas purement théorique de la création d'une voyelle ou d'une consonne nouvelle, et l'imagination linguistique n'aurait guère existé qu'aux origines de l'humanité. Aboutir à cette conséquence, n'est-ce pas réfuter par l'absurde l'argumentation relative aux groupes de mots?

En réalité, il est chimérique de vouloir distinguer des faits de pure mémoire et des faits de pure imagination. L'imagination suppose toujours la mémoire; son acte est une modification du souvenir; un souvenir inexact est un souvenir mêlé d'imagination; le moindre changement dans l'ordre des éléments du souvenir est une œuvre de l'imagination. La mémoire étant la reproduction des faits d'expérience, l'imagination est l'*innovation expérimentale;* or le fond de toute cette activité novatrice est mémoriel; en supposant l'imagination à son maximum et pénétrant les couches les plus profondes de nos phénomènes, la mémoire est comme une couche infinitésimale, irréductible, plus profondément située encore, et sur laquelle repose nécessairement l'édifice construit par l'imagination. D'autres fois, non contente d'être à la base de l'édifice, la mémoire en a construit elle-même les premiers étages sans le secours de l'imagination; d'autres fois enfin, l'édifice tout entier est mémoriel, et l'imagination n'y a aucune part; il est vrai qu'alors l'édifice est toujours de dimensions restreintes, car l'énergie constructive de la mémoire est assez faible. L'idéal de la mémoire, ce serait une existence palingénésique entièrement conforme à une existence antérieure, comme celle que promettait aux hommes la doctrine stoïcienne. Un semblable idéal ne saurait être conçu pour l'imagination, car l'innovation expérimentale ne se suffit pas à elle-même; elle suppose tout au moins des atomes d'états de conscience qui ne sont pas nouveaux et qui se laissent arranger capricieusement. L'imagination est une puissance toute formelle à laquelle la mémoire fournit une matière. La mémoire est une puissance à la fois matérielle et formelle; elle fournit toujours les éléments de l'activité expérimentale, et souvent elle suffit à les former en groupes plus ou moins complexes; mais sa force est en raison inverse de l'étendue de ces groupes; plus elle veut embrasser, plus il lui faut d'efforts pour écarter les jeux de l'imagination [1].

Or le choix de l'unité phénoménale est livré à l'arbitraire de mon esprit; si je dis, avec la psychologie classique, qu'il n'y a pas d'imagination sans mémoire, c'est que j'ai introduit dans mon analyse l'idée toute métaphysique du *phénomène-atome*, élément indivisible des phénomènes divisibles; mais je puis tout aussi bien convenir avec moi-même qu'*un fait* digne de ce nom dure au moins deux heures; cette convention admise, la mémoire subsiste comme faculté, comme principe matériel de certains faits dont la forme est toujours originale et nouvelle; mais il n'y a plus de *faits* de mémoire, il n'y a plus de souvenirs, à proprement parler; *se souvenir* est nécessaire, car l'invention n'est pas une création *ex nihilo;* mais *un souvenir* est impossible, car je ne puis me répéter deux heures durant sans glisser quelque élément nouveau dans la reproduction de mon passé; la mémoire se déduit, elle ne s'observe plus.

On me dira que ce dernier parti pris n'est pas philoso-

1. Remarquons en passant que, tout au contraire, la reconnaissance, c'est-à-dire la connaissance de la mémoire par le sujet pensant, est en raison directe de l'étendue du souvenir; il n'y a pas de reconnaissance pour cette poussière de souvenirs que l'imagination organise à sa fantaisie [voir, sur ce point, chap. VI, § 10].

phique, et qu'il faut laisser aux historiens cette acception grossière du mot *fait*. Je l'accorde ; mais peut-être est-il philosophique de remarquer que, dans l'expression *un fait*, le mot *un* n'a aucun sens précis : car, selon le point de vue ou le caprice de l'esprit, un fait est une fraction de fait, le même fait ou une de ses fractions est un ensemble de faits ; l'expérience ne nous donne que *du fait ;* sur cette matière indifférente à l'unité, nous appliquons à notre guise la forme de l'unité ; quelle que soit l'étendue phénoménale embrassée par l'unité, la matière qui la reçoit ne nous contredira jamais ; pour régler l'usage de cette notion, l'esprit ne doit consulter que les convenances de la science qui l'occupe.

Les matériaux de la parole intérieure sont donc des souvenirs. Mais les faits où la mémoire est pure de tout alliage ne sont pas les plus fréquents [ch. II, § 5 et § 9 ; ch. III, § 2] ; le plus souvent, l'imagination s'ajoute à la mémoire, les matériaux fournis par le souvenir étant employés à former des composés plus ou moins nouveaux.

Observons en terminant que l'imagination est, en pareil cas, dirigée par la pensée, dont elle ne fait qu'exprimer les opérations ; elle innove plus ou moins dans le langage selon que l'entendement innove plus ou moins dans les idées.

## IV

Il est une expression, étrangère au vocabulaire de la psychologie classique, que l'école physiologique, peut-être même l'école empirique, appliqueraient volontiers à la parole intérieure : c'est le mot *hallucination*. Nous estimons que ce serait en étendre le sens d'une façon abusive que de l'appliquer à tous les échos de la sensation, même aux plus éloignés et aux plus affaiblis. L'extension du sens des mots, dans une science qui veut être méthodique, ne doit pas se faire au hasard ; le droit d'attacher son nom au genre tout entier n'appartient pas à la première espèce qui a reçu un nom scientifique, quand cette espèce n'est pas dans le genre ou la plus caractéristique ou la plus riche en individus, à plus forte raison quand elle est morbide et exceptionnelle; or tel est le cas de l'hallucination. Serait-il d'un bon langage scientifique de dire que la parole intérieure est une hallucination, mais une hallucination dont nous ne sommes pas dupes, une hallucination presque constante en chacun de nous, une hallucination parfaitement normale? Autant vaudrait dire que la parole intérieure est une hallucination qui n'a aucun des caractères de l'hallucination ; car l'hallucination proprement dite, si souvent décrite par les aliénistes, est un phénomène intermittent, toujours anormal, presque toujours morbide, et surtout elle implique toujours une illusion : son élément caractéristique est le jugement d'extériorité que nous portons à tort, trompés par les caractères anormaux de certains états de conscience purement internes [1]. Il faudrait alors considérer l'hallucination comme un des éléments essentiels de la vie psychique normale, comme la condition presque nécessaire de la pensée la plus humble et de la réflexion scientifique la plus élevée; un

---

1. [Cf., sur le caractère spécifique de l'hallucination, ch. II, § 8 ; ch. III, § 9, p. 153, note.] L'étymologie du mot nous invite à lui conserver un sens pathologique : *alucinari* (*hallucinari* est une mauvaise orthographe) signifie *radoter, rêver, délirer, extravaguer ;* le grammairien Nonius en donne cette définition : *Aberrare et non consistere, dissolvi et obstupefieri atque tardari.* Une certaine obscurité plane sur l'étymologie du mot latin ; on le rattache généralement au grec ἀλύω, qui signifie *errer*, au sens physique, et, par extension, *divaguer*.

état morbide servirait à définir le fonctionnement sain de notre être. Il faudrait dire que le penseur solitaire, que le paysan taciturne entend des voix intérieures, que nous sommes tous, suivant le sexe, des Socrate ou des Jeanne d'Arc. Mais ni Socrate ni Jeanne d'Arc n'entendaient toujours, l'un son démon, l'autre ses voix, et c'est pour cela sans doute que, lorsque le son surhumain se faisait entendre, ils le distinguaient de leur propre parole intérieure. Etrange hallucination que celle-là! elle ne nous trompe jamais, et nous n'avons aucune peine à écarter une illusion dont les conditions font défaut : la parole intérieure ne possède aucun des caractères de l'extériorité ; elle n'est ni ἕτερόν τι, ni même ἑτέρου τί, comme le souvenir d'un visum ; par quoi serions-nous donc séduits à l'aliéner ?

La parole intérieure fait partie d'un genre dont l'hallucination est également une espèce ; distinguées séparément et sous deux points de vue différents, ces deux espèces se confondent dans une partie de leur extension ; non que la parole intérieure vive soit une véritable hallucination, car le jugement d'extériorité ne s'y applique pas d'une manière absolue et sans réserve [ch. III, § 4], elle ne fait pas vraiment illusion ; mais la plupart des hallucinations de l'ouïe figurent des paroles extérieures et non des bruits inarticulés ; il y a donc des paroles intérieures qui sont des hallucinations ; d'ailleurs, dans la classe des paroles intérieures, ces phénomènes sont exceptionnels, et nous tenons, autant que possible, les faits anormaux en dehors de l'étude que nous poursuivons.

## V

Ce genre dont la parole intérieure fait partie, quel est-il? Le concevoir est aisé, le nommer est difficile. Les psychologues n'ont pu s'entendre jusqu'à présent pour désigner par une locution simple et désormais consacrée la reproduction, avec ou sans changement, des diverses sensations ou des groupes qu'elles forment naturellement. Sous le nom fort acceptable de *sensations internes*, Bossuet comprend bien les souvenirs sensibles et les imaginations sensibles, mais aussi des phénomènes tout différents, comme les opérations du *sens commun*, peut-être même le plaisir et la douleur. Le mot *conception* [1] a contre lui l'acception assez différente où il est pris dans les anciennes logiques. *Image*, que nous fournit la langue vulgaire, est équivoque, à cause de son dérivé *imagination*, dont le sens a été spécialisé, et aussi parce que ce terme semble devoir s'appliquer surtout à une espèce du genre, les phénomènes d'ordre visuel ; nous l'emploierons pourtant, faute d'un meilleur, mais seulement dans les cas où l'équivoque sera impossible. Nous proposerions volontiers, n'était son allure un peu étrange, le mot *pseudo-sensation*, qui s'entend de lui-même et ne prête à aucune équivoque.


## VI

Le genre des images ou des pseudo-sensations peut être divisé de plusieurs manières :

A. — Selon la nature des sensations reproduites, il comprend :

1. Charles, *Lectures de philosophie*, t. I, p. 272.

1° Les images proprement dites, ou images visuelles ;

2° Les sons intérieurs, qui se divisent en : paroles intérieures, autres sons ;

3° On peut réunir dans une même subdivision les images des autres sensations, sensations de l'odorat, du goût, du toucher, du sens musculaire, du sens vital, qui sont toujours plus ou moins mêlées les unes aux autres.

On voit que la parole intérieure n'est pas même, dans le genre dont elle fait partie, une espèce entière ; mais, dans la vie psychique, elle a plus d'importance à elle seule que tout le reste du genre ; seule aussi, elle est devenue indépendante des autres images : même les images visuelles, si elles sont faciles à abstraire des groupes où elles se présentent, apparaissent rarement isolées ; la parole intérieure, ayant son rôle spécial à remplir, fonctionne à part, sans mélange hétérogène [ch. VI].

B. — Quelle que soit leur nature spécifique, les images sont des états forts, semi-forts, faibles ou très faibles ; cette division est nécessairement un peu vague, parce qu'elle porte sur un élément quantitatif et, partant, continu. Les états forts, faisant d'ordinaire illusion, comprennent la plupart des hallucinations, en particulier la plupart des hallucinations de l'ouïe, donc la plupart des paroles intérieures anormales qui sont, à tort, aliénées et externées; la parole intérieure vive fait partie des états semi-forts, la parole intérieure proprement dite des états faibles. Les états très faibles ne comprennent rien de la parole intérieure; nous avons expliqué pourquoi [§ 2, fin].

C. — Tantôt les images coexistent avec les sensations : appelées par celles-ci, elles servent à les interpréter ; — tantôt elles sont indépendantes des sensations ; elles peuvent même attirer à elles toute l'attention et annihiler la sensation [ch. II, § 3; ch. III, § 3]. La parole intérieure fait partie de cette seconde classe.

D. — Enfin les images se classent naturellement d'après les jugements spontanés dont elles sont l'objet [ch. II, § 7 à 10] :

Si c'est le jugement de reconnaissance, l'image est un souvenir.

Si au jugement de reconnaissance est joint un jugement d'extériorité, l'image est le souvenir d'une perception, un souvenir sensible.

Si elle est l'objet d'un jugement d'extériorité bientôt convaincu d'erreur, soit par un de nos semblables qui nous persuade, soit par nous-mêmes après examen, l'image est une hallucination.

Si elle n'est l'objet d'aucun jugement, l'image est par là même déclarée neuve, inventée, sans cause et sans objet; elle est une imagination.

Ces jugements se fondent sur des caractères empiriques; non que ces caractères suffisent à les expliquer : car ce serait dire que la faiblesse des images *est* ou la durée ou un des éléments de l'idée de durée, que la force des images *est* ou l'étendue ou un des éléments de l'idée d'étendue, propositions qui se réfutent d'elles-mêmes; mais il est incontestable que la force ou la faiblesse des images contribue à provoquer nos jugements d'extériorité ou de reconnaissance, et qu'en général les caractères empiriques de nos états conditionnent ces deux jugements, sinon comme conditions suffisantes, du moins comme conditions nécessaires.

Ainsi, de ces quatre divisions, la quatrième se fonde sur les deux précédentes, c'est-à-dire qu'elle porte sur des caractères non seulement accessoires, mais encore dérivés ; puis ces caractères sont des jugements, qui, comme tous les jugements, peuvent être erronés ; ce sont des œuvres de l'activité la plus spontanée de l'entendement, ce ne sont pas des données de la nature. La troisième division n'est pas fondée non plus sur des caractères intrinsèques des images. Des deux premières, fondées sur des caractères intrinsèques, la seconde repose sur l'intensité, caractère vague, qui résiste à toute détermination précise. La première division, fondée sur les qualités spécifiques et irréductibles des images, est donc la meilleure ; c'est elle qu'il faut adopter pour distinguer les espèces de la pseudo-sensation ; les autres ne doivent servir que pour subdiviser ces espèces. Ainsi la parole intérieure n'est pas une variété de l'hallucination auditive ; tout au contraire, ce sont les hallucinations vocales qui doivent être considérées comme des modifications de la parole intérieure.

## VII

L'originalité de la parole intérieure parmi les pseudo-sensations vient moins de sa nature propre que de son rôle ; que la parole ait son écho dans l'âme comme les autres sensations, c'est là un fait qui n'a rien de nouveau ni d'extraordinaire ; mais la parole intérieure, nous l'avons montré, est plus qu'un écho, plus qu'un souvenir, plus même qu'une imitation de la parole extérieure. Et cette fonction supérieure qui lui est réservée chez la plupart des hommes, à son défaut, d'autres espèces de la pseudo-sensation peuvent la remplir : la parole intérieure est remplacée chez les sourds-muets par des séries d'images visuelles ; chez Laura Bridgmann , la sourde - muette aveugle, par des séries d'images tactiles [ch. **VI**, § 8, fin]. L'étude de la parole intérieure met donc en lumière **une** fonction qui appartient virtuellement à toute la pseudo-sensation, qui, en fait, appartient toujours à quelqu'une de ses espèces, et que, néanmoins, les psychologues **ont** généralement négligé de lui attribuer. Pour la psychologie classique, la pseudo-sensation n'est guère qu'une faculté de reproduction et d'imitation ; l'empirisme anglais la re-présente concourant avec l'association pour former toutes nos idées sans le secours d'un entendement chimérique : la faculté des images fournit la matière de ces produits nouveaux, l'association des idées en explique la forme imprévue. La psychologie classique n'a guère étudié que les images les plus éclatantes, celles qui apparaissent de temps à autre, à des intervalles rapprochés, mais **non** d'une manière continue, dans la succession psychique ; ces images sont de toutes sortes, mais chacune d'elles prise à part est relativement simple et homogène, et leur diversité spécifique n'apparaît guère que dans leur succes-sion ; ce sont ces images qu'on appelle des *souvenirs* ou des *imaginations ;* leur vivacité relative et le contraste qu'elles offrent entre elles en se succédant les rendent plus évidentes que les autres. L'école anglaise a porté son attention sur les mélanges hétérogènes que forment les images affaiblies par l'habitude, mélanges où la fai-blesse et la complexité des éléments réunis par l'associa-tion rendent ceux-ci presque méconnaissables ; elle cherche à expliquer par de tels mélanges non seulement la partie matérielle, mais encore la partie formelle de ce que l'on appelle proprement les *idées ;* double thèse, dont la pre-mière moitié n'est pas contestable, dont la seconde n'a pas encore triomphé des objections qui lui ont été opposées. Il est donc acquis à la psychologie que la pseudo-sensation fournit, outre les *souvenirs* et les *imaginations*, au moins une part notable de nos idées proprement dites [ch. VI]. Mais ces deux fonctions n'épuisent pas l'énergie de la faculté des images ; il faut lui reconnaître un autre rôle encore, inférieur peut-être à celui que lui attribue l'école anglaise, supérieur à coup sûr à celui auquel elle était restreinte dans la psychologie classique : parallèlement à la série continue des *idées* se développe une série continue d'images d'une seule espèce et pures de tout mélange, la série des *signes* intérieurs ; étroitement liées aux idées qui les accompagnent, les images-signes sont pourtant distinctes et séparables de ces groupes hétérogènes qui sont l'*idée* même ou la partie empirique de l'idée ; le signe, même intérieur, ne peut donc être confondu avec l'idée. Dans l'âme normale, l'image incessamment variée qui exprime la succession de nos pensées est une image sonore, la parole intérieure ; à défaut de la parole, des séries analogues d'images visuelles ou d'images tactiles peuvent remplir le même office.

La mémoire sensible fournit comme le premier fonds de cette construction originale, de cette œuvre homogène et distincte ; mais la parole intérieure, une fois créée, une fois mise en train à titre d'écho de la sensation sonore, semble oublier ses origines ; on la dirait vivante par elle-même ou par un autre principe que celui qui l'a fait naître. Elle n'est pas assujettie à puiser éternellement l'existence dans le sein maternel de la sensation ; après l'allaitement quotidien des premières années, elle persiste à vivre dans des conditions nouvelles ; on la dirait douée, comme un animal adulte, d'une vitalité qui lui est propre.

Semblable à une statue ailée qui délaisserait son piédestal inutile et s'élèverait dans les airs pour aller puiser dans l'atmosphère une vie nouvelle et supérieure, l'image de la sensation a rompu sans violence avec ses origines matérielles; appelée par une destinée plus noble, elle s'est tournée vers les régions supérieures de l'être; désormais elle existe et se maintient, sinon pour et par elle-même, du moins pour et par la seule pensée; et elle vit alors d'une vie si intense qu'elle peut même, — l'étude du sommeil le montrerait, — être dissociée d'avec la pensée sans subir pour cela un anéantissement passager, comme si l'être ailé, ayant dépassé les limites de l'atmosphère, volait encore d'un vol automatique, soutenu par son impulsion première.

## VIII

Pour expliquer cette force étrange, que les origines de la parole intérieure ne pouvaient faire prévoir, il est nécessaire de recourir à des causes d'ordre supérieur.

La parole intérieure n'est pas un simple écho de la parole, une simple habitude; car l'habitude proprement dite, l'habitude pure et simple, mérite, si l'on considère ses effets, le nom d'*habitude négative* que nous lui avons souvent donné; plus un fait est habituel, plus il est fréquent, c'est-à-dire moindre est l'intervalle qui sépare chacune de ses apparitions à la conscience; mais aussi, à chaque nouvelle apparition, une moindre quantité de conscience lui est attribuée, c'est-à-dire qu'il dure moins et qu'il est moins intense. Supposons une âme entièrement livrée à l'habitude; la diversité de ses faits successifs diminuerait sans cesse, et, avec leur diversité, la durée de chacun d'eux, son intensité, son essence apparente, la conscience qui lui appartient ; au terme idéal d'une telle régression, cette âme ne serait plus qu'un phénomène unique incessamment répété, d'une durée nulle et d'une intensité nulle. Or l'âme (du moins l'âme empirique, qui seule nous occupe ici) est une succession consciente, ou une conscience successivement variée. L'habitude tend à supprimer de l'âme et la succession et la conscience ; l'habitude est donc une puissance destructive des caractères spécifiques de l'âme ; l'habitude est la mort progressive de l'âme apparente.

Contre cet anéantissement graduel, l'âme est défendue par l'expérience et l'imagination, puissances d'innovation et de renouvellement, qui introduisent sans cesse dans la succession des éléments nouveaux, doués, avant tout effet de l'habitude, d'une intensité et d'une durée propres ; et elle se défend elle-même par l'attention, puissance qui tantôt vivifie et renforce les états nouveaux en prolongeant leur durée et en augmentant leur intensité, tantôt restaure les états passés en leur conférant à chaque reproduction une durée plus grande et une intensité plus forte. L'attention répare les effets négatifs de l'habitude, sans diminuer, — bien au contraire, — la fréquence des répétitions d'un même acte. L'habitude corrigée par l'attention, associée à l'attention, produit des phénomènes fréquents, mais toujours vifs et nets à la conscience, d'une intensité comme d'une durée sensiblement fixes ; de tels phénomènes, dont la répétition n'est pas compensée par l'affaiblissement, sont ce que nous appelons des *habitudes positives*.

Chacun des mots, chacune des locutions de notre langage usuel est en nous une habitude positive ; toutes ces habitudes particulières sont spécifiquement distinctes,

mais en même temps analogues les unes aux autres, et
une habitude positive totale est la synthèse de ces habitudes élémentaires. L'habitude totale se réalise par leur
réalisation successive et continue; cette réalisation a lieu
suivant un ordre réglé tantôt par des suscitants extérieurs
(comme dans la lecture), tantôt par la raison (comme dans
la méditation), et elle ne cesse que lorsqu'elle est devenue,
en présence de la parole extérieure d'autrui, qu'il faut
écouter et comprendre, inutile ou même nuisible. La succession de faits homogènes que nous appelons la parole
intérieure est donc une série continue d'habitudes positives réalisées, et la parole intérieure, dans son ensemble,
est une habitude positive complexe, qui dès l'enfance a
pris possession de la vie psychique, et qui, toujours entretenue et fortifiée par l'attention, a poussé en nous des
racines si profondes que son incessante réalisation est
devenue comme une nécessité de notre existence.

L'habitude positive est l'habitude parfaite; par elle et
par elle seule, l'âme corrige sa loi fondamentale, qui est la
dispersion dans le temps, en introduisant dans son devenir des éléments de permanence, d'unité relative, d'harmonie. Et, à son tour, la parole intérieure semble représenter en nous la perfection de l'habitude positive. En
effet, si nous considérons d'abord les habitudes élémentaires qui la composent, nous trouvons chacune d'elles
parfaite en soi; car elle passe à l'acte par intervalles, au
moment même où sa réalisation est devenue un besoin de
l'esprit; son acte est toujours complet, sans lacune : un
mot commencé n'est jamais interrompu avant la fin, ni
simplifié par l'omission d'une syllabe médiane; enfin cet
acte est doué d'une intensité de conscience et d'une durée
à peu près inaltérables ; — si maintenant nous envisa-

geons ces différents actes dans leur succession, c'est-à-
dire l'habitude totale, nous voyons qu'elle possède, avec
toutes les qualités de ses composants, devenues siennes
puisqu'ils la composent, une qualité que ceux-ci ne sauraient avoir : elle est souple, elle se plie de mille manières
aux besoins incessamment variés de la pensée ; tandis que
chaque mot est un tout indissoluble, les syllabes étant
rivées les unes aux autres par ce lien de fer que Stuart
Mill a appelé l'association inséparable, l'ordre des mots,
au contraire, n'a rien de fixe ; sans doute ils s'appellent les
uns les autres, mais non d'une manière inéluctable ; bien
loin d'être réduite, comme une mendiante en haillons, à
chanter toujours le même air, l'âme est un improvisateur
infatigable ; avec des matériaux toujours les mêmes, elle
construit incessamment des composés nouveaux. Ainsi
la parole intérieure, considérée comme puissance, est à
son acte ce qu'une majeure générale est à une conclusion
particulière ; c'est une puissance imparfaitement déterminée, dont l'acte n'est pas à l'avance rigoureusement
fixé, mais seulement préparé dans ses lignes générales et,
par là, rendu facile à l'imagination. Composée d'habitudes
*particulières*, mais dont l'ordre de réalisation reste pour
une grande part indéterminé, l'habitude totale n'est qu'une
habitude *générale* [1] ; pour se réaliser en actes particuliers, mais complexes, elle doit appeler à son aide l'imagination [§ 3] ; celle-ci est nécessaire pour faire franchir à la
phrase la faible distance qui la sépare de l'actualité ; mais
elle n'a besoin pour cela d'aucun effort, tant les matériaux

---

1. Exemples d'habitudes générales : savoir jouer du piano, et non
pas seulement tel morceau de piano ; savoir marcher, et non pas seulement parcourir telle route. La loi de causalité, dans le système de
Stuart Mill, serait une habitude générale ; elle passe à l'acte sous la
forme de lois particulières.

qu'elle emploie ont été bien construits, et tant ils sont habitués à s'enchâsser sans heurt entre des phénomènes de même nature aux côtés desquels ils se sont déjà souvent trouvés ; d'une part, l'analogie des images, qui toutes sont des sons, facilite leur enchaînement ; d'autre part, l'habitude totale contient, outre les habitudes particulières, spéciales à chaque mot, des habitudes encore générales, mais plus déterminées, qui résultent de l'association fréquente de certains mots ou de certains genres de mots : par exemple, après un substantif, l'habitude conseille, sans l'imposer absolument, un verbe, et, après un verbe, un adjectif [1] [ch. V, § 3] ; après tel substantif, elle conseille, encore plus discrètement, tel verbe, et non tel autre ; les deux rapports d'association, le rapport d'analogie et le rapport de contiguïté, concourent donc à faciliter la succession des mots, c'est-à-dire la formation de la phrase. Pour l'expression de la pensée, inventer des combinaisons nouvelles de mots est nécessaire, et il n'est pas moins nécessaire que cette invention soit aisée : car la pensée est trop rapide et trop mobile pour pouvoir attendre longtemps la forme sensible dont elle aime à s'accompagner. Or l'invention serait impossible, si elle n'était facilitée par l'existence préalable d'une habitude générale, et elle exigerait un effort, si cette habitude, tout en demeurant générale, partant souple et variée dans son acte, n'était pas d'une réalisation facile, et, pour ainsi dire, proche de l'acte. La parole intérieure réunit ces deux qualités, en apparence incompatibles, par ce fait qu'elle se compose

---

1. Durant le sommeil, ces sortes d'habitudes se réalisent encore, comme l'habitude générale de parler intérieurement ; le sommeil suspend la réalisation des habitudes en raison inverse de leur généralité. Voir plus loin [ch. VI, § 9], et notre *Observation sur le sommeil*, dans les *Annales de la Faculté des lettres de Bordeaux,* septembre 1879.

d'habitudes élémentaires à la fois particulières et positives, tandis qu'elle-même reste générale, c'est-à-dire indifférente à l'ordre des actes particuliers qui la réalisent. Mais elle est devenue, par son incessante réalisation, si proche de l'acte que, tout en conservant la généralité, c'est-à-dire l'indifférence à la nature particulière de l'acte complexe qui la manifeste, elle ne peut plus se passer de le produire : elle se réalise encore sans besoin, d'une manière, pour ainsi dire, automatique, dans le silence de la pensée.

L'attention, tel est, en dernière analyse, le principe qui, transformant l'habitude négative en habitude positive, maintient la parole intérieure à l'état de perpétuelle et consciente actualité [§ 2]. L'activité novatrice de la pensée, voilà le principe qui la maintient à l'état d'habitude générale. En tant qu'habitude positive, elle est une œuvre de l'âme, et en tant qu'habitude générale, elle est un instrument de l'activité psychique ; cette activité est sans terme : il n'est aucune de ses œuvres qui ne lui soit un instrument pour construire des œuvres nouvelles ; dans l'enchaînement de ses créations, il en est une qu'il faut nommer à la fois une œuvre parfaite et un incomparable instrument : c'est la parole intérieure.

En signalant le rôle de l'attention, nous n'avons pas prétendu donner de la parole intérieure une explication complète. L'attention elle-même a ses motifs et ses mobiles plus ou moins secrets ; il faudrait tout au moins découvrir ceux qui la déterminent à favoriser, entre toutes les images, la parole intérieure.

Peut-être alors faudrait-il signaler, comme une condition favorable du développement de la parole intérieure et de son association constante avec la pensée, l'harmonie préétablie, ou, plus exactement, l'harmonie d'essence, qui relie les sons à la succession psychique : le son étant, par lui-même, dénué de toute extension spatiale et de toute position dans l'espace, une série de sons est analogue à l'âme, pure succession inétendue; une série d'images sonores devient donc le symbole le plus exact par lequel l'âme puisse se représenter à elle-même, si les sons qui la composent n'acquièrent par aucune association d'idées la spatialité qui leur faisait primitivement défaut, ou s'ils la perdent après l'avoir acquise; ce dernier cas est celui de la parole intérieure : l'attention exclusive dont elle est l'objet la dissocie peu à peu et de l'image tactile, image essentiellement locale [ch. II, § 6], et de toutes les autres localités que les mots pouvaient posséder, lors de leur première apparition comme états forts, par suite d'associations avec des visa ou des tacta.

Essentiellement inétendu, le son est à la fois une portion du monde extérieur et un frère de l'âme; phénomène mixte, hybride, intermédiaire entre les phénomènes évidemment extérieurs et les phénomènes évidemment intérieurs [1], il obtient successivement de l'âme, par un double travail poursuivi dans deux sens différents, d'abord la reconnaissance de sa nature objective et comme son installation au sein du monde physique, ensuite d'être approprié à l'usage auquel son essence le destinait, c'est-à-dire introduit dans la série des faits inétendus. La première opération est rendue facile par les simultanéités de la

---

1. Cf. de Cardaillac, t. I, p. 96; t. II, p. 299 et suiv. : « Les sensations de l'ouïe n'indiquent ni un objet ni un lieu spécial. Le son, être distinct de nous et de l'objet qui l'a produit, est une espèce de création hors de nous et étranger à toute la nature », etc., etc. C'est à peu près notre thèse : car qui dit neutre dit mixte, et réciproquement. — Cf. aussi Aristote, *Problèmes*, XIX, 27 et 29.

sensation; les animaux eux-mêmes la font de bonne heure, comme tous les hommes; elle consiste à rattacher méthodiquement aux visa-tacta, c'est-à-dire au monde extérieur, au monde étendu, tous les sons qui sont des états forts. La seconde, spéciale à l'homme, a deux stades : elle consiste d'abord à faire du son, état fort, l'instrument de la vie psychique collective, le lien de la société humaine, — ensuite à recueillir et à développer, au moyen de l'attention, l'écho de la parole, et à l'élever au rôle de compagnon, d'associé, d'élément inséparable de la succession psychique; celle-ci devient alors la succession d'un couple de faits parallèles, la pensée n'allant plus désormais sans son expression constante, la succession des sons intérieurs. En s'élevant à cette fonction, le son, état faible, est dégagé peu à peu de toute association localisatrice; dépouillé des caractères de l'extériorité, il reprend, avec l'apparence d'une pure succession, son état primitif, que la première opération lui avait fait perdre. Aussi devient-il sans peine une chose de l'âme, et la parole intérieure est bientôt pour la conscience le phénomène principal de la pensée [ch. VI], non le phénomène essentiel assurément, mais le plus évident, et comme le tuteur rigide de cette plante fine et délicate; la pensée s'appuie sur elle, et, l'associant à sa vie, en fait presque une chose vivante, à tel point qu'il faut l'observation la plus attentive pour distinguer dans cette intime association l'élément fondamental, et l'élément emprunté qui lui sert d'auxiliaire, l'âme elle-même, et cette souple armure, à la fois son œuvre et sa force, qui se plie à tous ses mouvements, et, les revêtant de son éclat, les dessine avec netteté sur le champ de la conscience.

En résumé, si une cause sensible et facilement observable, le son de la parole audible, suffit pour expliquer la nature spécifique de l'image qui sert de signe intérieur à la pensée, cette même cause ne peut suffire à expliquer l'extension merveilleuse de la parole intérieure, son indépendance, sa vitalité, le caractère impérieux que prend en nous cette habitude; l'état fort ne rend pas raison de l'état faible, car l'effet dépasse la cause [ch. I, § 1]. Un arbre vigoureux est sorti d'une petite graine; si l'arbre a grandi, c'est que la graine avait été semée dans le sol fertile qui convenait à sa nature; c'est aussi que la première pousse s'était trouvée baignée d'une atmosphère vivifiante; pour expliquer aujourd'hui la grandeur et la santé de l'arbre, la graine ne suffit pas; il faut, de plus, le terrain et l'atmosphère. La parole extérieure, jetée dans l'âme par la sensation, s'est trouvée être une semence féconde, parce que l'attention l'a fécondée, et parmi les mobiles de l'attention, parmi les désirs, les besoins, les tendances de l'âme, l'analogie de l'âme et du son doit figurer en première ligne : si nous sommes séduits à chaque instant à maintenir l'union de fait de la parole et de la pensée, ce n'est pas seulement parce qu'elle est utile ou commode à l'entendement [ch. VI, § 8], c'est aussi qu'un instinct secret nous dit qu'elle est la plus rationnelle des associations : l'âme se plaît aux sons parce qu'elle retrouve en eux sa propre essence [1].

1. Nous devons nous borner ici à indiquer brièvement cet ordre de considérations, qui dépasse le programme, essentiellement descriptif, de notre étude.

# CHAPITRE V

LA PAROLE INTÉRIEURE ET LA PENSÉE. — PREMIER PROBLÈME :
LEURS POSITIONS RESPECTIVES DANS LA DURÉE.

§ 1. Ce que c'est que *comprendre*. — § 2. Le mot précède l'idée ou la
suit. Comment le mot et l'idée paraissent simultanés. — § 3. Examen
des objections. Le langage, auxiliaire de la pensée. — § 4 et 5. Conséquences. Le langage, auxiliaire de la pensée (suite). — § 6. Corollaire :
les inventeurs et les vulgarisateurs. — § 7. Nouveaux faits à l'appui.
Conclusion.

## I

La parole intérieure est une image; la pensée, prise
en elle-même, contient aussi des images, si même elle
n'est pas, comme on l'a soutenu, une simple succession
de groupes d'images : νοεῖν φαντασία τίς ἐστι, ἢ μὴ ἄνευ
φαντασίας [1]. La pensée et son signe intérieur ne sont donc
pas à ce point hétérogènes qu'il soit superflu de les distinguer.

Cette étude s'impose encore à nous pour une autre
raison : c'est que la signification est un caractère très
important, bien que nullement intrinsèque, de la parole
intérieure. Cette image, qui n'est jamais externée, qui
rarement est reconnue, qui n'a d'ordinaire ni un objet

1. Aristote, *De anima*, I, 1, 9.

extérieur ni un objet passé [ch. II, § 7, 8, 9], a toujours un objet idéal ; les seuls jugements spontanés qui soient normalement et régulièrement portés sur elle sont ceux que le langage vulgaire réunit sous le nom de *comprendre* : quand je me parle, je me comprends, c'est-à-dire que je mets des idées sous les mots et des rapports d'idées sous leurs relations syntactiques.

Qu'on ne s'étonne pas du rapprochement que nous faisons ici : nous avons déjà montré qu'*externer* et *reconnaître* sont deux faits de la même famille ; une relation analogue existe entre *reconnaître* et *comprendre; comprendre*, n'est-ce pas *reconnaître* le sens des mots? et *reconnaître*, n'est-ce pas *comprendre* qu'un état de conscience a un certain genre de signification, **qu'il signifie**, bien que présent, un état passé? La reconnaissance est un jugement, ou du moins contient un jugement qui en est l'élément principal ; *comprendre* consiste également en jugements, ou du moins contient des affirmations de rapports, c'est-à-dire des jugements. **Nous nous bornons** d'ailleurs ici à indiquer l'analogie des deux faits, **sans** prétendre épuiser par une remarque incidente **une ana**lyse aussi délicate.

## II

Avant de considérer la pensée et la parole intérieure en elles-mêmes [ch. VI], nous devons résoudre une **question** préjudicielle : ces deux phénomènes se **distinguent-ils ou** non dans le temps? en d'autres termes, sont-ils **successifs** ou sont-ils contemporains?

Toute la doctrine de Bonald repose sur cette **thèse**, plutôt postulée que démontrée, que la parole **intérieure et** la pensée qui lui correspond sont simultanées dans la conscience [ch. I, § 3]. Telle est en effet l'apparence que présente pour une observation superficielle l'association de ces deux faits. Mais il reste à se demander : 1° si cette simultanéité est constante ou seulement ordinaire ; 2° si elle est naturelle ou acquise. Les deux questions sont connexes, et nous ne pouvons les séparer.

Nous soutenons et nous allons démontrer que les positions respectives de la parole intérieure et de la pensée dans le temps, bien loin d'être déterminées par une loi unique, varient, d'une part selon le degré de l'effort personnel déployé par l'intelligence, et, d'autre part, suivant que cet effort est un effort d'invention pure ou un effort d'assimilation.

1° Quand nous lisons, la parole intérieure et les idées qu'elle éveille paraissent d'ordinaire contemporaines ; si quelque intervalle les sépare, il est inappréciable ; la parole intérieure est immédiatement comprise. Les choses se passent ainsi ordinairement, parce que, ordinairement, ou nous lisons un texte facile à entendre, ou nous relisons un texte difficile qui nous est devenu familier. Mais si, au lieu de lire ou de relire, nous traduisons, nous déchiffrons, si nous nous attachons à comprendre un texte ou subtil ou profond, et nouveau pour nous, ou bien un texte écrit dans une langue étrangère, alors les mots paraissent devancer les idées ; nous nous trouvons dans la situation de l'homme qui écoute la parole d'autrui ; nous écoutons notre parole intérieure, nous la comprenons ensuite si nous pouvons ; le mot appelle la pensée ; l'idée suit et interprète le mot.

Or ce qui est aujourd'hui notre langage usuel a commencé par nous être étranger ; nous avons appris lentement notre langue maternelle; et les pensées qui ne sont plus pour notre esprit exercé ni subtiles ni profondes paraîtraient telles à un enfant. Il est donc vraisemblable que, si aujourd'hui nous comprenons immédiatement et sans effort, c'est que nous profitons de nos efforts passés : le mot et l'idée ont été peu à peu rapprochés par l'habitude, et l'intervalle est devenu si faible qu'il est maintenant inappréciable à la conscience; il reparaît seulement dans les cas exceptionnels où un effort d'intelligence est nécessaire pour interpréter ce que nous lisons; mais nous sommes en droit d'induire qu'il n'est jamais absolument nul et que toujours l'idée succède au mot.

Réciter intérieurement ce que l'on sait par cœur est un fait analogue à l'audition et à la lecture. Seulement, comme d'ordinaire on ne sait par cœur que ce que l'on a étudié, il est rare qu'un effort intellectuel soit nécessaire pour interpréter les mots qui se succèdent dans l'esprit; l'effort mental se concentre sur la remémoration, et nous comprenons à mesure sans intervalle appréciable. Pourtant, il nous arrive quelquefois de nous répéter intérieurement une phrase obscure afin d'en déterminer le sens exact, et l'intervalle entre les mots et leur signification peut alors devenir sensible.

Donc, en règle générale, quand il ne s'agit pas d'invention intellectuelle, mais seulement d'interprétation et d'assimilation, le mot précède l'idée, d'un temps qui est d'autant plus long que l'association de l'idée avec le mot nous est moins familière ou que l'idée prise en elle-même nous est plus imprévue. Mais l'usage, c'est-à-dire l'habitude, diminue cet intervalle, et, quand l'intervalle est devenu très faible, il échappe à l'observation.

2° Dans l'invention intellectuelle, l'ordre des phénomènes est renversé. Sans doute, la parole intérieure paraît rigoureusement contemporaine de la pensée qu'elle exprime lorsque nous inventons sans effort, soit que nous rêvions de sujets futiles sur lesquels l'invention est toujours aisée, — ce qui est le cas le plus fréquent, — soit que, nous attachant à des problèmes difficiles, nous nous trouvions en verve et heureusement inspirés. Mais, lorsque nous inventons avec effort, la plupart du temps la pensée nous apparaît avant son expression, et cette succession est encore plus évidente quand nous cherchons à exprimer notre pensée dans une langue étrangère, ou quand nous innovons dans la nôtre soit par des néologismes proprement dits, soit par des alliances de mots imprévues.

Or notre langue maternelle ne nous est devenue familière qu'avec le temps, et les réflexions que nous trouvons toutes simples aujourd'hui, enfants, elles eussent fait honneur à notre sagacité; enfin, l'inspiration et la verve supposent un esprit cultivé et exercé : d'ordinaire, on n'est inspiré que dans l'ordre d'idées sur lequel la réflexion se porte de préférence; *le génie*, a-t-on dit, *est une longue patience;* en d'autres termes et plus exactement, la découverte est l'effet et la récompense d'une longue et patiente recherche; si l'on trouve sans chercher, c'est qu'on avait cherché sans trouver [1]. Ainsi, la facilité en toutes choses, c'est-à-dire la rapidité des consécutions, suppose ou des habitudes que l'on suit, ou des habitudes dont on s'écarte peu, et l'invention prompte

---

1. L'explication que nous donnons ici de l'inspiration et du génie n'est que partielle ; nous ne prétendons pas nier *le propre* de l'inspiration, c'est-à-dire ce qui reste en elle de mystérieux, même après qu'on a montré qu'elle est à l'avance préparée par la réflexion.

est la moindre invention. La facilité actuelle résulte donc des efforts passés ; ils ont créé des habitudes permanentes qui simplifient désormais la tâche de la réflexion ; les idées qui trouvent promptement leur expression ne sont nouvelles qu'en apparence ; la part du passé est plus grande en elles que celle du présent.

Primitivement, pour trouver l'expression d'une pensée nouvelle, il faut la chercher, et le signe succède à l'idée ; quand nous nous répétons, l'intervalle qui sépare le signe et l'idée diminue ; il diminue peu à peu jusqu'à **paraître** nul ; mais, vraisemblablement, il ne l'est jamais. **Et, à** mesure qu'avec l'âge les souvenirs de nos inventions s'accumulent en nous plus nombreux, nos idées nouvelles sont moins nouvelles ; à tâche égale, un moindre **effort** suffit et pour innover et pour exprimer nos découvertes ; l'intervalle diminue donc pour les idées nouvelles **comme** pour les idées que nous répétons ; on dirait, — pure illusion, — que nous nous habituons peu à peu à ne **pas** suivre nos habitudes, comme si le contraire de l'habitude était soumis lui-même à la loi de l'habitude.

. Ni l'assimilation, ni l'invention ne nous montrent donc la simultanéité du signe et de l'idée. Or ce **que nous** affirmons de l'assimilation et de l'invention, nous **devons** l'affirmer de la pensée tout entière ; car **toute pensée,** simple concept ou jugement, a été dans l'âme une **pre-** mière fois avant d'y devenir habituelle et familière, et, cette première fois, elle a été assimilée ou inventée ; elle est venue du dehors par le moyen des mots, ou **bien nous** l'avons trouvée par notre propre réflexion, en nous ai- dant, pour la chercher et pour chercher son expression, des notions et des mots déjà connus. Dans le premier cas, l'idée succédait au signe ; dans le second, le **signe** succédait à l'idée. L'habitude diminuant peu à peu les intervalles, ces deux classes d'idées tendent à se ressembler. Elles y arrivent d'autant mieux que toute invention se greffe sur des souvenirs, que, dans toute opération un peu complexe de l'esprit, les mots qui appellent des idées et les idées qui appellent des mots se suivent, s'enchaînent, se groupent, formant rapidement des composés dont la conscience ne saisit que l'ensemble et néglige les détails; ces attentes minimes d'un mot, d'une idée, déjà peu discernables, achèvent de s'annuler en se compensant et deviennent insaisissables à toute observation. A l'âge où l'esprit est capable de s'observer lui-même, l'intervalle étant généralement réduit à un mininum indiscernable, le signe et l'idée paraissent simultanés; mais cette simultanéité n'est ni réelle, ni primitive, ni constante; elle n'est qu'une apparence acquise et plus fréquente que les faits qui permettent de la rectifier; l'intervalle reparaît de temps à autre dans des faits qui nous révèlent et la nature primitive et la loi véritable des rapports temporels du signe et de l'idée [1].

Que ces intervalles, en toute circonstance, soient moindres quand le signe de la pensée est intérieur, cela est naturel, puisque le signe ne peut commencer par être intérieur, puisque son intériorité est la preuve d'un commencement d'habitude. C'est surtout quand le signe est intérieur que l'intervalle est indiscernable; mais, même alors, il ne l'est pas toujours, et l'argumentation par laquelle nous démontrons qu'un intervalle apparemment nul ne peut être absolument nul en réalité s'applique à la parole intérieure aussi bien qu'à la parole extérieure. Sur

1. Cf. A. Lemoine, *De la physionomie et de la parole*, p. 173-176 ; Charma, *Essai sur le langage*, 2ᵉ éd., p. 133-134.

ce point, comme dans toute sa théorie du langage, Bonald prend pour l'état primitif et constant des phénomènes un état idéal et parfait qui n'est pas même leur état actuel.

Ecartons, en terminant, une équivoque possible sur le mot *intervalle;* nous entendons par là l'intervalle entre le commencement du mot et le commencement de l'idée; nous ne pensons pas que la conscience soit vide de tout événement entre la disparition du mot et l'apparition de l'idée; s'il en était ainsi, on comprendrait mal la correspondance habituelle des deux faits. Un mot un peu long, s'il est entré dans nos habitudes, est compris avant d'être terminé; si le mot est court ou peu connu, nous nous le répétons faiblement jusqu'à ce qu'il soit bien compris. De même, une idée commence à être exprimée peu après être née à la conscience, et elle reste présente pendant que nous l'exprimons; cela est naturel et ordinaire; en effet, le mot, même dans l'invention, est compris après avoir été suscité; s'il ne l'est pas, c'est que nous sommes distraits [§ 7], et la distraction est un fait anormal.

### III

La question serait résolue, si nous ne rencontrions ici en faveur de la thèse de Bonald une opinion assez répandue chez les théoriciens de l'art littéraire; elle mérite de nous arrêter, car elle constitue une objection sérieuse à la théorie que nous venons d'exposer.

A en croire les doctrinaires du bien dire, une pensée aurait toujours immédiatement l'expression qu'elle mérite, et l'homme qui cherche ses mots chercherait encore sa pensée; en effet :

> Ce que l'on conçoit bien s'énonce clairement,
> Et les mots pour le dire arrivent aisément [1] ;

aphorisme célèbre dont il faut rapprocher une maxime de Joubert : « On ne sait justement ce qu'on voulait dire que quand on l'a dit. »

En termes philosophiques, l'objection contenue dans ces deux maximes s'exprimerait ainsi :

Toute pensée naissante, et encore enveloppée, a son expression immédiate, expression provisoire, mais adéquate à l'état actuel de l'idée qu'elle accompagne. De même, un texte difficile éveille, dès le premier essai de déchiffrement, un groupe d'idées, groupe instable, destiné à se modifier et à s'enrichir à mesure des efforts et des succès de la réflexion ; mais cette interprétation provisoire, bien qu'incomplète et inexacte, est une interprétation, un sens, au moins hypothétique, de la phrase. D'ailleurs, presque toujours, l'interprétation n'est qu'une

---

1. On cite d'ordinaire ces deux vers de Boileau isolés de ceux qui les précèdent ; ils n'ont alors d'autre sens que celui que nous combattons. En réalité, la pensée de Boileau ne s'éloigne pas tant de la vérité psychologique, et les pages qui vont suivre en seront un commentaire au moins autant qu'une critique. Voici le passage entier :

> Il est certains esprits dont les sombres pensées
> Sont d'un nuage épais toujours embarrassées ;
> Le jour de la raison ne le saurait percer.
> *Avant* donc que d'écrire, apprenez à penser.
> Selon que notre idée est plus ou moins obscure,
> L'expression la *suit*, ou moins nette, ou plus pure.
> Ce que l'on conçoit bien, etc.
>                         (*Art poétique*, chant I.)

Nous citerons plus loin les passages d'Horace dont Boileau s'est inspiré. — Quintilien (X, 1) est plus pénétrant que Boileau ; il comprend que l'expression peut être en retard sur la pensée ; mais, si les nombreuses analyses psychologiques de cet auteur sont très fines, elles sont aussi très vagues ; nulle part il ne distingue dans la mémoire verbale la puissance (conservation) et l'acte (reproduction, parole intérieure) ; puis la parole est pour lui le but, et la pensée le moyen : ce faux point de vue est l'erreur fondamentale de son livre.

variété de l'invention : on ne comprend pas un texte un peu difficile sans le traduire, soit en d'autres termes de la même langue, soit, et plus souvent, en des termes empruntés à une langue différente, c'est-à-dire sans penser par soi-même une idée qui est au sens de la phrase ce que l'hypothèse est à la vérité, et cette idée s'exprime progressivement par des mots toujours adéquats à son état présent. Comprendre, c'est donc penser à propos d'un texte donné ; l'assimilation n'est que l'invention **réglée** par la position préalable d'une certaine fin, qui est l'identification de notre pensée, non avec la vérité, mais avec **la** pensée d'autrui, sur une question donnée [ch. **VI, § 11**]. Comme l'invention purement personnelle et sans **but,** comme l'invention vraiment impersonnelle qui tend **à la** vérité, l'invention *reproductrice*, si l'on peut ainsi l'appeler, a son processus et son progrès, à chaque **moment** duquel elle s'accompagne spontanément d'une expression toujours adéquate.

Cette description contient plus d'une inexactitude, et surtout elle ne correspond qu'à l'état adulte de l'intelligence ; à l'âge où l'observation psychologique est devenue possible [1], les choses se passent à peu près ainsi ; elles ne peuvent se passer de même chez les enfants. En somme, ni l'état primitif, ni l'état constant de l'intelligence ne

---

1. Contempler un palais ne fait pas connaître les procédés qui ont été employés pour le construire. Il faut pour cela que nous voyions des ouvriers occupés à le réparer, ou, mieux encore, à l'élever d'un étage. Encore ce spectacle ne nous apprend-il pas comment s'établissent **des** fondations ; il nous donne seulement quelques éléments **précieux pour** instituer sur cette question une hypothèse vraisemblable. Quand le psychologue commence à s'observer, l'âme est un édifice dont les **fonda**tions sont cachées, dont plusieurs étages sont achevés et **débarrassés** de tout échafaudage ; il est vrai qu'on travaille encore et qu'on **travail**lera toujours à surélever l'édifice ; mais les conditions d'un tel **travail** ne sont pas celles de la fondation.

sont bien représentés dans l'analyse qui précède. Examinons donc de plus près ce qui se passe dans l'esprit de l'homme qui cherche l'expression juste de sa pensée ou le sens exact et définitif du texte qu'il étudie. Quelle est, dans cette recherche, la part de l'entendement? quelle est la part de la mémoire et de l'imagination verbales?

Lorsqu'une pensée nouvelle surgit dans notre esprit, elle ne peut avoir, puisqu'elle est nouvelle, d'expression toute faite dans notre mémoire; il faut donc, après avoir trouvé l'idée, trouver une formule qui l'exprime exactement dans son entier et dans sa nuance propre, sans en négliger ni en fausser aucun élément. Pour cela, il faut organiser un certain nombre de termes usuels en une combinaison nouvelle; les qualités et les défauts de la formule dépendent du choix des termes et de l'ordre dans lequel ils sont groupés; une formule parfaite serait celle qui éveillerait nécessairement dans tout esprit exercé l'idée même dont les destinées lui sont confiées par le penseur. Une fois trouvée la formule qui paraît douée de cette vertu, le processus est achevé.

Ce processus a eu un premier terme, qui était en apparence contemporain de la première conception de l'idée : une expression provisoire, soit trop brève, soit inexacte, soit équivoque et obscure, soit entachée de plusieurs défauts en même temps, nous était venue tout d'abord à l'esprit. C'est que la parole intérieure, chez l'adulte, n'est jamais en repos quand l'esprit travaille; elle est en nous comme une habitude toujours en acte; nous avons une si riche provision de mots dans notre mémoire, et nous avons si souvent exercé volontairement cette faculté à nous les fournir par longues séries, que nous ne pouvons plus penser sans nous parler en nous-mêmes. Mais, si la mémoire verbale est toujours prête à nous dire quelque chose, elle n'est pas prête, lorsque nous inventons, à bien interpréter notre pensée; sans doute elle l'exprime, mais par un à peu près; elle la côtoie, elle n'en suit pas fidèlement les sinuosités.

Quels qu'ils soient, les mots qui nous viennent alors à l'esprit ont un sens; par leur usage et par leur rapprochement, ils éveillent une pensée, et cette pensée venue avec les mots et par eux coexiste un instant dans la conscience avec la pensée qui a suscité les mots. ·

De deux choses l'une alors : ou ces deux pensées se confondent, et l'expression trouvée devient l'expression définitive d'une pensée mixte, incohérente; — ou bien elles restent distinctes : c'est que l'esprit, sous le prétexte de comparer à sa pensée les termes qu'il a d'abord trouvés pour l'exprimer, compare deux pensées qu'il sait différentes par leur origine, et aperçoit ainsi les rapports et les différences de nature qu'elles peuvent présenter [1].

1. De Bonald décrit le même fait à sa manière. Je pense qu'on trouvera notre description plus exacte. « Que cherche notre esprit quand il cherche une pensée? le mot qui l'exprime, et pas autre chose. Je veux représenter une certaine disposition de l'esprit dans la recherche de la vérité ; *habileté, curiosité, pénétration, finesse* se présentent à moi; la pensée qu'ils expriment n'est pas celle que je cherche, *parce qu'elle ne s'accorde pas avec ce qui précède et avec ce qui doit suivre ;* je les rejette. *Sagacité* s'offre à mon esprit; *ma pensée est trouvée ;* elle n'attendait que son expression. 146 et 287 me présentent deux idées de nombre très distinctes. J'en veux former une seule idée. Que fais-je pour la trouver, et pourquoi ne l'ai-je pas aussitôt que je veux? c'est que son expression me manque. Je la cherche, je la trouve, et j'ai l'idée demandée : 433. Tous les exemples peuvent être réduits à ceux-là, et je fais alors comme un peintre qui, voulant représenter la figure d'un ami absent, retouche son dessin jusqu'à ce qu'il ait trouvé l'expression du visage qu'il reconnaît aussitôt. » (*Législation primitive*, chap. I, note *d.*) Le peintre compare son dessin à l'image intérieure qui est présente à son esprit ; sans cette image, comment *reconnaîtrait-il?* De même, notre esprit compare deux idées *simultanées.* — Dans les *Recherches philosophiques*, chap. VIII, Bonald, reprenant cette description, se rapproche davantage de la réalité : « L'idée dont j'attends l'expression... ne se

Si, par bonheur, les différences sont nulles, si les deux pensées coïncident exactement, l'expression provisoire est acceptée à titre définitif, la pensée nouvelle a rencontré du premier coup sa vraie formule ; c'est là le cas de l'inspiration ; mais l'inspiration, nous l'avons montré, n'est d'ordinaire que le terme d'une réflexion oubliée [1]. Si, au contraire, les deux pensées sont jugées différentes, l'expression provisoire est par là même condamnée ; nous disons qu'elle dénature notre pensée, ou qu'elle la dé-

montre pas encore pleinement à mon esprit. Les mots *vivacité, pénétration, subtilité*, s'offrent à ma mémoire ; mon esprit les rejette, et l'on dirait que l'idée les refuse après les avoir essayés, comme un vêtement qui n'est pas fait pour elle. Le mot *sagacité* vient enfin, et mon idée l'adopte comme son expression propre ; *et alors seulement, mais à l'instant, elle se manifeste dans mon esprit dans toute sa plénitude...* Nous éprouvons tous les jours le besoin qu'un nom, un mot rappelle à notre esprit une personne que nous devons voir, un lieu où nous devons aller, une affaire que nous devons traiter ;... on se souvient vague ment..., faute d'un mot qui aurait rappelé l'idée précise... Ainsi l'on oublie les expressions et non pas précisément les idées, puisque l'idée se montre aussitôt que l'expression se présente. Les gens distraits, et généralement ceux qui manquent de présence d'esprit, n'ont pas moins d'idées ou d'esprit que les autres, et même assez souvent ils en ont davantage ; mais ils ont les idées *moins présentes*, parce qu'ils ont moins que les autres la mémoire des expressions ; c'étaient les expressions, et non assurément la science et la doctrine, qui manquaien au célèbre Nicole, lorsqu'il disait d'un certain docteur... : *Il me bat dans le cabinet, mais il n'est pas au haut de l'escalier que je l'ai confondu.* » Ainsi amendée, l'analyse de Bonald n'est plus d'accord avec ce que nous avons appelé son platonisme ; mais elle est beaucoup plus pénétrante et plus exacte. Cf., dans le même ouvrage, sa *Réponse à quelques objections* [et voir notre chapitre I, § 4].

1. Dans les vers d'Horace (*Art poétique*, v. 38 sqq.) :

> Sumite materiam vestris, qui scribitis, æquam
> Viribus, et versate diu quid ferre recusent,
> Quid valeant humeri ; cui lecta potenter erit res,
> Nec facundia deseret hunc, nec lucidus ordo ;

*quid valeant humeri* peut se traduire : le sujet auquel on se sent préparé par des études antérieures. Et dans ceux-ci (v. 309, 311) :

> Scribendi recte sapere est et principium et fons,...
> Verbaque provisam rem non invita sequuntur ;

*provisa res* représente les réflexions passées.

Egger.                                        15

passe, ou qu'elle l'amoindrit; nous ne l'acceptons pas, et nous nous mettons à la recherche d'une expression meilleure. Quel peut être le motif de cette recherche, sinon ce fait que notre pensée n'a pas, en définitive, été exprimée, que son expression immédiate s'est trouvée, après examen, être l'expression d'une autre pensée, à laquelle nous sommes au moins indifférents, sinon hostiles? La pensée qui nous intéresse, notre vraie pensée, n'avait donc pas l'expression qu'elle méritait; nous la concevions nettement, mais nous l'énoncions de manière à donner le change sur sa vraie nature. Soutenir que **notre pensée** était encore confuse, c'est confondre les deux groupes d'idées que tout bon esprit distingue, celui qui appelait l'expression, et celui que l'expression a apporté avec elle, la pensée qui est l'œuvre originale de l'esprit et celle que lui fournissent malgré lui les associations de la mémoire verbale. Plus d'un esprit, en effet, subit passivement ce mélange hétérogène et laisse gâter sa conception primitive par cet apport importun de l'expérience passée. Ces esprits, chez lesquels les facultés d'attention, de comparaison, de discrimination, sont sans énergie [1], et qui se contentent, par paresse ou par suffisance, de la première expression venue, sont toujours de médiocres penseurs, d'une originalité contestable et confuse.

Mais ces idées adventices que la mémoire verbale vient associer à la conception primitive peuvent aussi apporter à cette conception un précieux concours; elles peuvent la compléter, la préciser, l'enrichir, sans la dénaturer. Si les associations antérieures ont toujours été réglées par un esprit juste, rigoureux, soumises à une discrimination

---

1. Voilà pourquoi leurs pensées *sont d'un nuage épais toujours embarrassées.*

attentive, la mémoire verbale peut être consultée avec profit pour la pensée même : avant de parler, on ne savait pas au juste ce que l'on voulait dire; après qu'on a parlé, on s'admire, on s'étonne d'avoir si bien dit et si bien pensé. Voilà une autre variété de l'inspiration; mais, comme la première, — et nous le montrons ici même, — elle suppose dans le passé de longs efforts de réflexion, dont nous profitons aujourd'hui sans avoir besoin de les renouveler; la qualité des concepts usuels que chacun de nos mots porte avec lui fait pour une grande part la qualité de nos jugements nouveaux; et l'influence du passé ne se borne pas là : les jugements nouveaux supposent nécessairement des concepts préétablis dans l'esprit; mais la réunion de ces concepts, pour être imprévue, n'est pas absolument nouvelle; un jugement nouveau imite toujours des jugements anciens; il suit des habitudes dont il s'écarte; or ces habitudes n'existent pas dans la pensée sans correspondre à certaines habitudes du langage; certains mots sont dans notre mémoire à l'état de camaraderie, pour ainsi dire [ch. IV, § 8]; l'un appelle l'autre, et leur réunion a un sens; si cette camaraderie est de bon aloi, le réveil d'une suite de mots destinée à exprimer le jugement nouveau apporte à celui-ci le concours de jugements anciens, médités, examinés, approuvés autrefois par la réflexion, et il s'éclaire de leur lumière.

On le voit, le travail mental que nous venons de décrire est celui d'un esprit adulte, déjà en possession d'une mémoire verbale très riche. Tous ces secours manquaient aux premiers essais de la pensée; plus on est jeune, plus l'expression première est incomplète et inexacte; plus on est jeune, moins on a les moyens d'être inspiré; plus on est jeune, moins la parole peut aider la pensée, plus on cherche ses mots, moins vite on les trouve, moins appropriés ils sont à bien rendre les découvertes de l'entendement.

A cet égard, le babillage de l'enfant nous fait souvent illusion; il semble que chez lui la parole précède la pensée et qu'il a dans l'esprit moins d'idées que de mots. Mais cette parole intempérante remplit plutôt les lacunes de sa pensée; il parle quand il ne pense guère; il se repose ainsi, il joue; quand il pense, au contraire, il parle peu; c'est en silence qu'il fait ses notions et qu'il s'exerce au jugement. L'enfant qui babille répète ou imite les grandes personnes sans bien comprendre ce qu'il dit; quand il se tait, il médite, il cherche ses mots, et, sans nul doute, alors sa parole intérieure exprime sa pensée par des à peu près; en effet, quand il pense tout haut, nous le voyons hésiter; et, quand il se hasarde à parler après un silence, bien souvent sa parole trahit sa pensée, il ne parvient pas à se faire comprendre. C'est que les deux développements de la pensée et du langage sont d'abord assez indépendants [1]; peu à peu, ils se coordonnent, et les idées se placent sous les mots, *connubio junguntur stabili*. En attendant que ce progrès soit accompli, l'enfant paraît précoce, il paraît dire ou penser des choses *au-dessus de son âge*, quand il dit ce qu'il ne peut comprendre et quand on voit clairement qu'il comprend en lui-même certaines choses et ne sait comment les dire; en réalité, rien n'est plus enfantin; il n'y a là de précoce que la hardiesse à parler quand même; chez les enfants timides, les mêmes faits doivent se produire, mais ils font moins de bruit et

---

1. « Les enfants conçoivent beaucoup de choses qu'ils ne savent pas nommer, et ils retiennent beaucoup de mots dont ils n'apprennent le sens que par l'usage. » Bossuet, *Logique*, I, 3.

n'attirent pas l'attention. A mesure que se fait la coordination du langage et de la pensée, l'enfant cherche toujours ses mots quand il porte un jugement nouveau, mais il les trouve de plus en plus facilement; d'autre part, quand il parle pour parler, les mots éveillent des pensées de plus en plus riches, nettes et cohérentes; et, à la longue, l'accord de la parole et de la pensée devient si étroit que l'enfant devenu un adolescent ne peut plus guère trouver une pensée sans la bien exprimer, ni se rappeler des mots sans y attacher un sens plein et sérieux.

Des analyses qui précèdent détachons, avant d'aller plus loin, un point important : l'expression primitive d'une pensée peut être non seulement inexacte, équivoque, obscure, mais encore incomplète; il arrive souvent qu'une partie de l'idée reste tout d'abord sans expression; or cette *partie,* nous sommes libres de l'envisager comme *une* idée entière [ch. IV, § 3]; certains faits intellectuels apparaissent donc à la conscience sans qu'aucun mot leur corresponde, et si, faute d'une juste discrimination, ils ne passent pas inaperçus, ils doivent attendre un certain temps avant d'obtenir l'expression qui leur est due.

Dans le phénomène de la lecture, l'existence d'un intervalle de temps entre le signe et l'idée est plus évident encore. Ici, trois cas sont à distinguer : nous ne savons pas du tout la langue du texte que nous étudions, nous la savons mal, ou nous la savons bien. Dans le second seulement, un sens provisoire est immédiatement conçu sous la forme d'une traduction incomplète ou inexacte. Mais si la langue du texte que nous voulons nous assimiler nous est totalement inconnue, *il faut l'apprendre,* c'est-à-dire apprendre à mettre sous ces mots inconnus des idées d'abord connues, puis nouvelles. S'agit-il, au contraire, d'un texte de notre langue maternelle, d'un texte français, par exemple, et non d'un texte ancien, que nous serions tentés de traduire en langage d'aujourd'hui, mais d'un texte contemporain, — s'il est facile à entendre, le sens immédiatement conçu sera définitif; — s'il est difficile, pour le bien comprendre nous ne chercherons pas à le traduire; nous nous contenterons de relire après avoir lu et de relire après avoir relu; le sens se déterminera, se précisera, se corrigera et s'enrichira peu à peu sans que l'expression varie ou s'accroisse par des commentaires. Même argument que tout à l'heure : le sens primitif n'était pas seulement inexact; il était aussi, et bien plutôt, incomplet; une partie du texte n'avait tout d'abord éveillé aucune pensée; la signification qu'elle contenait a succédé à la parole intérieure ou extérieure que suscitait la vue des caractères.

## IV

Les considérations qui précèdent nous permettent de bien comprendre de quelle nature est l'utilité que prêtent à la pensée l'exacte connaissance et le bon emploi des langues. Rien n'appartient en propre au langage : il relie entre elles les différentes périodes de la pensée; il sert de médiateur entre le moi passé et le moi présent comme entre mes semblables et moi; il fait ma personnalité intellectuelle [ch. VI, § 8], comme il fait l'unité intellectuelle et morale d'une nation; mais sa puissance est bonne ou mauvaise selon les cas; elle n'est bonne que s'il est un langage bien fait[1], et un langage bien fait n'est tel que par

1. Cf. de Cardaillac, p. 259 et suiv. : ce que c'est que « faire sa langue »; Ed. Fournié, p. 326 et 336 : « Nous ne trouvons dans le mot que ce que nous y avons mis, » etc.

une attention constante donnée aux idées qu'il exprime. Quand je cherche l'expression d'une pensée ou le sens d'une phrase, j'appelle mes pensées d'autrefois au secours de ma pensée du moment; si jadis elles ont été formées au hasard, sans attention, sans discrimination, je ne gagne rien à ce réveil d'un passé sans valeur, et, si je les reçois passivement, je risque d'accroître par une confusion nouvelle les défauts déjà invétérés de mon esprit. Le langage vaut ce que vaut la pensée, et la pensée elle-même vaut plus ou moins selon l'énergie plus ou moins grande de la volonté qui la dirige. Une langue vague et confuse est, chez un peuple, un sûr indice de décadence intellectuelle et morale; au contraire, le grec et le latin sont considérés comme les langues éducatrices par excellence, parce que les mots qui les composent expriment des notions bien faites; dépôts des efforts d'attention des Hellènes et des Romains, ces deux langues nous obligent à nous faire nous-mêmes des âmes grecques et romaines pour nous les assimiler.


## V


Pourquoi une pensée bien exprimée est-elle mieux comprise de celui même qui l'a trouvée? Pourquoi, ensuite, est-elle plus aisée à retenir? Le langage, pris en lui-même, n'y est pour rien; toute sa vertu réside dans les idées qui l'accompagnent.

Si, pressé par le temps, je me contente, pour une idée que je crois neuve, d'une expression imparfaite, la formule que je confie au papier est un véritable expédient mnémonique, un moyen tel quel de ne pas oublier l'idée qui, tandis que ma main trace les caractères, est présente

à mon esprit. Mais cette propriété s'affaiblit à la longue :
de même qu'une mauvaise écriture est illisible pour son
auteur au bout de quelques années, de même une formule
inexacte ne garde pas longtemps le dépôt qui lui a été
confié. C'est qu'entre elle et l'idée il n'y a eu qu'une coïncidence d'un instant. Il n'y a d'associations durables que
celles qui sont invétérées. La vraie formule d'une idée,
celle qui lui permettra de se répandre et de durer, est
celle qui associera la destinée du groupe mental nouveau
aux destinées de groupes plus simples solidement enra-
cinés dans l'esprit, celle qui rattachera l'idée nouvelle aux
habitudes les plus anciennes de l'intelligence comme une
conséquence rigoureuse à des principes indiscutés ; chacun
des termes de la formule doit donc réveiller une idée élémentaire bien connue, et leur agencement forcer l'esprit
à apercevoir entre ces éléments un rapport plus ou moins
imprévu ; ce rapport est l'invention même à laquelle il
s'agit d'ouvrir les esprits rebelles et d'assurer l'avenir.

Et, de même, chercher l'expression de sa pensée, c'est
l'analyser, parce que c'est chercher le rapport de cette
pensée avec des idées élémentaires dont les termes sont
depuis longtemps fixés. Cette expression trouvée et approuvée, on est maître de sa pensée, on la comprend
mieux, on est en état de la juger sûrement, parce qu'on
l'a rattachée à des notions bien connues dont on sait de
longue date les affinités naturelles et les incompatibilités.
« On ne sait justement ce qu'on voulait dire que quand
on l'a dit, » mais à une condition : c'est qu'on l'ait
bien dit[1].

1. Cf. A. Lemoine, p. 173-174; et Doudan (*Correspondance*, t. II,
p. 273) : « L'extrême clarté ne sert pas seulement à se faire bien entendre ;
elle est aussi, comme la preuve d'une addition, la démonstration pour
l'auteur lui-même qu'il ne se laisse pas entraîner par des aperçus con-

## VI

Quoi qu'aient soutenu les interprètes de Boileau, on peut avoir une pensée claire sans en trouver immédiatement l'expression, ou du moins l'expression juste. Parmi les pensées claires, celles-là seules sont faciles à exprimer et à bien exprimer, qui sont faciles à trouver et à entendre ; ce sont les idées du sens commun et du bon sens, que tout le monde admet d'avance. Or suivre le sens commun, c'est se répéter soi-même et répéter autrui ; suivre le bon sens, c'est tirer de principes connus des conséquences simples, évidentes. Aussi le sens commun et le bon sens ne cherchent-ils pas leurs mots ; mais les grands, les vrais penseurs cherchent leurs mots ; à moins que le génie de la pensée ne soit complété chez eux, — chose bien rare, — par le génie du style, ils connaissent par leur propre et fréquente expérience cet état d'esprit qu'on a voulu contester, dans lequel on poursuit l'expression claire, adéquate, saisissante, d'une pensée déjà bien arrêtée. A tâche égale, disions-nous plus haut, la facilité croît avec l'expérience. Mais, pour les vrais penseurs, la tâche croît à son tour avec le succès ; *toujours plus haut !* est leur devise ; ils ne se reposeront jamais ; le sommeil de l'habitude n'est pas fait pour eux ; à les entendre, leur œuvre est toujours incomplète. Chaque découverte d'un entendement sans cesse en progrès pose à la mémoire verbale un problème chaque fois plus difficile à résoudre. Pour y parvenir, il faudrait avoir fait de la langue qu'on

fus. C'est pour cela même qu'en rangeant ses idées dans leur ordre véritable on est tristement forcé de renoncer à une foule de choses qu'on voudrait dire et que le bon arrangement à lui seul réfute et repousse comme contradictoires à ce qu'on entend prouver. »

parle et qu'on écrit une étude approfondie, en connaître à fond toutes les ressources, l'avoir assouplie par un exercice prolongé à rendre des pensées pour lesquelles elle n'était pas faite [1]; plus la pensée est neuve, moins le langage usuel est prêt à l'exprimer; sans doute il le peut; il peut tout dire et bien dire; mais, en attendant, il garde ses secrets. A quoi bon s'attarder à ces problèmes secondaires? d'autres mystères réclament le penseur et sont plus dignes d'absorber son attention. Puisque chaque problème résolu se double d'un problème à résoudre, les forces d'un seul ne suffiraient pas à la tâche; il est donc sage de la diviser; chacun aura sa part selon ses aptitudes. Ce que le maître aura trouvé sans parvenir à le faire entendre, sinon à un petit nombre d'adeptes, ceux-ci le diront clairement à tous; pour achever ces grandes œuvres de la pensée qui renouvellent l'esprit humain, deux générations sont-elles donc de trop?

La difficulté de l'expression est en raison de l'originalité de la pensée; à l'abstraction croissante des concepts, à l'imprévu toujours plus grand des jugements, correspond un écart toujours plus difficile à combler entre le langage usuel et le rôle nouveau qu'il est appelé à remplir, entre l'offre du langage, pourrait-on dire, et la demande de la pensée. De là des retards dans la découverte des formules, et, en attendant, leur imperfection. Si les plus grands philosophes des temps modernes, comme Kant et Maine

---

1. Un exemple récent prouve que, même aujourd'hui et dans notre langue, si réfractaire au néologisme, la chose n'est pas impossible: par son livre sur *Les maîtres d'autrefois* Eugène Fromentin a « notablement accru les ressources expressives de la langue française » (Ed. Scherer), en expliquant pour la première fois dans le langage de tous, plié avec un art admirable à des idées pour lesquelles il n'était pas fait, les parties les plus intimes de l'art de la peinture, jusqu'alors restées cachées à ceux qui n'entendent pas le jargon spécial des ateliers.

de Biran, sont de si maladroits écrivains, s'ils sont morts avant d'avoir trouvé l'expression limpide où chacun aurait pu lire sans équivoque leur vraie pensée, c'est que la grandeur même de l'œuvre entreprise imposait à leurs facultés d'expression une tâche qu'ils n'ont pas eu le loisir ou le courage ou la générosité d'entreprendre ; la plupart ont laissé à leurs disciples le soin de les vulgariser, moins par dédain de la postérité que par suite de cette loi de la nature humaine qui veut que l'on perde en souplesse ce que l'on gagne en profondeur et que la spécialité soit la rançon du génie.

Au contraire, les grands stylistes, comme Sainte-Beuve, les philosophes au style lapidaire, comme Royer-Collard, ne sont guère que d'éminents vulgarisateurs. Les auteurs dont les manuscrits ne sont souillés d'aucune rature, dont le premier jet est définitif, sont toujours ou des écrivains négligés, à la fois obscurs et incorrects, ou des esprits vagues, ou des esprits faciles et superficiels. Alexandre Dumas, dont les manuscrits immaculés sont célèbres, était de ces derniers ; Balzac, au contraire, se ruinait en corrections d'épreuves ; soutiendra-t-on, d'après Boileau, que Balzac concevait moins nettement qu'Alexandre Dumas les personnages qu'il mettait en scène dans ses romans?

*Plus une pensée est banale, plus facilement elle s'exprime ; plus elle est neuve, moins de chances elle a d'être énoncée vite et bien ;* dire cela, c'est formuler une loi psychologique indiscutable ; mais dire que *les penseurs le plus originaux sont des écrivains barbares, tandis que les maîtres du style sont les apôtres du sens commun,* et qu'en général *les qualités du style sont en raison inverse de la pénétration de la pensée,* c'est formuler une loi d'éthologie; or les lois de cet ordre ne sont jamais vraies qu'entre certaines limites et souffrent toujours un certain nombre d'exceptions; il y a des esprits médiocres qui cherchent leurs mots et ne trouvent pas ceux qu'il faudrait; il y a des esprits inventifs qui les trouvent promptement et chez lesquels ils se combinent heureusement du premier coup. De Bonald semble avoir été de ces privilégiés; du moins, en le lisant, on le suppose volontiers; un esprit étroit et absolu, qui n'a jamais eu qu'un petit nombre d'idées, qui, une fois trouvée la formule concise de chacune d'elles, s'est désormais cité lui-même comme un *credo*, et qui, ayant, en quelque sorte, emprisonné sa pensée dans ses propres sentences, n'a jamais rencontré sous sa plume le commentaire varié, abondant, persuasif, par lequel il eût éclairé ses lecteurs sur la part de vérité contenue dans ses aphorismes, un tel esprit devait croire à la simultanéité du signe et de l'idée, et même à une harmonie préétablie entre eux de toute éternité; il constitue donc parmi les écrivains une de ces exceptions qui confirment la règle. Des esprits plus vivants que Bonald sont parfois remarquables par la promptitude et la justesse de l'invention verbale; mais, si le nombre de ceux qui cherchent leurs mots est restreint, c'est moins par la fréquence de cette qualité que par la rareté des inventeurs : la plupart des hommes, en effet, se répètent les uns les autres; ils expriment l'idée courante par le langage à la mode; ceux-là n'ont pas de peine à dire clairement ce qu'ils conçoivent sans effort.

## VII

Les faits où la parole et la pensée paraissent successives et bien distinctes sont assurément exceptionnels ; un observateur attentif en remarquera pourtant sans peine un assez grand nombre, et nous n'avons pas fini de les énumérer.

Quiconque parle d'un sujet sans avoir l'habitude d'en parler cherche ses mots, parle lentement, hésite, tout en sachant bien ce qu'il veut dire ; les intervalles qu'il met entre ses mots prouvent qu'un intervalle existe également entre sa pensée et ses paroles. Tels sont les enfants ; tels sont en général les ignorants ; et le plus grand savant, en face d'un problème nouveau, est momentanément un ignorant ; il tâtonne, il cherche, il reste quelquefois des années entières sans trouver la vraie formule de sa pensée ; parfois il y renonce. Le travail que nous avons fait dans notre enfance se révèle à nous, nous redevenons enfants, toutes les fois que nous inventons une idée nouvelle ou que nous cherchons à mieux dire, ou à dire pour un nouveau public sous une autre forme, ce que nous pensons depuis longtemps.

Certains accidents de la vie psychique ont des effets analogues. La mémoire, par exemple, a ses caprices, encore mal expliqués : bien souvent, les noms propres font défaut à l'appel de la pensée ; nous savons pourtant qui nous voulons nommer : son caractère, sa taille, sa profession, ses parents, ses opinions politiques, son vêtement habituel, tout ce qui constitue pour notre esprit la personnalité de l'anonyme, est synthétiquement présent à la conscience ; le nom seul est absent ; il nous revient plus tard, quand nous l'avons cherché, ou de lui-même quand nous ne le cherchons plus. Inversement, il arrive parfois qu'un nom propre dit devant nous ne nous rappelle rien au premier moment ; puis nous reconnaissons de qui l'on a parlé ; nous reconnaissons, c'est-à-dire nous comprenons.

L'état de distraction est une circonstance favorable à ces oublis ; on comprend mal un discours mal écouté ; plus tard, on se répète à loisir ce qu'on en a retenu, et l'on comprend mieux [ch. VI, § 9] ; si l'on parle soi-même, comme il faut plus d'attention pour agir que pour subir, on risque davantage ; souvent on dit un mot pour un autre, et cela quelquefois sans s'en douter, même après l'avoir dit ; invité à répéter, si la distraction persiste, on répète le lapsus ; c'est une habitude qui commence [1] ; et pourtant on savait bien ce qu'on avait à dire ; on pensait une chose, on en a dit une autre. La distraction se mêle parfois à la réflexion, à l'invention : nous discourons avec ardeur, les pensées se pressent dans notre esprit, les paroles sur nos lèvres : la pensée trop féconde devance la parole, elle change d'objet avant d'avoir achevé de s'exprimer, et nos phrases mal surveillées s'embarrassent de lapsus [2]. Ces accidents peuvent arriver à la parole intérieure comme à la parole extérieure, dans les mêmes conditions ; ils sont plus rares sans doute, mais ils ne sont pas sans exemple [3].

La timidité ne fait d'ordinaire obstacle qu'à l'expansion de la parole au dehors ; elle la retarde ou la paralyse en-

---

1. Voir notre étude sur *La naissance des habitudes*, dans les *Annales de la Faculté des lettres de Bordeaux*, septembre 1880.

2. Cf. La Bruyère, ch. XI : « Il pense et il parle tout à la fois ; mais la chose dont il parle est rarement celle à laquelle il pense ; aussi ne parle-t-il guère conséquemment et avec suite. »

3. Observations personnelles.

tièrement. Mais une vive émotion peut gêner la parole intérieure elle-même; l'homme troublé balbutie et s'excuse de s'exprimer si mal; il sait pourtant bien ce qu'il veut dire, mais les mots ne lui viennent pas sur les lèvres parce qu'ils ne lui viennent pas à l'esprit. Les grandes douleurs sont muettes, dit-on; sans doute elles sont muettes même pour la conscience; la parole intérieure ne fait que balbutier des monosyllabes incohérents [1]; ce qu'elle pourrait dire n'est pourtant pas absent de la conscience; bien au contraire, la conscience en est saturée, opprimée; mais l'âme ne peut analyser ce qu'elle éprouve; revenue au calme, elle se comprendra elle-même en rattachant son état aux concepts généraux qui préexistaient en elle et aux mots consacrés pour les énoncer.

Les hommes dont on dit qu'ils ont de la *présence d'esprit* sont inaccessibles à la distraction, et surtout l'émotion, bien loin de paralyser leurs facultés, est pour eux un excitant à bien penser et à bien dire. Au degré où on la remarque, cette heureuse qualité est un privilège assez rare; on l'a dit : beaucoup d'esprits bien faits ne trouvent la formule vraie qu'en descendant l'escalier; les habiles la conservent dans un coin de leur mémoire; elle servira pour une seconde visite. Tous les hommes d'esprit ne sont pas des improvisateurs; il y en a, et ce ne sont pas les moins naturels en apparence, dont tout l'esprit du moment consiste à se rappeler à propos [2].

<hr>

1. Cf. ce que nous avons dit, commentant Bossuet, de l'extase [chap. I, § 3] : les grandes émotions humaines peuvent aider à comprendre ce qui se passe alors chez les mystiques. — Cf. aussi A. Lemoine, p. 171-173 : « Des mots sans suite, sans liaison grammaticale, se succèdent dans l'esprit, frêles jalons épars et en désordre. »

2. Cf. Ed. Fournié, p. 311-312; A. Lemoine, p. 175-176 : il distingue se parleurs faciles, esprits médiocres, et les esprits féconds, parleurs

De même que l'écriture précède ou suit toujours la parole intérieure ou extérieure, de même que la parole extérieure précède ou suit toujours la parole intérieure ou la pensée, de même la parole intérieure précède ou suit la pensée; seulement elle la suit plus souvent qu'elle ne la précède, parce qu'elle accompagne de préférence la pensée active, l'invention, la réflexion. Dans notre enfance, nous avons appris lentement à nous parler intérieurement, comme à parler tout haut, comme à écrire. La parole intérieure ne fait pas exception à la règle générale ; comme la parole extérieure et l'écriture, elle est un signe, elle n'est pas un élément de la pensée. Mais elle lui est plus intimement unie que les autres signes; une fois les habitudes de l'âme solidement constituées, l'idée n'apparaît plus guère sans signe intérieur, ni le signe intérieur sans son idée; l'idée complétée par le signe forme une sorte de molécule, dont la conscience ne distingue pas les éléments constitutifs.

maladroits ; « les uns pensent leur parole, les autres parlent leur pensée... C'est la perfection quand le mot ne précède jamais l'idée, mais ne tarde jamais à la suivre. »

# CHAPITRE VI

LA PAROLE INTÉRIEURE ET LA PENSÉE. — SECOND PROBLÈME ·
LEURS DIFFÉRENCES AUX POINTS DE VUE DE L'ESSENCE
ET DE L'INTENSITÉ.

§ 1. Distinction de l'image-signe et des images constitutives de l'idée.
— § 2. Les onomatopées et l'harmonie imitative. — § 3. Transition
de l'onomatopée, par la métaphore, au signe arbitraire ; comment
s'expriment les idées dont l'objet n'est pas sensible. — § 4. Avantages
du signe arbitraire pour l'expression des idées générales. — § 5. Résumé : double utilité des signes arbitraires. — § 6. Comment s'expriment d'elles-mêmes à la conscience les idées particulières. —
§ 7. L'image visuelle est naturellement le principal signe intérieur.
Comment elle a été supplantée par l'image vocale. — § 8. Conclusion : définition du signe, comme tel. Rôle des signes dans l'activité
intellectuelle. — § 9. Les idées, sous les mots, sont des états très
faibles et peu distincts. — § 10. Explication : comment la conscience
peut être économisée sans détriment pour l'esprit. — § 11. Corollaire : l'éducation de l'esprit au moyen des mots.


## I

La parole intérieure est un signe et une image ; ce que
nous en distinguons sous le nom de *pensée*, ce qui la suit ou
la précède, en diffère-t-il par la nature et par le rôle comme
par la situation dans la durée ? ou bien est-il en tout ou en
partie signe, en tout ou en partie image ? Telle est la question que nous devons maintenant aborder, et dont la solution nous apprendra quelle est au juste la nature et la raison d'être de l'association des signes et des idées.

Il n'est pas besoin d'une observation bien subtile pour

apercevoir que la pensée elle-même, considérée à part de tout signe audible, n'est jamais pure de toute image, et que, suivant la formule célèbre d'Aristote, οὐδέποτε νοεῖ ἄνευ φαντάσματος ἡ ψυχή [1] ; mais, comme cet élément empirique ne paraît pas être toute la pensée, on est tenté de l'appeler un signe. Cette vue superficielle sur la nature de la pensée servira de point de départ à notre étude, et nous commencerons par l'exposer :

Malgré l'intimité si remarquable de leur union, la parole intérieure paraît n'être en nous que le vêtement le plus extérieur de cette chose subtile et cachée que nous appelons la pensée ; celle-ci va toujours accompagnée d'un faisceau d'images plus ou moins effacées et de sources diverses qui lui constituent comme un second vêtement plus intime encore, dont aucun artifice ne saurait la dégager. Par exemple, si le son *cheval,* en parole intérieure ou extérieure, est le signe le plus apparent de l'idée qu'il éveille, derrière lui se cache un autre signe de la même idée, plus complexe et plus direct, qui, à l'analyse, se décompose dans les éléments suivants : la forme visible de l'animal, le bruit de ses sabots sur le sol, son hennissement, l'image d'un harnachement, celle d'un cavalier ou d'une voiture ; à quoi s'ajoutent, pour un cavalier, l'image des sensations tactiles qu'il éprouve quand il est à cheval, pour un cocher l'image de la sensation tactile que donnent les rênes tenues en main, le bruit du

---

1. Telle est la vraie formule de la pensée aristotélique ; elle se trouve dans le Περὶ ψυχῆς, III, 7, 3, et elle est commentée dans divers passages du même livre (3, 4 ; 3, 5 ; 7, 5 ; 8, 3 ; etc.); cf. I, 1,9 [passage déjà cité, chap. V, § 1]. Dans le Περὶ μνήμης, 1, Aristote, renvoyant au Περὶ ψυχῆς, dit : νοεῖν οὐκ ἔστιν ἄνευ φαντάσματος, ce qui énonce une loi nécessaire ; nous préférons la formule plus empirique du Περὶ ψυχῆς.

fouet, etc., etc. ; nous rangeons ces images dans l'ordre de leur importance, c'est-à-dire de leur spécificité par rapport à l'idée de cheval. Toutes sont vagues, car elles sont dénuées de particularité : ce n'est pas un certain bruit d'un certain fouet, par exemple, qui figure dans le mélange analysé, mais le bruit du fouet en général, appauvri de toutes les circonstances particulières qui caractérisent le bruit ordinaire d'un certain fouet, et surtout un bruit déterminé de ce fouet, dans telles conditions, à tel moment.

La première en importance est l'image de la forme visible. Toutes les idées de choses visibles sont accompagnées d'une telle image, d'un εἴδωλον : *l'homme*, par exemple, *la rose*, ne sont pas conçus sans l'imagination d'une ombre d'homme, d'une ombre de rose. Les choses invisibles elles-mêmes participent à cette loi : ainsi *Dieu*, *l'infini*, *le temps*. Il n'y a d'exception à faire que pour certaines idées d'une haute abstraction, comme *la nécessité*, *la loi*, *l'histoire*, *le fatalisme*, *le scepticisme*, non que ces idées soient toujours dénuées dans l'esprit de toute image visuelle ; mais ces images, quand elles existent, ne sont pas directement représentatives ; elles sont symboliques, c'est-à-dire empruntées à des idées accessoires de l'idée principale ou à des souvenirs associés à cette idée par un lien d'ordinaire assez faible ; ainsi quand l'idée de l'histoire éveille en nous l'image d'une Muse de l'histoire d'après une gravure ou un tableau.

Dans les cas où l'image visuelle est directement représentative, elle se détache avec une certaine netteté et dans une certaine indépendance du mélange ci-dessus décrit[1] ; il y a ainsi sous la parole intérieure ou exté-

1. Cf. Emerson, *Essai sur la nature* (trad. X. Eyma), chap. IV, p. 49-50 : « Un homme qui cause sérieusement, s'il observe sur soi les

rieure une sorte d'écriture idéographique intérieure qui double l'expression sonore d'une expression colorée et étendue [§ 6]. — Alors on peut dire que la pensée a un triple vêtement : le premier qu'aperçoit la réflexion est sonore, c'est la parole intérieure ; un degré de plus dans la réflexion fait voir le second, l'image proprement dite ; au-dessous, difficilement accessible à la réflexion, mais encore sensible à la conscien e, se trouve le mélange confus et indistinct des autres images, sonores, musculaires, tactiles, visuelles, gustatives, olfactives, sans oublier celles du sens vital, les plus obscures de toutes.

Par delà cette triple enceinte matérielle se cache la pensée proprement dite, presque invisible sous ses voiles ; mais qu'importe qu'il n'arrive à elle que de faibles rayons de la conscience ? Ses vêtements ne la cachent pas sans mouler sur elle leurs contours ; elle est visible et claire dans les expressions qu'elle s'est données et dont elle est le lien, la cause, la raison d'être ; comme un monarque asiatique, la pensée reste invisible ; elle agit par des représentants qui ont reçu d'elle mandat et puissance et dont l'accord révèle sa réalité.

La valeur de cette théorie dépend en grande partie du sens qu'il y faut attribuer au mot *pensée*. Elle est inadmissible si l'on entend par là quelque chose qui diffère selon les mots et dont il y a autant de variétés distinctes et par la nature et dans la durée que la conscience sépare de groupes d'images ; en d'autres termes, si par *la*

phénomènes intellectuels, saisira *toujours* une image matérielle, plus ou moins lumineuse, se dressant dans son esprit simultanément avec sa pensée et éclairant celle-ci. » Ceci est une observation *passionnée ;* le fait n'est pas vrai de tous les hommes, et, même chez les plus imaginatifs, il est intermittent, presque exceptionnel.

*pensée* on entend l'ensemble *des pensées* particulières qui se succèdent dans l'esprit. Aucun philosophe ne croit aujourd'hui à l'existence de pensées pures et pourtant particulières, distinctes des images qui leur sont associées, et seulement exprimées par ces images qui ne les constituent à aucun degré. Il est en effet impossible de comprendre par quoi ces pensées se distingueraient les unes des autres, et, par conséquent, ce qu'elles seraient.

Si, au contraire, la pensée est quelque chose de permanent et d'identique à soi-même à travers la durée, alors la théorie devient plausible ; elle revient à dire que les images sont formées en groupes par l'action incessamment répétée d'un principe relativement simple qui est la loi de la pensée, ou plutôt qui est la pensée même, car, parmi les éléments constitutifs des pensées particulières, seul il ne dérive pas de l'expérience, seul il n'est pas une image, et, si les autres éléments, si les images deviennent des pensées, c'est parce qu'il agit sur elles et les marque de son empreinte. La succession des pensées révèle son existence, leurs rapports révèlent son identité ; *les pensées* sont donc les signes de *la pensée.* — Pour le philosophe, en effet, les pensées sont le signe de la pensée. Mais le commun des hommes se sert de la raison sans la connaître et sans chercher à la dégager des éléments successifs où elle est impliquée ; pour lui, il n'y a pas d'autre pensée que les pensées ; celles-ci existent pour elles-mêmes, elles ont leur valeur propre, elles ne sont pas des signes ; le signe est un accessoire, un intermédiaire pratique entre les diverses pensées d'un même homme ou entre les pensées d'hommes réunis en société ; il ne fait pas corps avec la pensée, il n'en est pas une partie ; à plus forte raison, il ne la constitue pas par ses groupements ; la pensée n'est pas un ensemble de signes, car, alors, il n'y aurait rien à signifier, et le signe, comme tel, disparaîtrait. Et le philosophe ne peut pas se refuser à admettre avec le sens commun l'existence de pensées successives et distinctes ; il doit reconnaître que la pensée discursive n'est un signe que pour l'esprit du philosophe, et encore quand l'esprit du philosophe s'attache à certains problèmes philosophiques, ce qui n'est pas son occupation constante. Hors ce cas exceptionnel, la pensée discursive existe pour elle-même, et, dès lors, il y a lieu de la concevoir comme une chose qui peut avoir un signe et qui, si elle a un signe, doit s'en distinguer par quelque caractère. Dans les groupes d'images qui se succèdent à la conscience, il faut donc distinguer deux sortes d'images, d'une part celles qui sont des signes, d'autre part celles qui sont là pour elles-mêmes et qui seules sont, à proprement parler, les pensées.

Les caractères distinctifs de l'image-signe et de l'image-idée apparaissent clairement si l'on compare les diverses sortes de sons qui figurent dans la précédente analyse. Nous trouvons là : 1° le son du mot *cheval*, son que l'animal ne saurait produire et qui ne fait à aucun degré partie de son existence ; 2° le hennissement, le bruit des sabots sur le pavé, bruits dont le cheval est l'auteur, bruits inséparables de l'activité vitale qui lui est propre ; 3° le bruit du fouet, les cris du cavalier ou du cocher qui encourage ou retient l'animal. Parmi ces bruits, ceux de la seconde classe font partie intégrante de l'idée complète du cheval, ce ne sont pas des signes. Ceux de la troisième classe, liés à l'idée du cheval par des rapports de coexistence fréquente, contribuent à constituer des idées accessoires, souvent jointes à l'idée du cheval, mais qui peuvent en être séparées : il suffit, pour effectuer cette séparation, de penser à un cheval sauvage ; bien qu'ils ne fassent pas partie de l'idée du cheval, ces bruits, étant, comme les précédents, des fragments d'idées, ne sont pas non plus des signes. Les uns et les autres ont été donnés à notre expérience sensible avec la forme visible et l'apparence tangible : 1° de l'animal ; 2° des choses inanimées ou des êtres animés qui sont ses compagnons habituels. Seul, le son *cheval* est relié arbitrairement, par une simple convention, au groupe dont il semble faire partie ; c'est là ce qui le distingue des autres images ; c'est par là qu'il est un signe [1] ; le propre d'une convention, c'est de pouvoir être soit modifiée dans certains détails, soit abrogée et remplacée par une autre ; si nous modifions le bruit spécifique et la forme visible du cheval, ce n'est plus un cheval, c'est un autre animal, son voisin dans la classification naturelle : l'idée n'est plus la même ; si nous fusionnons le groupe principal et le groupe accessoire, le cheval devient centaure : encore une idée nouvelle ; mais l'idée ne change pas si nous convenons de remplacer le son *cheval* par ses abrégés populaires ou enfantins, *chval, sval, sual,* ou même par *dada, coursier, equus,* ἵππος ; avec les prosateurs de mon pays et de mon âge, je dis *cheval,* avec les enfants *dada,* avec les poètes français *coursier,* avec les auteurs latins *equus,* avec les auteurs grecs ἵππος ; c'est ainsi que des conventions différentes régissent les rapports commerciaux et judiciaires d'un état donné avec les états voisins.

Nous venons de donner du signe une définition qui peut

---

1. Voir Descartes, au commencement du traité du *Monde :* « Les paroles, n'ayant aucune ressemblance avec les choses qu'elles signifient, ne laissent pas de nous les faire concevoir, » etc. ; Bossuet, *Logique,* I, 3 ; Port-Royal, *Logique,* I, 1 ; etc.

paraître à bon droit contestable. En effet, la convention qui attache un mot à une idée peut être, non pas arbitraire, mais motivée par un rapport plus ou moins éloigné entre les deux termes que l'on associe ; nous pouvons, par exemple, convenir de nommer le cheval par une imitation de son hennissement ou par celle du bruit d'un fouet ; il semble même que de tels sons, moins étrangers à l'idée, la réveilleront plus sûrement dans les esprits ; en tout cas, il est incontestable qu'un signe, en même temps qu'il est un signe, peut être une partie de l'idée qu'il exprime : tel est le cas des signes visibles idéographiques, et, dans le langage, celui des onomatopées : *Houyhnhmns*, dans Swift, désigne assez bien un peuple de chevaux ; *craquer* et *craquement*, en français, ne cessent pas d'être des mots de la langue parce que ce sont des imitations du phénomène qu'ils représentent ; ils ne font pas tache dans la phrase sur les mots qui les entourent ; ils ont pour l'esprit à peu près la même valeur que ceux-ci. Il est même probable qu'aux origines du langage la plupart des mots, sinon tous, avaient un rapport plus ou moins direct avec l'idée : onomatopées directes, comme le hennissement, ils faisaient partie du groupe principal ; onomatopées symboliques, comme le bruit du fouet, ils faisaient partie du groupe accessoire. Aujourd'hui encore, des onomatopées et des symboles subsistent dans les langues modernes, témoignages vivants de l'état primitif du langage, et l'on ne peut nier que ce soient des signes. Mais nous soutenons que les langues se sont perfectionnées en perdant peu à peu leurs onomatopées et leurs symboles ; ce sont là des signes provisoires et de valeur médiocre ; le signe proprement dit, le signe parfait, est celui qui est un signe et rien autre chose, celui qui n'a de rapport avec la chose signifiée que par la volonté arbitraire de ceux qui s'en servent.

On dira bien qu'un signe n'est pas tel par sa nature, par ses qualités positives ou négatives, mais par sa fonction, qu'un signe est un intermédiaire entre plusieurs apparitions d'une même idée, un instrument de société entre les idées d'un même homme[1] ou entre des esprits logés en des corps distincts, que la signification est un rôle auquel toute image est propre, à la seule condition d'être matériellement réalisable par les organes ; pourvu que la fonction soit bien remplie, peu importe l'agent, semble-t-il. Il n'en est rien : ce rôle ne convient pas également à toutes les images ; il est mieux rempli quand l'image est tout à son rôle ; ce n'est pas sans raison que le langage s'est dégagé peu à peu de l'onomatopée ; les signes arbitraires n'ont pas été arbitrairement préférés aux signes analogiques.

Le motif secret de cette préférence est l'impossibilité d'obtenir une image générale. Nous faisions tout à l'heure du *clic-clac en soi*, bruit de fouet appauvri, disions-nous, de toute particularité, une description chimérique ; on a souvent parlé dans les mêmes termes inexacts de l'image intérieure de l'homme en soi ou de la rose en soi ; mais une image est toujours un phénomène particulier, différent par quelques caractères individuels de tous les autres phénomènes du même genre, incapable par conséquent de bien représenter ce qu'ils ont de commun ou le genre tout entier. Retranchez d'un son la hauteur, l'intensité et le timbre qui en font un son particulier, que restera-t-il ? Le *son en général* n'est pas un son, car il au-

---

1. [Voir plus haut, chap. V, § 4, et, plus bas, le § 8 de ce chapitre. où nous fixons le vrai sens de cette formule.]

rait un timbre général, une hauteur générale, une intensité générale : autant de non-sens ; en d'autres termés, il aurait un timbre indéterminé, un timbre quelconque ; il n'aurait donc aucun timbre particulier, c'est-à-dire aucun timbre ; de même, il n'aurait aucune hauteur, aucune intensité, il n'aurait rien de ce qui constitue un son. En fait, l'image sonore analogique qui accompagne la conscience du mot *son* a une hauteur *moyenne* et non point générale ; on voudrait pouvoir dire qu'elle a aussi une intensité *moyenne* et un timbre *moyen ;* mais, si l'image en question avait une intensité moyenne, elle serait un état fort, elle serait externée, ce qui n'est pas ; par cela seul qu'elle est une image ordinaire et non une hallucination, son intensité est au-dessous de la moyenne ; quant au timbre *moyen*, c'est une idée sans objet, puisque le timbre est une qualité ; il faut la remplacer par celle du timbre le plus fréquemment entendu. Or : 1° une moyenne représente mal les quantités différentes auxquelles on la substitue pour les commodités de la statistique, car elle ne dit pas quelle est leur distribution sur l'échelle numérique ; les quantités extrêmes, qu'elles soient en petit nombre ou en grand nombre, sont également annulées, et, dans le second cas, l'inexactitude est grave ; 2° s'il s'agit de qualités, comme pour le timbre, la qualité la plus commune représente encore plus mal l'ensemble des qualités hétérogènes. Ainsi, l'image soi-disant générale est toujours une image particulière ; ses éléments quantitatifs sont des moyennes, or une moyenne est un nombre particulier ; ses éléments qualitatifs sont les qualités qui se rencontrent le plus fréquemment dans le genre, c'est-à-dire des qualités particulières, hétérogènes aux qualités que le genre n'exclut pas, mais admet plus rarement.

La chose apparaîtra en toute évidence si nous prenons pour exemple les images visuelles de l'homme et de la rose ; ces images, quelque pâles, vagues, effacées qu'elles soient, sont des images particulières. Je fais appel à tous ceux qui me lisent et qui ne peuvent manquer de les concevoir une fois de plus à l'occasion de cette discussion ; j'affirme, sans crainte d'être démenti, que l'image de l'homme est dans leur esprit du sexe masculin et adulte, que l'image de la rose est celle d'une rose épanouie et de couleur rose ou rouge. Or l'idée générale d'homme comprend les femmes, les vieillards et les enfants, celle de la rose comprend les roses blanches et les roses thé, les roses naissantes, boutons à demi épanouis, et les roses flétries.

Mais, dira-t-on, les individus, dans un genre, sont plus ou moins typiques, plus ou moins génériques ; il y en a qui caractérisent nettement le genre ; d'autres sont attachés au genre par un lien moins étroit ; les premiers sont *le genre proprement dit*, sans épithète ; les autres font partie du genre sous la réserve d'un caractère spécifique qui leur est propre et grâce auquel ils sont un genre dans un genre, une espèce originale. Le genre *rose*, par exemple, comprend les roses blanches et les roses thé ; il comprend aussi et surtout les roses roses, les roses proprement dites, les roses véritables ; dire d'une fleur qu'elle est une rose blanche, c'est à la fois lui donner une qualification et la lui retirer en partie ; on ne lui ouvre pas toutes grandes les portes du genre ; on la fait entrer comme à regret, sous condition, pour l'installer dans un coin, tout près du bord ; l'épithète n'est pas seulement déterminative, elle est restrictive. Le sens commun conçoit les genres un peu autrement que ne fait l'histoire naturelle, et les descriptions du psychologue ne peuvent

concorder exactement ici avec les définitions du logicien ;
pour le psychologue et pour le sens commun, les espèces
font partie du genre à des degrés divers, les unes plus,
les autres moins ; ces degrés disparaissent si l'on envisage les genres et les espèces du point de vue du naturaliste et du logicien ; tous deux introduisent arbitrairement
dans la réalité psychique ou naturelle une rigueur mathématique étrangère aux données de l'observation.

Ces faits incontestables peuvent suggérer la tentation de
réhabiliter les signes analogiques. Que l'image intérieure
soit empruntée à l'espèce-type, dans cette espèce à la va-
riété-type, et qu'elle représente un individu-type de cette
variété, elle sera *l'idéal* du genre; une telle image, bien
qu'éminemment individuelle, sera le signe légitime du
genre tout entier : car, dira-t-on, autour de l'individu parfait d'un genre donné se groupent naturellement dans l'esprit tous les représentants inférieurs du même type; le type
idéal est une véritable image générale; sans doute, l'idéal
n'est pas l'idée, mais il la vaut, il la représente; il en est
le signe le meilleur, joignant aux avantages de l'analogie
ceux de la généralité. Il y aurait donc des images générales, et ces images seraient des signes, des signes tels
qu'on n'en saurait trouver de plus parfaits.

Malheureusement, il n'est aucune des propositions sur
lesquelles cette conclusion est étayée qui ne soulève de
graves objections.

1° Il faudrait admettre que les images nouvelles et les
groupes d'images se forment dans l'esprit sous l'action
combinée de deux lois *à priori*, la loi de l'analogie et la
loi de perfection. Mais, de ces deux lois, la première
seule paraît être constante, uniforme et universelle dans
son action; si la perfection esthétique est, elle aussi, un

principe directeur de l'esprit humain, les faits semblent prouver que son énergie est variable et son application capricieuse; une partie seulement de l'humanité révèle par ses créations cette tendance à représenter les genres par des types individuels parfaits, et ce langage de l'art n'est pas compris par tous les hommes; même aux époques et dans les pays où il éclate avec évidence, l'instinct esthétique n'est pas satisfait par des créations identiques; il n'est pas de type idéal sur lequel tous les hommes puissent s'accorder. Or un signe ne saurait être appelé parfait s'il n'est pas à la portée de tous et capable d'obtenir un assentiment universel.

2° En fait, l'image idéale est toujours ou le résultat d'une longue recherche ou la rencontre heureuse d'une imagination bien douée; les grands artistes sont des hommes exceptionnels, ou par la patience de la réflexion ou par la promptitude du génie. Chez le commun des esprits, l'image intérieure de l'homme n'est pas l'ombre d'un Jupiter ou d'un Apollon; elle n'est pas davantage celle d'un bossu ou d'un estropié; l'homme imaginé n'est ni Apollon ni Esope, ni un géant ni un nain, ni un enfant ni un vieillard; c'est un homme tel qu'après l'avoir classé dans le genre humain on ne peut être tenté de le parquer dans un coin de ce genre au moyen d'une épithète restrictive. La beauté comme la laideur, la laideur et la beauté comme l'enfance et la vieillesse, sont des déterminations restrictives de l'humanité; comme telles, elles sont étrangères à l'idée de l'homme proprement dit, de l'homme ordinaire, la seule que représente, à vrai dire, l'image visuelle intérieure [1].

1. Des expériences récentes faites en Angleterre par M. Galton (*Revue scientifique*, 13 juillet 1878 et 6 septembre 1879), il résulterait que

En résumé, les images analogiques sont des images particulières ; aux idées du son, de l'homme, de la rose, correspondent les images sonores ou visuelles d'un son moyen, d'un homme ordinaire, d'une rose commune ; l'ensemble du genre, comprenant des individus plus ou moins semblables à l'image, est inégalement représenté par elle. Tout signe analogue au genre est inégalement analogue aux individus qui composent le genre ; les représentant inégalement, il représente mal le genre tout entier. Tout au contraire, un signe conventionnel, également dénué de tout rapport d'analogie avec chacun des individus du genre, les représente également, et, par suite, est propre à bien représenter leur ensemble, c'est-à-dire le genre, comme une unité intellectuelle. Les mots *son*, *homme*, *rose*, ont sur les images analogiques du son, de l'homme, de la rose, l'avantage de l'impartialité ; ils n'ont pas de sympathie particulière pour telle ou telle partie du genre ; chargés de le représenter tout entier, ils s'acquittent de leur tâche avec indifférence et ponctualité ; le mot est au service de la pensée comme un employé modèle, docile à ses chefs, exact à l'ouvrage, inaccessible à la faveur ; telles sont les qualités du signe parfait ; le mot seul les possède.

*l'image générique* obtenue par la fusion optique de plusieurs images particulières serait plus belle que les images composantes ; ainsi la beauté de Cléopâtre, méconnaissable dans chacun des portraits que nous possédons de la reine d'Égypte, revivrait dans la moyenne, optiquement réalisée, de ces portraits ; *la femme*, obtenue par le même procédé, serait plus belle que toutes les femmes ; *l'idéal serait donc une moyenne*. Mais les résultats très imprévus des expériences de Galton n'ont pas encore subi l'épreuve de la discussion.

## II

Il est permis de chercher dans les faits linguistiques la confirmation de cette théorie. Si elle est vraie, les onomatopées qui subsistent encore dans les langues doivent signifier de préférence des idées relativement homogènes et de faible diversité interne. En effet, sur vingt-huit onomatopées franches que paraît contenir la langue française [1], une seule désigne une chose visible et tangible par l'imitation du bruit qu'elle émet de temps à autre; vingt-sept désignent de simples phénomènes; sur ces vingt-sept phénomènes, dix sont visibles ou tangibles en même temps que sonores, dix-sept sont presque exclusivement sonores, ou du moins l'élément visible-tangible peut y être considéré comme négligeable [2]. Dans ce dernier cas, qui est, on le voit, le plus fréquent, la divergence entre l'image-signe et les images-idées est réduite au minimum, et le défaut du signe analogique apparaît peu.

La diversité que nous considérons ici n'est pas celle des individus, dont nous parlions tout à l'heure, mais celle des images qui correspondent aux différentes sensations;

1. Nous prenons ici pour base la liste de **M.** Brachet (*Dictionnaire étymologique de la langue française*, p. LXV); elle ne comprend que les onomatopées véritablement françaises, c'est-à-dire les mots nouveaux formés directement par l'instinct populaire à l'imitation de bruits naturels ou humains; M. Brachet range avec raison parmi les mots dérivés du latin les onomatopées latines qui se sont transformées en mots français. Même ainsi restreinte, la liste de M. Brachet comprend 34 mots; nous en retranchons 6, dont le caractère onomatopéique est discutable pour diverses raisons; ce sont : 1° *papa, maman, fanfan;* 2° *chut,* 3° *ébahir,* 4° *zigzag.*

2. Le nom de chose est *cric;* les noms de phénomènes mixtes sont : *bâfrer, lapper, bouffer, bouffir, croquer, humer, toper, claque, tic, fanfare;* les noms de phénomènes sonores sont : *croasser, miauler, japper, babiller, fredonner, caqueter, chuchoter, marmotter, pouffer, huer, bruire, clapoter, crac* et *craquer, cancan, hoquet, cliquetis.*

une idée générale embrasse dans son unité deux sortes de diversités, celle des individus concrets, qui sont formés d'images diverses, et celle des images, qui sont les unes visuelles, les autres tactiles, sonores, etc. Tout signe, étant une image d'un ordre déterminé, représentera mal les images qui lui sont irréductibles; c'est là un défaut auquel le signe analogique n'échappe pas plus que le signe arbitraire, et, sous ce rapport, une idée particulière est aussi difficile à bien exprimer qu'une idée générale.

On peut même ajouter que les mots, par cela même qu'ils sont des phénomènes sonores, expriment mieux l'élément sonore, soit d'une idée particulière, soit d'une idée générale, que son élément visuel-tactile, qui, d'ordinaire, est le plus important. Entre le bruit d'un arbre agité par le vent et le mot *arbre*, il existe toujours cette analogie que ce sont des sons, et pourtant il est difficile de trouver deux sons plus dissemblables. En choisissant et rapprochant habilement des mots dont le sens est tout conventionnel, on peut représenter analogiquement des phénomènes sonores : c'est ce que les poétiques et les rhétoriques appellent l'*harmonie imitative*. L'exemple le plus curieux en ce genre est peut-être le vers d'Homère :

Ἱστία δέ σφιν
Τριχθά τε καὶ τετραχθὰ διέσχισεν ἴς ἀνέμοιο [1],

« la force du vent déchira leurs voiles trois et quatre fois, » où les mots qui signifient par convention *trois et quatre fois* représentent aussi par analogie le phénomène que le reste de la phrase signifie par convention. Cette

_____

1. *Odyssée*, IX, v. 71.

phrase : *La forêt s'agite sous l'effort du vent*, est une apparente onomatopée, ou, si l'on veut, une onomatopée réelle composée au moyen de signes arbitraires. Rien n'est plus aisé que d'imiter ainsi par approximation les bruits de la nature; il suffit qu'un des éléments du bruit réel soit reproduit dans la phrase pour que l'analogie frappe l'esprit; elle lui plaît, car « toute imitation fait plaisir [1] »; d'ordinaire il se l'exagère, parce qu'il s'y complaît : le plaisir qu'il éprouve l'empêche d'apprécier les différences du modèle et de la copie; le mot et la partie sonore de l'idée forment un tout, et, faute d'un acte d'attentive discrimination [ch. V, § 3], ils restent confondus. C'est ainsi que les dictionnaires, et non seulement les écrits littéraires, sont pleins de fausses onomatopées [2], qui ont

1. Aristote, *Poétique*, ch. IV.

2. Entre les onomatopées primitives et directes et les imitations savantes, n'y a-t-il pas lieu de reconnaître des phénomènes intermédiaires? L'instinct populaire n'a-t-il pas souvent transformé des mots à signification arbitraire de façon à les rapprocher du son propre de la chose qu'ils signifiaient? L'analogie n'est-elle pas la cause finale de certains phénomènes linguistiques, et ne concourt-elle pas avec les autres lois phonétiques aux modifications insensibles dont les dictionnaires fixent tardivement les effets lentement accumulés? *Bœuf*, par exemple, est rattaché scientifiquement à la racine *ga;* mais si la racine *ga*, par l'intermédiaire de *bos, bovis*, a engendré le mot *bœuf* plutôt que tel autre, n'est-ce pas que le cri de l'animal a exercé sur la racine une sorte d'attraction? De même dans les locutions composées : si l'on dit *le roulement du tonnerre* de préférence à toute autre expression, ce n'est pas seulement parce que le bruit du tonnerre ressemble à celui d'une voiture, ou plutôt c'est parce que l'un et l'autre sont assez exactement figurés par le mot *roulement*, qui pourtant dérive de *rotula*. Chacune des trois variétés du bruit de la foudre a trouvé dans la langue française son expression analogique : on dit, suivant les cas, le *fracas*, le *grondement*, le *roulement* du tonnerre; aucun de ces mots n'est une onomatopée directe. En résumé, l'instinct populaire a dû être guidé souvent par l'analogie : 1° dans le choix des modifications internes qu'il faisait subir aux mots usuels, 2° dans le choix des mots qu'il faisait entrer dans les locutions complexes, ou, pour les mots isolés, dans les changements de signification qu'il leur imposait; et l'imitation des sons naturels par les mots paraît avoir quatre procédés : l'onomatopée directe, l'onomatopée *à posteriori* ou par attraction, l'harmonie imitative populaire, l'harmonie imitative savante.

trompé les auteurs des premiers traités sur le langage ;
« nous entendons les bruits de la nature, dit très justement
M. Bréal, à travers les mots auxquels notre oreille est
habituée depuis l'enfance » ; la preuve qu'il y a là une
illusion, c'est que le même phénomène se produit chez
tous les peuples : « les étrangers entendent les mêmes
bruits que nous dans des mots tout différents » [1]. En revanche, c'est une entreprise absolument chimérique que
la prétention, toujours déçue, toujours renaissante, de la
littérature descriptive, de peindre par des mots les phénomènes visibles.

On voit que, au point de vue où nous sommes placés
maintenant, l'idéal de l'indifférence est irréalisable dans
les signes, et que l'inévitable analogie du signe avec une
partie de l'idée est pour la pensée une nouvelle source
d'erreurs. Néanmoins, quand, par exception, l'élément
visible-tangible d'un phénomène est négligeable, par
exception aussi le signe sonore analogique se trouve
être un signe presque sans défaut.

### III

Ceci nous conduit à un nouvel ordre de considérations
sur l'utilité, et en même temps sur la formation, des
signes arbitraires. Trois phases sont à distinguer dans
l'histoire des mots : l'onomatopée, la métaphore ou le
symbole, enfin la signification arbitraire. Vraisemblablement, tous les noms aujourd'hui conventionnels sont
d'anciennes métaphores, et toutes les métaphores sont
d'anciennes onomatopées.

---

1. Bréal, conférence sur *La science du langage.* (*Revue scientifique.*
26 avril 1879).

L'onomatopée est un signe excellent si l'objet qu'elle désigne est purement sonore, un signe médiocre si cet objet est visible et tangible autant que sonore, un signe très défectueux si l'objet est visible et tangible d'une manière permanente, sonore seulement par intervalles. Ainsi *bruit* exprime fort bien la moyenne des sons discordants que ce mot est appelé à désigner; dans *croquer* et *claque*, l'élément tactile, fort important dans l'objet, est absent du signe; de même, dans *bouffissure*, l'élément visible, qui est l'élément principal de l'idée. Enfin un animal, un oiseau, ou un instrument bruyant, comme le *cric*, s'ils sont désignés par leur son spécifique, reçoivent leur nom d'un simple accessoire intermittent de leur essence permanente. Déjà, dans ces derniers cas, l'onomatopée tourne au symbole, à la métaphore : ainsi, l'oiseau appelé *huppe* est avant tout une forme gracieuse et un plumage brillant; désigner cette forme par un cri, c'est un commencement de métaphore; la métaphore est complète quand on en vient à appeler *houppe* une aigrette fabriquée de main d'homme analogue à celle qui décore la tête de l'oiseau [1].

De deux choses l'une, alors : ou le son *houppe* éveille

1. « En grec ἀπ-αφ-ό-ς, ἔπ-οπ-ο-ς, ἔπ-οψ, masculin à cause de ὁ ὄρνις, et en latin *up-up-a*, féminin à cause de *hæc avis*, désignent l'oiseau qui fait entendre le son *ap ap* (oreilles grecques), ou *up up* (oreilles latines); ces mots sont donc des onomatopées. Du latin *up-up-a* est venu le français *huppe* (oiseau). Mais la *huppe* « est uns oisiaus qui a sor son chief une creste » (Brunetto Latini, *Trésor*, p. 216, chez M. Littré, *Dictionn.*, au mot HUPPE). On a donc appelé *huppe* toute *touffe de plumes* semblable à la crête de la *huppe*. Il en résulte que *huppe* « touffe de plumes » remonte par *huppe* « oiseau qui fait (entendre le son) *up-up-e* » au simple cri *up, op, ap*. Il est donc historiquement prouvé que le simple son *ap, op, up* est devenu, par l'intermédiaire d'un nom d'oiseau, le nom d'une *touffe de plumes* ». (Je dois cette note à l'obligeance d'un éminent philologue, Francis Meunier, enlevé prématurément à la science en 1874.) — [Cf., plus haut, chapitre III, § 11, au sujet du mot *voix*.]

dans l'esprit la seule idée d'une aigrette fabriquée; il n'est plus qu'un signe arbitraire, et il possède toutes les qualités de ce genre de signes; ou bien il éveille, avec l'idée de l'aigrette fabriquée, celle de l'oiseau huppé, dont l'esprit n'a que faire pour le moment; dans ce dernier cas, le signe est un instrument de confusion ou même d'erreur. Le langage métaphorique est incompatible avec une pensée nette et sûre d'elle-même; car alors, la pensée suscitant un signe pour s'exprimer d'une manière adéquate, le signe qui répond à son appel ne vient pas sans des idées différentes qui se confondent avec elle et troublent sa limpidité par un mélange hétérogène [ch. V, § 3].

Ainsi, dans certains cas, rarés il est vrai, le langage peut être analogique et remplir son rôle à la satisfaction de la pensée; quand il cesse d'être directement imitatif et que, par l'extension des significations primitives, il tourne à la métaphore, son analogie, trop partielle, devient trompeuse, et plus il glisse sur cette pente, plus son usage est dangereux pour la pensée, qu'il expose à des inexactitudes, à des équivoques toujours plus nombreuses [1]. Il ne reprend ses avantages que lorsque, par un progrès nouveau, il a passé du sens métaphorique au sens conventionnel, c'est-à-dire d'une signification mixte et trompeuse à une signification simple et précise. La période de transition est pour les mots une période de crise; ils ont perdu les mérites de l'analogie, ils n'ont pas encore ceux de l'impartialité.

Or il est un grand nombre d'idées pour lesquelles l'onomatopée n'est pas possible, aucun son n'y figurant, même

---

1. Nous ne pensons ici qu'au langage scientifique, dont les défauts sont autant de qualités pour la langue poétique.

comme élément accessoire. Ces idées sont de trois sortes :
1° les idées des choses sensibles qui sont absolument
muettes (comme les étoiles); 2° les idées psychologiques
(l'âme, l'esprit, le désir, etc.); 3° les idées métaphysiques.
Elles ne peuvent être exprimées que par des symboles
ou par des signes arbitraires. Pendant une première
période, leur signe est symbolique; on les conçoit au
moyen d'idées intermédiaires, sortes d'*aides-pensée*, indispensables aux premiers bégayements de l'intelligence   ,
mais dont la persistance est nuisible après cette période.
*Pensare*, par exemple, en latin, signifie directement *peser ;*
ce nom d'un phénomène sensible a été étendu à son
analogue empirique, mais non sensible, l'acte de *penser ;*
puis, par une nouvelle extension, due aux philosophes,
le mot *penser* a souvent été employé pour désigner une
idée métaphysique, analogue à l'idée empirique fournie
par la conscience. Entre les deux derniers sens, l'équivoque est fréquente aujourd'hui encore; entre les deux
premiers elle a dû exister en son temps, de même qu'au
temps d'Homère le sens des mots φρήν et θυμός restait indécis entre l'acception biologique et l'acception psychologique[2]. Dans ces derniers cas, comme, en français, pour
les mots *tête* et *cœur* [ch. II, § 6], l'extension s'est faite
par concomitance, et non par analogie.

Les idées de choses sensibles, étant les premières
conçues et les plus profondément enracinées, servent en
quelque sorte de tuteurs aux idées psychologiques et métaphysiques jusqu'à ce que celles-ci aient acquis la force

1. Voir E. Egger, *Observations et réflexions sur le développement de
l'intelligence et du langage chez les enfants* (2e édition, 1880), dernières
pages de la 2ª partie; — Terrien-Poncel, *Du langage* (Franck, 1867),
chap. XI; — etc.
2. Voir E. Egger, passage cité.

suffisante pour se passer de leur secours. Par une remarque d'analogie ou de concomitance, l'esprit attache ses idées nouvelles et encore innommées aux idées qui lui sont familières et qui ont un nom consacré, et, par des actes répétés d'attention, il les y maintient attachées; peu à peu, il conçoit ensemble de plus en plus facilement la première idée, la seconde, et leur nom désormais commun.

Si l'effort de la pensée s'arrête alors, l'idée auxiliaire sensible et l'idée nouvelle se confondent; celle-ci ne vient pas à l'esprit sans le concours d'images sensibles, sorte de voile par lequel sa véritable essence est cachée à la conscience; l'homme qui parle par métaphores ignore sa vraie pensée; il croit pourtant la connaître, il la proclame avec assurance, et il en tire des conséquences qui lui paraissent irréfutables; mais sur une base indécise il ne peut édifier rien de solide, et l'on récuse à bon droit la déduction dont les prémisses ne sont pas pures de toute métaphore. Cette illusion si fréquente est très heureusement dénoncée par le proverbe français : *Comparaison n'est pas raison*, riposte ordinaire de l'esprit rigoureux qui distingue l'image et l'idée à l'homme d'imagination qui les confond.

Si, au contraire, l'acte d'attention par lequel une idée nouvelle et non-sensible a été associée à une idée usuelle et sensible se répète à toute occasion, et s'il porte de préférence sur la portion non-sensible du couple ainsi formé, l'autre portion se trouve ainsi livrée à l'action destructive de l'habitude négative; l'image s'affaiblit, l'idée se dégage de ses voiles; le mot lui reste attaché; mais, son évolution vers un nouveau sens étant accomplie, désormais il possède une signification nette, simple, sans équivoque, et, s'il n'était pas déjà, dans sa première acception, un signe arbitraire, maintenant il ne peut manquer d'avoir cette qualité, avec la conséquence qu'elle entraîne, l'impartialité, d'abord parce qu'il a changé de sens, ensuite parce que, étant un son, il ne peut ressembler, même de loin et par hasard, à une idée non-sensible.

Ceci nous permet de comprendre ce qu'on entend par un esprit bien fait et par une pensée nette. Ces qualités résultent d'une attention bien réglée, qui choisit ses objets et ne les change pas au hasard, qui les choisit même au sein d'un groupe donné d'images hétérogènes, et maintient sa préférence avec persistance. Un tel esprit, en présence d'une métaphore, porte systématiquement son attention sur l'idée, et néglige les images; par là l'idée seule est sauvée de l'affaiblissement graduel qui est l'effet ordinaire de la répétition lorsque l'attention ne le combat pas; au bout d'un certain temps, le mot réveille l'idée avec toute l'intensité de conscience qu'elle avait primitivement, l'image, au contraire, avec une intensité de conscience devenue sensiblement nulle. Ainsi les groupes hétérogènes sont purifiés, simplifiés, par un esprit toujours attentif aux essences, et bientôt, devenus homogènes et accompagnés chacun d'un nom désormais arbitraire, ils forment autant d'habitudes positives, œuvres réfléchies de la pensée, matériaux excellents pour toute construction nouvelle que pourra entreprendre le même entendement qui les a formés.

<h1 style="text-align:center">IV</h1>

La métaphore a le défaut d'augmenter l'hétérogénéité ou la diversité interne de l'idée générale : aux éléments légitimes dont cette idée se compose logiquement elle ajoute des éléments étrangers, des idées accessoires et parasites, associées à l'idée principale soit par une concomitance empirique, soit par une remarque d'analogie dénuée de toute valeur scientifique. Une attention raisonnée, c'est-à-dire dirigée par la notion *à priori* de l'essence, dégage l'idée générale de ces additions qui l'obscurcissent, et, du même coup, lui associe un nom conventionnel. Mais si l'idée générale est telle qu'un signe analogique soit possible pour elle, la persistance d'un tel signe est un obstacle à sa généralité; elle ne peut être purifiée de tout élément particulier que si elle change de nom et s'attache pour la désigner un signe arbitraire.

La diversité interne et légitime du contenu d'une idée générale est double, avons-nous dit : un genre comprend des individus différents composés eux-mêmes d'images différentes et irréductibles ; on peut donc décomposer une idée générale soit en idées concrètes individuelles, soit en groupes d'images de même ordre. Qu'un individu concret, c'est-à-dire un groupe formé par un visum déterminé, un tactum déterminé, etc., ait dans la conscience, au moment de la conception de l'idée générale, une intensité débordante, qu'il sorte des rangs, pour ainsi dire, et se détache en pleine lumière sur le groupe total, alors l'idée n'est pas purement générale, elle est à la fois un genre et un exemple. L'inexactitude n'est pas moindre si une seule image sort ainsi des rangs, ou si la discipline est rompue par toute une classe d'images, comme les visa ou les sons. De telles idées, imparfaitement générales, trompent l'esprit qui s'en sert : les éléments généraux et particuliers rattachés à un même nom et simultanément conçus forment un tout, et ce tout est entendu par l'esprit comme une idée générale ; quoi d'étonnant alors si les images particulières deviennent pour lui les attributs constants du genre tout entier ? Illustrer par des exemples une erreur aussi fréquente est inutile ; nous voulons seulement remarquer qu'elle est favorisée par l'usage des signes analogiques : l'emploi du mot *huppe* fait sortir des rangs le cri de l'animal, et du second plan, qui est sa vraie place, le met au premier ; et il ne faut pas croire, rappelons-le, que l'onomatopée représente un cri *général ;* tout au plus serait-ce le cri moyen ou le plus ordinaire, si elle pouvait reproduire exactement un son particulier ; mais la voix humaine et, à sa suite, la parole intérieure, ne peuvent que simuler imparfaitement les sons naturels ; ainsi le mot analogique, en attirant à lui la conscience, éclaire injustement une partie de l'idée aux dépens des autres, les sons au détriment des visa-tacta, et donne à tort une valeur générale à une image particulière.

C'est que le signe, lui, comme tel, doit se détacher du groupe auquel il est associé ; il est comme un éclaireur au service d'une armée, toujours hors des rangs, — sa fonction le veut, — en avant, en arrière ou sur les flancs de la colonne en marche ; s'il est analogue à une portion de l'idée, l'attention spéciale dont il est l'objet enveloppe avec lui cette portion d'idée dans un même regard, et le temps manque le plus souvent pour les distinguer ; car l'attention est toujours dirigée par la loi de l'essence, et plus les essences sont semblables, plus il faut d'efforts et de temps pour en opérer le discernement.

Rien de tel n'est à craindre avec un signe arbitraire ; quand le *oua-oua* devient un *chien*, le cri de l'animal, n'étant plus l'objet d'une attention spéciale, rentre dans le rang par l'effet de l'habitude négative; l'enfant comprendra mieux dès lors comment il y a des chiens muets, et la définition anatomique de l'animal, à l'intelligence de laquelle l'onomatopée faisait obstacle, pénétrera facilement dans son esprit. En même temps et par les mêmes causes, l'idée deviendra vraiment générale ; *oua-oua* désignait fort mal un roquet qui jappe et n'aboie pas ; désormais aucune variété du genre n'étant spécialement visée par le nom et n'attirant à elle l'attention, ce qu'il y a de commun entre tous les individus du genre sans exception recevra, à chaque conscience de l'idée, sa part légitime d'attention, c'est-à-dire la plus grande part, et le reste, c'est-à-dire les caractères individuels, s'affaiblira. Un signe arbitraire est donc nécessaire pour maintenir la généralité d'une idée générale.

## V

En résumé, les signes arbitraires ont un double avantage :

D'abord, ils sont la seule expression possible des idées qui ne sont pas sensibles et des idées sensibles qui ne peuvent être représentées au dehors par un mouvement musculaire analogique, en d'autres termes, qui, subjectivement sensibles, ne peuvent être objectivement rendues sensibles par une imitation de leur essence dont le corps serait l'instrument.

Ensuite, ils peuvent seuls exprimer les idées générales comme telles, sans équivoque entre le tout et la partie, sans injuste préférence, soit pour un individu ou une espèce, soit pour un des éléments empiriques dont le genre est composé.

## VI

Mais dans un groupe restreint, individuel, une image ne peut-elle pas jouer par rapport aux autres le rôle de signe, et cela naturellement, sans intention significatrice de notre part, sans que l'intervention de la volonté mentale ait changé l'importance relative des images composantes?

En effet, nous accordons ce point aux partisans des images-signes. On dit généralement que les idées particulières ne sont point nommées ; mais il faudrait s'entendre sur le sens du mot *particulières*. Le soleil, par exemple, a un nom dans toutes les langues ; entendons-nous par là un être physique individuel, ou le genre commun d'une série d'apparitions éphémères? La plupart des individus substantiels ont des noms propres ; mais le phénoméniste considère ces prétendus êtres comme des classes de phénomènes successifs. Un phénomène déterminé dans l'espace et dans le temps, voilà ce qui n'a de nom préétabli dans aucune langue ; on le nomme par définition, en accouplant des noms généraux ; mais il a un signe plus immédiat que sa définition : le rôle et un des caractères du signe appartiennent en effet à celui des éléments constitutifs de l'idée phénoménale qui sert le mieux à réveiller le souvenir de l'ensemble, et qui, une fois revenu à la conscience avec ses concomitants, se détache avec le plus de vivacité ; en d'autres termes, le signe naturel d'un phénomène, c'est son élément le plus important et le plus distinct.

Une préférence habituelle de l'esprit peut donner cette prééminence à une image qui, naturellement, resterait au second plan; mais, si la volonté mentale n'intervient pas, c'est l'image visuelle qui, le plus souvent, se présente en tête et en avant du groupe [1] [§ 1]. Ce privilège de l'image visuelle tient sans doute à ce qu'elle est une surface diversement colorée; étant variée, elle attire et retient un instant l'attention, et, n'étant pas trop variée, puisqu'elle est superficielle, elle ne peut la fatiguer; un visum est donc une diversité facilement discernable; on ne peut en dire autant des autres images : les tacta sont monotones; ils se distribuent sur trois dimensions sans changements bien appréciables; enfin, ils forment avec les sensations musculaires et vitales, les odeurs et les saveurs, un écheveau difficile à débrouiller; quant aux sons, ils ont, à bien des points de vue, plus d'indépendance que les visa; mais ils ne se distinguent les uns des autres que s'ils forment une série successive; simultanés, ils se confondent.

En résumé, une pensée particulière, groupe d'images hétérogènes, a pour signe naturel la plus saillante de ces images, qui, d'ordinaire, est l'image visuelle, tandis qu'une pensée générale, groupe relativement homogène de pensées particulières dont les caractères distinctifs sont affaiblis ou annihilés [§ 9], a pour signe naturel, mais imparfait, celui de ses éléments qui peut être imité par les organes du corps, pour signe artificiel et parfait un phénomène audible qu'une convention arbitraire associe à ses destinées.

---

1. J'interprète ainsi le témoignage suivant, malheureusement trop concis : « Un sourd-muet qui n'avait été instruit que fort tard m'a dit que, avant d'être instruit, » — c'est-à-dire avant d'avoir appris l'usage d'un langage régulier et conventionnel, — « il pensait toujours par images. » (Romanes, *L'intelligence des animaux*, dans la *Revue scientifique*, 4 janvier 1879, p. 628.)

On peut ajouter que, entre les pensées les plus particulières et les pensées les plus générales, il y a continuité ; les degrés inférieurs de la généralité admettent encore l'image-signe, et le besoin d'un signe arbitraire croît avec la généralité des idées. Or, plus une pensée est générale, plus l'activité de l'esprit a eu de part à sa formation ; une pensée absolument particulière, quelque nombreux que soient d'ailleurs ses éléments constitutifs, est un simple *datum* de l'expérience, tandis qu'une pensée générale est une œuvre de l'esprit. Une pensée *donnée* a donc pour signe *donné* le plus saillant de ses éléments ; une pensée factice demande, et d'autant plus impérieusement qu'elle est plus factice, un signe également factice, un signe étranger aux éléments donnés dont elle est le groupement artificiel ; l'arbitraire convient seul pour désigner le factice. Et, comme les *data* de l'expérience ne sont que les matériaux de la pensée proprement dite, laquelle commence avec la production des idées nouvelles, on peut dire que les images-signes, suffisantes pour le fonctionnement de la mémoire, sont dans les œuvres de l'entendement, quand elles y subsistent, des impuretés gênantes, qui témoignent d'une élaboration incomplète des matériaux de la pensée. L'expérience remémorée se dénonce et se signifie elle-même à la conscience, — et c'est là, il faut le reconnaître, le premier début et le principe originel de la signification ; — la pensée, nouvelle ou remémorée, ne peut s'exprimer elle-même, comme fait l'expérience, par une de ses parties ; elle s'exprime, elle se signale à la conscience par le langage intérieur, qui est son œuvre, mais avec lequel elle n'a rien de commun.

## VII

Les considérations qui précèdent nous ont amenés à attribuer au signe, comme tel, un caractère nécessaire et constant : une image n'est un signe, même imparfait, que si elle se distingue des autres images, c'est-à-dire de la chose signifiée, par un certain degré d'indépendance, que si, tout en restant associée au groupe qui est l'idée, elle s'en détache en quelque mesure ; il faut qu'elle le devance ou lui succède de peu dans la conscience, et qu'elle attire l'attention, soit par son intensité, soit par les contrastes que présentent ses éléments juxtaposés ; si l'image est rigoureusement contemporaine de l'idée, cette préférence de l'attention suffit à lui donner une valeur de signe.

Etant admis que l'indépendance est le caractère du signe en général, nous nous expliquons facilement comment l'impartialité est le caractère du signe parfait : l'impartialité est, en effet, pour l'image qui sert de signe à une idée générale, la condition d'une parfaite indépendance ; dans une idée phénoménale, il n'y a qu'une image de chaque espèce ; si l'une d'elles est favorisée par la conscience ou l'attention, ce privilège ne peut s'étendre à aucune autre ; mais, dans une idée générale, il y a presque toujours un certain nombre d'images de même ordre, plus ou moins analogues entre elles ; dès lors, l'image saillante attire et fait sortir des rangs celles qui lui ressemblent ; elle ne peut concentrer sur soi toute la lumière qui lui est destinée ; fatalement, quelques rayons s'égarent sur les images analogues ; par là, les proportions de l'idée se trouvent dénaturées, et, en même temps, le signe, mélangé d'éléments parasites empruntés à tort à l'idée, n'est plus indépendant de l'idée tout entière. Dans une idée bien organisée, au contraire, toutes les images constitutives forment au second plan un groupe serré, plus homogène encore en apparence qu'en réalité, car les différences des éléments échappent à la conscience [§ 9]; aucun ne se détache et ne dénonce sa nature propre; seule, l'image-signe est en pleine lumière et bien distincte à côté du groupe des images-idées, qu'elle précède, suit ou accompagne, selon les cas.

Dans nos idées primitives, simples souvenirs de nos premières expériences, les divers éléments sont naturellement d'intensités inégales; le plus distinct à la conscience est pour notre esprit le signe de l'ensemble, c'est-à-dire l'élément essentiel, principal, caractéristique, celui qui suffit à la rigueur pour spécifier l'objet qui a frappé nos sens. Si nous voulons représenter au dehors notre pensée, c'est lui que nous chercherons tout d'abord à imiter, et, si nous y parvenons, le signe intérieur, tout personnel, deviendra un signe extérieur, un instrument de société.

Ici survient une difficulté. Les images qui se détachent le plus naturellement dans la conscience ne sont pas toujours les plus faciles à représenter par des mouvements musculaires; souvent une des images secondaires peut être imitée promptement et sans effort, tandis que l'image principale ne saurait l'être qu'au prix d'un travail assez long et assez délicat. Dès lors, le désir d'exprimer au dehors notre pensée se partage en deux tendances opposées : d'une part, nous désirons faire sortir le signe intérieur naturel de la sphère invisible de la conscience et le rendre sensible à nos semblables; c'est là le moyen le plus sûr et le plus direct de les amener à concevoir une pensée identique à la nôtre ; car, un tel signe une fois perçu par notre semblable, celui-ci possède l'élément essentiel de la pensée que nous voulons lui communiquer ; il ne lui reste plus qu'à la compléter ; cela même est facile et se fait sans effort : l'image qui est la principale pour tout esprit comme pour le nôtre éveille dans l'esprit d'autrui, comme elle ferait dans le nôtre, ses accessoires habituels ; — d'autre part, nous souhaitons un signe aussi rapide que la pensée, un signe facile à produire, un signe tel qu'une succession de ses variétés puisse rendre avec le moins de retard possible une succession de nos idées ; nous sommes donc invités à modifier les proportions naturelles de l'idée, à fixer de préférence notre attention sur un des éléments que la nature des choses reléguait au second plan, à le situer de force au premier, et à lui attribuer la fonction de représenter l'ensemble.

C'est ainsi que, aux origines du langage audible, les images sonores ont détrôné peu à peu les images visuelles de leur prééminence légitime ; les images sonores sont devenues les principales pour la conscience, parce qu'elles seules pouvaient servir de modèle à une expression matérielle de la pensée qui fût prompte et facile ; ensuite, la disparition progressive des onomatopées a rétabli à peu près dans la pensée l'équilibre qu'avait détruit leur création.

Mais, dès la première apparition du besoin d'un signe extérieur, la prééminence ordinaire de l'image visuelle a dû inviter l'esprit à porter son choix sur cette image. Sans doute, il fut arrêté par ce fait que la représentation des visa est entourée de grandes difficultés ; le geste, si souvent employé aux époques primitives, est un procédé d'imitation très imparfait ; puis il est fugitif, nouvelle

inexactitude, car les visa sont, en général, permanents ;
quant à la représentation par le dessin, qui est beaucoup
plus exacte, elle demande toujours un travail assez long,
même quand les doigts y sont assouplis par l'exercice.

Tandis que ces obstacles arrêtaient le développement des
signes extérieurs visibles, les phénomènes assez peu nombreux où l'image sonore est la principale étaient promptement, aisément, et avec une approximation suffisante,
imités par les organes vocaux ; la tentation d'étendre par
des associations cet admirable moyen d'expression était
naturelle : on commença par désigner par des sons les
formes visibles et tangibles des animaux ; cette hardiesse
ayant été couronnée de succès, l'onomatopée, fécondée
par l'association des idées, se trouva suffire à l'expression
d'un très grand nombre de pensées ; dans toute idée dont
une image sonore était constitutive à quelque degré, cette
image était extraite par l'attention du mélange qui l'enve-
loppait et comme située à part à l'état de phénomène
indépendant ; et à mesure que le langage audible se développait, même alors que l'onomatopée tournait au symbole et que se préparait l'ère du langage conventionnel,
le désir secret d'exprimer au dehors toutes nos pensées,
d'exprimer vite chacune d'elles pour passer bientôt à une
autre, et d'égaler, autant que possible, le rythme de l'expression au rythme de la pensée, dirigeait les préférences
de notre attention sur ceux des éléments de nos idées
que nos organes pouvaient le plus facilement reproduire,
c'est-à-dire sur les éléments sonores. L'avénement du
langage conventionnel n'a pas entièrement corrigé nos
pensées de cette habitude, en définitive, vicieuse : une fois
l'homme convaincu que le son en général est de toutes
les sensations la plus facile à imiter et qu'il est la ma-

tière naturelle du meilleur de nos systèmes de signes, l'élément sonore de la pensée prend à nos yeux une valeur toute nouvelle, et l'attention le favorise à notre insu, même au hasard et sans dessein particulier d'imitation.

Mais la création du langage audible ne donne pas à l'esprit une satisfaction sans mélange. Dans bien des cas, le signe intérieur naturel subsiste sans affaiblissement notable, et ce n'est pas lui que reproduit le langage audible; celui-ci n'est donc pas vraiment adéquat à la pensée; les images visuelles restant le signe intérieur le plus fréquent, bien qu'inexprimé, de la pensée individuelle, au langage audible, si facile à inventer, il est juste d'ajouter, quand on le peut, un autre langage, plus lent, plus difficile, mais plus vrai, le langage visible, l'écriture idéographique. Tous les peuples, encore sauvages, ont inventé le langage audible; tous ceux qui sont sortis de la barbarie ont signalé leurs premiers pas dans la voie du progrès en créant des représentations graphiques, plus ou moins descriptives, plus ou moins symboliques, des idées qui leur étaient le plus familières [1], et jamais les peuples civilisés n'ont abandonné ce moyen d'expression supplémentaire, mais indispensable. Seulement, ce qu'on appelle aujourd'hui l'écriture ne répond pas au même besoin qui a fait naître dans les temps préhistoriques les premiers essais d'idéographie : aux origines, l'écriture et les arts du dessin se confondent; l'écriture phonétique n'est pas un développement, mais une déviation, de l'écriture primitive; elle est une adaptation de l'idéographie, devenue symbo-

---

1. Ainsi envisagée, l'invention de l'écriture semble devoir être attribuée aux hommes dits *de la pierre taillée*, qui dessinaient des mammouths, des rennes, etc., dans les cavernes du Périgord, des Pyrénées et de la Suisse.

lique, au langage audible, adaptation destinée à faire durer et à répandre au loin l'élite des pensées exprimées par la parole. Ce qui a subsisté, ce qui subsistera toujours de l'idéographie primitive, c'est le dessin : à toutes les époques, un livre complet et qui dit bien ce qu'il veut dire est un livre orné de figures ; de même, une leçon de science est imparfaite sans des figures tracées sur un tableau ; d'une manière générale, on n'instruit bien que si l'on parle aux yeux en même temps qu'aux oreilles [1].

Tel est le sens contenu dans les vers d'Horace :

> Segnius irritant animos demissa per aurem
> Quam quæ sunt oculis subjecta fidelibus [2],

vers dont une traduction libre peut seule mettre en lumière la signification psychologique : ils veulent dire que la parole, entendue ou lue, réveille imparfaitement les idées dans les esprits, s'il ne s'y joint une représentation visible des choses qu'elle décrit. Et ce n'est pas sans raison que cette maxime est invoquée par Horace à propos du drame : aux époques primitives, quand les hommes se contentaient pour la vie pratique du langage audible, l'épopée, poème purement audible, était aussi la seule poésie ; dès qu'on l'a pu, l'écriture idéographique et les arts du dessin furent inventés, puis, bientôt après, le drame, sorte d'épopée visible et vivante qui est au poème épique ce qu'un dessin explicatif est à la parole ; comme il répond à un besoin réel et spécial de l'âme humaine, le drame remplit mal sa mission si, par des récits trop longs et trop

---

1. Telle est l'utilité des leçons de choses, des jardins d'enfants de Frœbel, des musées scolaires.

2. *Art poétique*, v. 180-181. — Si par *quæ sunt oculis subjecta* on entendait l'écriture, la maxime d'Horace serait le contraire de la vérité.

fréquents, il retourne aux formes de l'épopée [1] ; telle est spécialement l'idée qu'Horace voulait exprimer ; mais sa maxime avait une portée plus haute : le drame sans action, comme l'écriture en train de devenir phonétique, est un mode d'expression détourné de son but et qui perd sa raison d'être originelle.

Une fois la parole intérieure constituée à l'état d'habitude positive toujours en acte, à l'état de série continue et homogène, son indépendance vis-à-vis de la pensée est beaucoup plus grande que ne put jamais l'être celle des images visuelles ; quand la parole intérieure devient un état vif (parole imaginaire), cette indépendance grandit encore ; enfin, quand la parole est matériellement externée et devient audible, l'écart est extrême entre l'intensité du signe et celle de la pensée. Et cette intensité relative de la parole intérieure, d'où résulte son indépendance, est toujours maintenue, toujours régénérée, toujours défendue contre l'habitude négative, tantôt par des intermittences de parole imaginaire ou de parole extérieure, tantôt, quand la parole intérieure proprement dite persiste longtemps sans interruption, par l'attention toute spéciale que nous lui accordons. Enfin, comme les idées que la parole exprime sont des idées générales, et que, la plupart du temps, les mots dont elle se compose n'ont avec les idées que des rapports conventionnels, la parole intérieure est presque toujours indépendante, non seulement de la majeure partie de l'idée, mais de l'idée tout entière ; son impartialité assure son indépendance.

1. A plus forte raison s'il est considéré par son auteur lui-même comme impropre à la représentation ; un drame sans action, destiné à la lecture publique ou privée, n'est qu'une épopée dialoguée. Tel est le terme de l'évolution régressive du drame.

Ajoutons enfin que l'indépendance de la parole intérieure dans l'état de veille explique jusqu'à un certain
point son incohérence dans l'état de sommeil et dans la
distraction [§ 9]. Si la parole intérieure n'avait pas déjà,
dans l'état psychique normal, une sorte de vie propre, si
la parole intérieure et la pensée ne formaient pas dans
l'âme deux groupes d'habitudes bien distincts (distincts
moins encore par la matière, car la pensée comprend des
images sonores, que par la forme, qui est ici l'intensité),
en d'autres termes, si chaque mot n'était pas par certains
côtés moins intimement associé à son idée qu'aux autres
mots, c'est-à-dire à ceux de ses antécédents et conséquents habituels auxquels il ressemble et dont les lois
sont les siennes, la dissociation absolue du langage et de
la pensée qui caractérise les états anormaux tels que le
sommeil et la distraction serait un mystère impénétrable ;
on comprend qu'elle soit possible lorsqu'on s'est rendu
compte des vrais rapports qui, durant l'état de veille
normal, unissent le langage et la pensée.

## VIII

Résumons-nous sur les caractères du signe comme tel.

La signification est un rôle, un pouvoir, une fonction,
qui semble convenir également à tous les faits psychiques, à tous les états de conscience ; et pourtant, parmi
les états de conscience, ceux-là seuls se trouvent remplir un tel rôle qui possèdent certains caractères intrinsèques déterminés ; ou du moins nous n'appelons signes
certains états et notre esprit ne leur attribue la fonction
significative que si nous apercevons en eux ces caractères.

Si l'on envisage le signe dans la vie sociale, le caractère

de signe paraît consister dans la possibilité pour un état interne d'être matériellement réalisé, et, par suite, rendu sensible à autrui ; un signe social est un signe commun, et un signe commun est un signe matériel ; quand un état doit servir de signe commun à plusieurs consciences, il faut qu'il puisse être reproduit ou tout au moins imité par les muscles dont l'action est sous la dépendance de ces consciences ; bien plus, cette réalisation doit être également à la portée de tous les individus qui sont réunis en une même société. Or toutes les images constitutives d'une idée ne peuvent être matériellement imitées par les organes du corps humain, et la plus facile à imiter est d'ordinaire choisie pour servir de signe commun ; dès lors, une partie de l'idée représente l'ensemble ; seule elle devient, pour celui qui exprime sa pensée comme pour ses interlocuteurs, une sensation, c'est-à-dire un état fort ; et l'acte musculaire, en la détachant ainsi du groupe dont elle faisait partie, lui confère à un haut degré ce que nous avons appelé l'indépendance. Ainsi, dans le langage extérieur, l'image-signe se distingue des images signifiées par l'indépendance qui résulte pour elle de ce qu'elle devient un état fort, ses concomitants restant faibles. Ajoutons que si l'image-signe est non seulement indépendante, mais impartiale, son impartialité accroît son indépendance ; de plus, les proportions de la pensée n'étant pas dénaturées par le fait même de son expression, les interlocuteurs se comprennent mieux, et, par suite, le signe remplit mieux son rôle.

Si de la vie sociale nous passons à la vie individuelle, que suppose la vie sociale, le signe nous apparaît sous un aspect un peu différent.

Dans la vie psychique purement intérieure, le nom de

signe appartient à l'image la plus forte et la plus distincte d'un groupe donné, que cette image soit ou non matériellement réalisable. Si les autres images sont, non seulement moins vives et moins distinctes, mais toutes également pâles et confuses, alors, par contraste, le signe paraît plus vif et plus distinct encore ; il se détache sur le groupe informe et en apparence homogène de ses concomitants ; il est vraiment indépendant. Si enfin il est par essence rigoureusement hétérogène à ses concomitants, c'est-à-dire impartial, son indépendance est parfaite, et elle ne pourra cesser d'être parfaite.

Vivacité relative, indépendance, impartialité, telles sont les trois qualités qui constituent le signe intérieur aux divers degrés de son évolution progressive, tandis que, le signe extérieur possédant l'indépendance dès l'origine et par cela même qu'il est extérieur, il lui reste seulement à acquérir l'impartialité. Ce dernier progrès, le passage de l'indépendance à l'impartialité, s'accomplit simultanément pour les deux paroles, car elles ont le même vocabulaire. Actuellement, le mot intérieur ou extérieur est, sauf de rares exceptions, un signe parfait ; car, comparé aux pensées qu'il exprime, il n'est pas seulement un état plus vif que ses concomitants, mais un état doué d'une certaine indépendance, et dont l'impartialité confirme et garantit l'indépendance.

Sans doute, l'idéal que nous venons de définir n'est pas réalisé dans tous les mots qui composent nos langues modernes ; mais ces imperfections sont à peu près annulées par leur caractère exceptionnel : la parole est intérieure ou extérieure, mais toujours actuelle, toujours donnée à notre conscience ; c'est un état, tantôt fort, tantôt faible, mais continu, sans intermittence ; dès lors, l'esprit prend fatalement l'habitude de l'envisager selon son mode le plus fréquent, et cette habitude, s'il ne réagit pas contre elle, se fortifie à chaque instant ; les rares analogies qui se rencontrent entre les mots et les idées correspondantes sont peu remarquées : il faudrait un effort pour les saisir ; l'esprit n'ayant pas l'habitude de voir des ressemblances entre les mots et les idées, c'est comme s'il avait l'habitude de n'en pas voir et de négliger celles qui se présentent de temps à autre. Certains hommes, il est vrai, s'intéressent à ces sortes de ressemblances et s'amusent à les remarquer ; souvent même, ils se plaisent à en augmenter le nombre : recherchant dans les alliances de mots l'harmonie imitative, ils se font de l'onomatopée une sorte d'habitude positive [§ 2] ; mais cette tendance est nuisible aux qualités logiques du langage, et sa valeur esthétique elle-même est discutable [1].

On voit clairement que les trois caractères du signe comme tel se ramènent à un seul, la vivacité relative :

1. Des figures schématiques très simples peuvent servir d'illlustration idéographique à cette théorie de l'évolution du signe :

1° représente une idée particulière dont les éléments sont inégalement distincts. 2° représente une idée particulière ou générale, exprimée par un de ses éléments ou par un signe analogique ; le signe est en avant du groupe des autres images, mais tangent à ce groupe, dont il fait partie en même temps qu'il l'exprime ; par suite, l'architecture interne de l'idée est défectueuse ; certaines images subissent l'attraction du signe et se portent en avant. 3° représente une métaphore. Si la partie supérieure de cette figure se détache, nous avons 4°, c'est-à-dire un signe arbitraire, impartial, sans rapport d'analogie avec l'idée ; la disposition interne de l'idée est alors parfaite, c'est-à-dire conforme à la généralité que l'esprit attribue à son concept. Enfin, 5° l'harmonie imitative rapproche le signe de l'idée, qui se déforme ; c'est un retour au signe analogique.

l'état-signe s'oppose aux états signifiés en ce qu'il est plus vif et plus distinct ; pour peu que cette opposition soit nettement marquée, l'indépendance en résulte ; enfin, l'impartialité régularise la situation réciproque de l'image-signe et des images-idées en établissant entre la première et toutes les autres, sans exception, une différence commune et fixe d'intensité. En définitive, le signe est toujours l'état le plus intense d'un groupe donné ; quelles que soient, envisagées d'une manière absolue, les intensités des deux termes qui s'opposent, plus leur différence est frappante, plus est évident le rôle significatif du terme le plus intense.

Pour le sens commun, pour le préjugé, le signe d'une chose semble être ce qui la précède et l'annonce, et non pas ce qui, l'accompagnant, la dépasse en éclat. L'analyse psychologique détruit cette illusion. Sans doute le signe précède le signifié dans certains cas ; mais, d'autres fois, il l'accompagne ou le suit ; son caractère constant et spécifique n'est pas l'antériorité, mais l'éclat, l'intensité prépondérante. On peut d'ailleurs expliquer l'illusion du sens commun : le souvenir immédiat, comme le souvenir après intervalle, est en raison directe de l'état dont il y a souvenir [§ 10] ; si donc les concomitants faibles précèdent le signe, ils font peu d'impression ; quand le signe arrive à son tour et complète le groupe, alors seulement l'esprit se trouve en présence d'un état bien distinct qui le satisfait et l'intéresse ; le groupe n'est pas vraiment remarqué avant que le signe l'ait rejoint et ait paru en prendre le commandement ; et, dès lors, la moindre réflexion sur l'ensemble, l'analyse la plus fugitive, donneront au signe le premier rang, parce qu'il est l'élément le plus fort et le plus distinct ; il sera noté le premier, le sens ensuite, l'esprit, dans toutes ses opérations, allant naturellement du clair à l'obscur, du plus facile au plus difficile, et l'instant durant lequel l'idée attendait son expression n'ayant laissé qu'une faible trace dans la mémoire. C'est ainsi que le signe paraît toujours conduire le groupe et précéder ses concomitants : sa plus grande intensité lui confère une apparence d'antériorité.

Revenons maintenant à la fonction du signe ; nous allons voir que cette fonction semble appartenir, en droit, à tous les états de conscience, sans condition d'intensité ; aussi doit-on se demander pourquoi, en fait, le sens commun ne reconnaît comme signes que les états les plus forts.

Quand un état A ne peut être présent à la conscience sans susciter immédiatement un autre état B, l'état A possède à l'égard de l'état B la vertu significative ; il est un signe, non par ses caractères intrinsèques, mais par son association avec un autre état. Un signe est donc un état dont la possession actuelle implique, en droit, la prévision d'un autre état, et provoque, en fait, la réalisation de cet état : j'ai parlé, vous m'avez entendu ; j'ai le droit de supposer que vous m'avez compris, et, en fait, vous m'avez compris comme je me suis compris moi-même. Il résulte de cette définition que tout état habituellement associé à d'autres états est un signe, et, comme aucun état psychique n'est dépourvu d'associations habituelles, théoriquement, tout état psychique est un signe : B est le signe de A, comme A est le signe de B ; en effet, il arrive parfois qu'un signe usuel soit signifié par ce que, d'ordinaire, il signifie ; par exemple, je vous montre une fleur, une rose, et vous la voyez ; à ce moment, le mot *rose* est conçu par votre esprit comme il l'est par le mien ; les rôles ordinaires

de l'objet et du signe sont renversés ; l'objet est devenu le
signe, le signe est devenu l'objet.

Dans cet exemple même, nous retrouvons le caractère
intrinsèque qui conditionne, en fait, la fonction de signe ;
pour vous et pour moi, la fleur est une sensation, un état
fort, tandis que son nom est une parole intérieure, un état
notablement plus faible ; voilà pourquoi la fleur est devenue un signe ; renversez ce rapport et que le mot devienne
le plus fort des deux termes associés, aussitôt il reprendra
son rôle de signe, et la fleur sera l'idée, la chose signifiée.
En fait, tous les états pourvus d'associations ne sont pas
des signes pour le sens commun, mais seulement ceux dont
l'intensité contraste avec la faiblesse de leurs associés.
D'où peut venir un pareil privilège ? car la théorie con-
damne ici le préjugé du sens commun.

La notion de signe enveloppe une remarquable illusion :
le lien qui rattache le signe à ses concomitants ne paraît
pas le même que celui qui les rattache au signe ; le signe
semble un moteur actif, la chose signifiée un mobile inerte
auquel le signe donne, non pas l'être, mais la vie ; il semble que les idées soient, en quelque sorte, remorquées par
les mots, et que ceux-ci, comme doués d'une puissance propre, arrachent les idées aux torpeurs de l'inconscience. —
Cette illusion s'explique comme la précédente, avec laquelle,
au fond, elle ne fait qu'un ; l'intensité plus grande donne à
certains états, en même temps qu'une apparente antériorité, un semblant de causalité ; les états faibles paraissent
subordonnés aux états forts, non seulement comme des
conséquents à des antécédents, mais comme des effets à
leurs causes. Le sens commun subit ici, comme dans
bien d'autres circonstances, le prestige de la force. —
Nous récusons sur ce point son autorité ; mais sa classifi-

cation du moins, et les dénominations qui la consacrent, s'imposent à nous : sans attribuer au signe ni l'antériorité ni l'activité, nous devons réserver le nom de signe aux états qui, dans un groupe donné, étant seulement plus intenses que leurs associés, paraissent, en vertu de cette intensité, les précéder, les susciter, les conduire, les amener à la conscience; en réalité, ils ne les précèdent pas toujours, et, comme eux, ils obéissent passivement, tantôt à la loi de l'habitude, tantôt aux caprices de l'attention.

La signification, ainsi restreinte, cesse d'être, à proprement parler, une fonction; elle n'est plus qu'une qualité ; le signe extérieur seul, et dans la vie sociale seulement, a un rôle; il sert d'intermédiaire entre plusieurs apparitions d'une même idée dans des consciences distinctes; c'est grâce à lui que l'individu psychique peut se répandre dans autrui et s'accroître des pensées d'autrui ; mais rien de tel ne peut être affirmé du signe intérieur.

En apparence pourtant, il fait l'unité de notre vie individuelle, comme le signe extérieur fait l'unité de la vie sociale : il sert d'intermédiaire entre plusieurs apparitions d'une même idée dans la même conscience ; sans lui, nous oublierions nos idées, et notre passé s'évanouirait à mesure ; les mots gardent pour l'avenir nos pensées d'autrefois ; à notre appel, ils nous les rendent, et nous permettent ainsi de nous en servir comme de matériaux pour de nouvelles entreprises intellectuelles; les mots semblent la matière propre de la remémoration et, par suite, l'unité empirique de notre existence, dont la loi du souvenir est l'unité formelle.

Cette opinion assez répandue[1] n'est qu'une conséquence

---

1. Bossuet (*Logique*, I, 3) la présente avec de sages réserves, Condillac sans réserve aucune. — Cf. Diderot : « Combien de choses

de l'illusion précédemment réfutée : l'image la plus vive d'un groupe est remarquée la première lors même qu'elle ne vient pas au premier rang dans la succession psychique ; c'est elle qui contribue le mieux à spécifier le groupe total ; le souvenir, sans elle, est incomplet et indistinct : si le groupe entier a été affaibli par un long intervalle d'inconscience, c'est-à-dire d'oubli, elle seule garde ses caractères distinctifs ; le reste n'est plus qu'une poussière impalpable dont les particules composantes n'offrent aucune prise à l'analyse. N'est-il pas naturel que la continuité de notre existence soit faite à nos yeux bien plutôt par le retour périodique des états les plus vifs que par celui des états les plus faibles? Il ne s'ensuit pas que le souvenir soit impossible sans les mots : le mot n'est jamais qu'un élément du souvenir, remémoré au même titre et suivant les mêmes lois que ses associés.

Il n'est pas moins inexact de prétendre que la pensée discursive ne peut jamais se passer d'un langage intérieur ; le mot n'est pour elle qu'un accessoire, et nullement indispensable, utile, s'il est impartial, mais alors seulement, pour maintenir la généralité des idées générales, nuisible dans le cas contraire ; il n'existe aucune raison de penser que les faits d'expérience ne pourraient, sans les

senties et qui ne sont pas nommées!.... J'avoue que je n'ai jamais su dire ce que j'ai senti dans l'*Andrienne* de Térence et dans la **Vénus de Médicis**; c'est peut-être la raison pour laquelle ces ouvrages me sont toujours nouveaux : on ne retient presque rien sans le secours des mots, et les mots ne suffisent presque jamais pour rendre précisément ce qu'on sent. » — De Cardaillac, lui aussi, exagère l'influence de la parole sur la mémoire; mais, en vrai psychologue, il expose des faits incontestables plutôt qu'il ne proclame une nécessité (p. 270 et suiv., 332, 341); il admet qu'il existe une mémoire spéciale des idées; alors « ce sont les idées qui rappellent les mots », et, même dans la mémoire des mots, le souvenir de l'idée aide le souvenir du mot, car « on redit plus exactement ce que l'on comprend que ce que l'on ne comprend pas » (p. 291-292).

mots, se grouper en idées générales. Ce qui est vrai, c'est
que, au sein d'un groupe quelconque de phénomènes analogues, il y a toujours un élément dont l'intensité se trouve
prépondérante; cette prépondérance ne peut que s'accroître avec le temps : car l'esprit, pressé de passer d'une
idée à une autre, est disposé à reconnaître un groupe à la
vue d'un de ses éléments; au premier qui se présente bien
distinct, il donne un court instant d'attention, et, le groupe
lui étant désormais suffisamment connu, il passe bien vite
au groupe suivant; ce partage inégal de l'attention a pour
conséquence de renforcer les états les plus vifs aux dépens
des autres, c'est-à-dire de séparer de plus en plus nettement la pensée en états-signes et états signifiés. Tant que
le signe n'est pas impartial, cette division n'est pas rigoureuse, car il existe des intermédiaires entre l'état le plus
vif et les états les moins intenses ; mais la transition du
signe analogique au signe arbitraire par les signes méta-
phoriques se fait à son tour, et elle complète la séparation
commencée dès les origines de la pensée. En même temps,
les idées générales deviennent plus nombreuses dans chaque esprit, et chacune d'elles, avec les progrès de l'expérience, croît en compréhension ; le développement d'un langage impartial devient ainsi chaque jour plus utile au fonctionnement logique de la pensée. Un bon esprit, — et tout
esprit est en quelque mesure un bon esprit, — comprend
sans se l'expliquer l'harmonie naturelle qui relie les signes
arbitraires aux idées générales ; à mesure qu'il prend mieux
possession de son entendement, il se complaît davantage
dans ce mode d'expression, et il contribue pour sa part à
le développer dans la langue commune dont il fait usage.

On a soutenu que le rôle du langage dans la pensée
consiste à *fixer* les idées générales : les éléments sembla-

bles, séparés des groupes concrets par l'abstraction et réunis en un tout nouveau par la généralisation, auraient une tendance à se séparer et à rejoindre leurs anciens associés pour reformer des groupes concrets; le mot général permettrait à l'esprit de lutter contre cette tendance et de maintenir les résultats de l'abstraction en les revivifiant de temps à autre [1]. — Cette théorie nous paraît contenir une aperception confuse de l'utilité, par nous exposée, des signes impartiaux. En vertu de quelle loi psychologique un groupe de phénomènes analogues, une fois formé et devenu une habitude périodiquement actuelle, tendrait-il à se dissoudre? l'habitude négative peut l'affaiblir ou même l'anéantir, mais non pas le modifier ou le diviser ; quant aux éléments individuels, opposés les uns aux autres, qui caractérisent les faits concrets, ils ne sont pas annulés par l'acte de l'abstraction comme par un coup de baguette magique, mais seulement relégués dans le nouveau groupe au dernier plan ; étant hétérogènes, ils ne peuvent se fondre les uns dans les autres et former un élément unique, équivalent à la somme de chacun d'eux ; ensuite, l'attention les dédaigne comme étrangers à la généralité de l'idée générale; ils restent donc très faibles, et rien ne saurait leur rendre la force évanouie ; enfin, les éléments identiques, désormais confondus et indiscernables, ne peuvent plus être séparés. L'idée générale, une fois formée, peut s'accroître par l'adjonction de faits nouveaux ; elle peut croître ou décroître en intensité selon la fréquence des remémorations et le degré de l'attention ; mais, si elle meurt, elle meurt tout entière, elle ne saurait être décom-

1. Voir Condillac, etc., etc. — Cf. Bossuet, *Logique*, I, 3. — Ampère, sur cette question, cherche à être plus psychologue que Condillac; mais sa pensée se dégage difficilement; voir la *Philosophie des deux Ampère*, publiée par Barth. Saint-Hilaire, p. 107, 417 à 429, 432, 443.

posée. Le mot n'a donc pas à garantir l'idée contre une dissolution chimérique ; seulement, s'il est impartial, il assure la pureté logique de l'idée générale en fixant à ses éléments la hiérarchie qu'ils doivent garder ; une pensée se particularise fatalement quand elle s'exprime elle-même par un des éléments qui la composent ; pour acquérir et garder intacte sa généralité, elle doit prendre son expression dans un ordre de phénomènes qui lui soit hétérogène.

Une intelligence subitement privée de la parole intérieure ne serait pas pour cela réduite à l'impuissance, mais seulement gênée, désorientée, comme par l'absence d'un organe utile par lui-même et dont elle avait appris à ne se passer jamais ; tel un homme subitement privé de la vue, ou bien un aveugle qui vient de perdre son bâton ; tel un peuple inopinément frappé par la mort de l'homme d'état qui possédait toute sa confiance et dans les mains duquel il avait concentré tous les pouvoirs. Le problème consiste alors à marcher pendant quelque temps sans le secours des habitudes acquises, au moyen des seules forces naturelles, en pliant adroitement celles-ci à un mode d'activité nouveau et imprévu ; mais bientôt la nature aura été domptée pour la seconde fois, de nouvelles habitudes auront été créées. Le mouvement est toujours possible si l'on est en fonds d'énergie morale et de sagesse pratique, et les matériaux pour de nouvelles habitudes ne font jamais défaut. — Pareille difficulté n'existe pas pour un homme privé de l'ouïe dès sa naissance ; si l'absence d'éducation et de société ne le placent pas dans des conditions défavorables, il aura bientôt comme nous un langage intérieur, composé il est vrai d'images visuelles et non sonores, d'ailleurs identique au nôtre, et les progrès de ce langage

suivront ceux de son intelligence [1]. Chez un homme privé
de la vue comme de l'ouïe, un langage intérieur composé
d'images tactiles remplira le même office ; l'exemple de
Laura Bridgmann en est une preuve décisive [2].

L'existence d'un langage intérieur comme compagnon
et auxiliaire de toute pensée un peu développée [ch. IV,
§ 7] est un fait universel ; mais cette universalité n'est pas
la preuve d'une absolue nécessité ; pour l'expliquer, il suffit de prouver, — ce que nous pensons avoir fait, — qu'il
est à la fois naturel et commode à la pensée de partager
la masse des images qui la composent en deux séries parallèles, les images les plus vives étant chargées de représenter les autres ; en se constituant ainsi, la pensée
n'obéit pas à une inéluctable fatalité, de nature immanente
ou transcendante, mais à un instinct juste, à une loi vaguement pressentie de bonne économie domestique : parcourant plus vite la masse toujours croissante des images
qui constituent son expérience, elle ménage ses forces sans
diminuer sa production ; elle produit avec le minimum de
peine le maximum de travail ; c'est la même tendance
qui, manifestée dans le langage extérieur, a été appelée

1. « Bien que mes doigts et mes mains soient immobiles, je sens,
quand je pense, qu'ils agissent ; je vois intérieurement l'image qu'ils
produisent ; je sens que ma pensée s'exerce et s'identifie avec ces mouvements que les yeux externes ne voient pas. » Témoignage de Ferd.
Berthier, sourd-muet, dans Ed. Fournié, *Essai de psychologie*, p. 343-344 ;
cf., p. 351, le témoignage conforme d'un autre sourd-muet, Kruse.

2. « Quand elle est seule, elle a toujours les doigts en mouvement. »
(Whately, *Logic*, p. 13, note 2 ; dans Janet, *Psychologie*, p. 233.) Ce
témoignage suffit, bien que *toujours* soit une évidente exagération.
Laura Bridgmann serait-elle donc *toujours* comme les personnes qui
parlent des lèvres ou à mi-voix ? le langage tactile ne serait-il jamais
chez elle purement intérieur ? la chose est impossible : qu'elle soit
seule ou en compagnie, si elle a les doigts occupés, si, par exemple,
elle prend un repas, l'image doit tout naturellement suppléer la sensation. On peut donc conclure avec Whately qu'elle « pense *comme
nous*, en se parlant à elle-même ».

par les linguistes modernes la *loi du moindre effort*.

Dans les théories les plus répandues sur l'utilité du langage, les mots semblent doués à l'égard des idées d'une sorte de pouvoir personnel et de droit divin. L'organisation d'un gouvernement libre représente mieux, selon nous, les rapports que soutiennent les signes avec les choses signifiées : le monde de nos pensées peut être comparé à un peuple qui se gouverne lui-même; en théorie, en droit, en fait même à certain point de vue et dans certaines circonstances, tous les citoyens possèdent une part égale de souveraineté; mais la raison qui leur est commune et le juste sentiment de l'intérêt bien entendu leur ont fait de bonne heure comprendre l'utilité d'une organisation hiérarchique; ils ont donc détaché parmi eux un certain nombre d'hommes auxquels est exclusivement confiée l'administration des affaires publiques; ces mandataires délégués dans l'intérêt de tous par l'autorité véritable sont seuls en évidence; ils semblent incarner en eux la souveraineté populaire ; la louange et le blâme s'attachent exclusivement à leurs personnes; ils n'ont pourtant, à parler rigoureusement, qu'un semblant de pouvoir; leur démission collective ne saurait entraîner la mort du corps social, mais seulement une crise politique passagère, sans danger sérieux pour une société dont les forces vives sont restées intactes.


IX


Un paradoxe étrange est impliqué dans les faits que nous venons d'exposer : l'état le plus fort d'un groupe d'images donné, c'est-à-dire d'une idée, en est le signe ; l'organisation du groupe est parfaite quand une image étrangère à l'essence de l'idée lui est attachée et joue à son égard le rôle de signe ; alors le signe est seul en lumière ; les éléments constitutifs de l'idée, étant tous également faibles et indistincts, sont indiscernables les uns des autres ; et, avec la diversité interne de l'idée, s'est affaiblie sa spécificité propre, c'est-à-dire ce qui la distingue des autres idées considérées, comme elle, à part de leurs signes. Dans une idée bien constituée, une seule chose, le signe, est donc distincte à la conscience [1], et comme le signe, étranger à l'idée, ne la représente pas à proprement parler, il semble que les différences spécifiques des mots ne sauraient remplacer sans détriment pour la valeur logique de la pensée les différences évanouies des idées. Et pourtant il est de fait que nous pensons mieux avec des idées effacées et comme suppléées par des noms qu'avec des groupes d'images encore distinctes dont le caractère individuel ou métaphorique est en désaccord avec l'intention généralisatrice de notre entendement.

Avant d'expliquer ce phénomène, il faut en préciser les limites et le rendre sensible par quelques exemples.

N'exagérons rien : l'effacement des images-idées n'est favorable à la pensée que dans la mesure où il est indispensable à sa généralisation ; si les images parasites in-

---

1. De là l'opinion nominaliste et condillacienne que « les idées abstraites et générales ne sont que des dénominations » et que nous pensons par le seul langage, — opinion très bien discutée par de Cardaillac (t. II, *De la parole*, ch. 10, p. 377-391 ; cf. p. 276-296), au moyen de passages tirés de Condillac lui-même : il explique l'illusion nominaliste par la « fusion » intime des mots et des idées et par les effets de l'habitude, qui affaiblit la conscience de l'idée, sans toutefois l'anéantir ; nous sommes très familiers avec les idées générales, et « l'habitude dissimule ce qu'elle établit » ; mais les idées générales sont toujours faiblement conscientes sous les mots, et quelquefois, de l'aveu de Condillac, sans les mots, — De Cardaillac n'a pas vu l'influence antagoniste de l'attention.

troduites par la métaphore ont été totalement anéanties,
si les caractères individuels ont été affaiblis au profit des
caractères généraux, et si, parmi les caractères généraux,
ceux qui se trouvaient primitivement plus vifs que les
autres ont été destitués d'un privilège immérité [§ 3 et 4],
l'idée générale, purifiée par ces trois effets de l'habitude
négative, et parvenue à un état, malheureusement trop
instable, de perfection absolue, n'a plus rien à attendre
de l'habitude; tout au contraire, il faut désormais qu'à
chaque remémoration l'attention s'arrête un instant sur
elle et la ravive; sinon, elle s'affaiblit encore, et, lorsqu'elle a atteint un certain degré de faiblesse, elle ne saurait plus être ravivée par la réflexion; alors, étant à la fois
très homogène et très effacée, elle résiste à l'analyse, à la
définition; on s'entend encore soi-même, mais on ne saurait plus s'expliquer et traduire sa pensée dans un nouveau
langage; en même temps, les éléments caractéristiques de
l'idée n'étant plus distincts, ses rapports logiques avec les
idées voisines ne peuvent plus être nettement aperçus;
une idée trop effacée peut faire encore bonne figure dans
un lieu commun ou dans une période oratoire; elle ne saurait entrer sans inconvénient dans un jugement original
ou dans un raisonnement quelque peu subtil et serré.

A la rigueur, il suffit, pour que la pensée soit correcte,
que l'affaiblissement des images propres à chaque idée ne
se produise qu'en dernier lieu, une fois la purification définitivement accomplie; mais il est à souhaiter tout au
moins qu'il suive une loi de décroissance moins rapide
que celle des précédents effets de l'habitude négative; il
faut aussi que l'énergie de l'attention soit, d'une manière
générale, toujours suffisante pour raviver au besoin l'idée
affaiblie et lui restituer à l'état distinct ses caractères spé-

cifiques. Enfin, pour toute entreprise difficile et nouvelle
de la pensée, pour celles qui doivent compter dans l'histoire de l'esprit humain ou seulement dans l'histoire éco-
nomique ou politique des peuples, il faut des idées encore
jeunes et vivantes, aux contours saillants, et dont les cou-
leurs n'aient pas été ternies par un trop long usage. Si
l'entreprise est d'ordre spéculatif, des idées purifiées et
parfaitement générales sont nécessaires ; si elle est d'ordre
pratique, il est souvent utile de saisir vivement les imaginations en même temps que les intelligences ; on revient
alors avec profit à la métaphore [1], dont les ressources
sont infinies, et dont les avantages, en pareil cas, sur-
passent les inconvénients : la métaphore, en effet, réveille
les esprits et force à penser ; elle est l'instrument favori
des inventeurs quand ils veulent vulgariser sans retard
des nouveautés qui leur paraissent utiles à tous [2].

Quel que soit l'affaiblissement d'une idée, le mot qui
lui correspond dans le langage intérieur garde intacte son
intensité, et pourtant leur répétition simultanée tend à les
affaiblir également l'un et l'autre. Ce privilège a deux
raisons : d'abord, la production matérielle du mot en fait
de temps à autre un état fort et le ravive comme état
faible [§ 7, fin] ; ensuite, l'attention se porte de préférence
sur la série des mots intérieurs [ch. IV, § 2] ; l'idée, au
contraire, n'étant jamais matériellement réalisée, ne sau-

1. Cf. Emerson, *Essai sur la nature* (trad. X. Eyma), chap. IV.
2. Ainsi les novateurs en politique et surtout en religion ; plus tard,
la réflexion théologique essaye de ramener les dogmes à leur expression
adéquate et à un enchaînement logique. La spéculation philosophique
elle-même emploie parfois la métaphore, mais seulement comme un
auxiliaire de l'expression directe et simple qu'elle poursuit avant
tout. L'esprit critique s'en défend plus rigoureusement : elle est
souvent la cause secrète des illusions qu'il cherche à dévoiler chez
autrui ; il est donc conséquent avec lui-même lorsqu'il se refuse à
l'employer.

rait être régénérée que par l'attention ; et l'attention la
dédaigne, le mot rapidement compris suffisant à l'exercice
ordinaire de la pensée [§ 8]. Ainsi le temps, qui respecte
les mots, use peu à peu leurs significations. Ce phénomène, bien connu des linguistes, et qui explique le renouvellement périodique des mots dans une même langue, a
été généralement désigné d'une manière inexacte : on
parle à tort de l'*usure des mots* ; ce qui s'use, ce sont les
idées, quand le mot qui les éveille est trop fréquemment
employé. Mais, si l'usure des idées a des conséquences
observables dans l'histoire des langues, c'est qu'elle se
produit dans les mêmes couples de mots et d'idées chez
presque tous les hommes d'une même nation : l'énergie
intellectuelle, l'attention aux idées, est rare; on ne réfléchit guère que lorsqu'on innove, et les inventeurs, chez
tous les peuples, sont peu nombreux; ralentir le cours de
sa pensée pour la mieux connaître est d'un esprit exceptionnel [§ 11]; la plupart des hommes se hâtent de passer
d'une idée à une autre et négligent chacune d'elles à mesure qu'elle a été suffisamment aperçue; de là vient
qu'au bout d'un certain temps une langue ne contient plus
guère que des *mots usés;* on les comprend sans effort,
mais ils ne disent presque rien à l'esprit; associés entre
eux suivant des habitudes invétérées, ils expriment des
pensées devenues banales, des lieux communs, auxquels
on croit par routine sans bien savoir la raison qui les
fonde. Qu'il s'agisse alors soit de réveiller un de ces
lieux communs, soit de démontrer une idée nouvelle,
l'homme qui veut convaincre ses semblables sera forcé
de recourir à un nouveau langage; sur ces intelligences
engourdies, le langage usuel ferait trop peu d'impression.
Lui-même, esprit d'initiative et d'analyse, comprend peut-

être les mots usuels dans toute leur force, et il pourrait exprimer sa pensée dans le langage commun sans que, à ses yeux, elle perdît rien de sa valeur ; mais il la comprend mieux encore quand il lui a trouvé une expression originale, et il sent bien que cette forme nouvelle est seule capable de répandre au dehors, de vulgariser, la pensée qui lui est chère. Le néologisme est nécessaire, moins pour restaurer les langues vieillies que pour réveiller les esprits, remuer les idées, et parce qu'il exige, pour être compris, un nouveau classement des conceptions élémentaires [1]. Les langues doivent se renouveler périodiquement, non seulement pour servir au progrès de la science, mais dans l'intérêt même de la conservation des découvertes du passé : le sens commun se perdrait s'il parlait toujours la langue de nos ancêtres. Les langues vraiment vivantes, qui admettent le néologisme dans leur loi con-

1. Le néologisme a trois procédés : 1° construire des mots nouveaux avec les radicaux et d'après les lois de la langue que l'on veut enrichir ou renouveler ; 2° emprunter des radicaux à des langues étrangères, et les particulariser au moyen des affixes de la langue maternelle ; 3° emprunter aux langues étrangères des mots tout formés, avec la nuance particulière de leur signification ; demandant un effort de souvenir pour être compris, ces mots font trait dans la phrase et disent bien ce qu'on veut leur faire dire ; mais, ensuite, ils entrent difficilement dans la langue commune ; ils n'ont guère d'autre valeur que celle d'un expédient momentané, précieux seulement pour tourner une difficulté ; par suite, après les épistolaires, qui n'écrivent pas pour tout le monde, ce procédé n'est guère employé que par les humoristes, qui cherchent l'expression saisissante et la nuance exacte, et qui, eux aussi, n'écrivent pas pour le grand public ; et, chez les uns et les autres, on peut dire que les mots étrangers sont des néologismes à l'état naissant, mais mort-nés pour la plupart. — Cette utilité des langues non-usuelles pour rajeunir la pensée a été bien exprimée par Benjamin Constant dans un passage d'*Adolphe* : « Elle parlait plusieurs langues imparfaitement ; mais ses idées semblaient se faire jour à travers les obstacles et sortir de cette lutte plus agréables, plus naïves et plus neuves : car les idiomes étrangers rajeunissent les pensées et les débarrassent de ces tournures qui les font paraître tour à tour communes et affectées. » Cf. Tonnellé, *Fragments sur l'art et la philosophie*, I : Du langage, p. 85-87 (3ᵉ éd.). — En général, l'étude des langues est le meilleur et le plus sûr exercice de la réflexion (voir plus loin, § 11].

stitutive, font ou supposent des esprits vivants, toujours en travail, tandis que les langues fixées, comme le français, où l'on ne peut innover que dans les alliances des mots, entretiennent chez ceux qui les parlent une certaine paresse intellectuelle [1].

Quoi qu'il en soit, les mots les plus usés réveillent toujours à quelque degré le groupe d'images qui leur est habituellement associé ; l'avocat le plus diffus et le plus incolore, plaidant devant les juges les plus blasés, suscitera toujours quelque chose dans leurs esprits, jusqu'à l'instant où la monotonie du débit et la banalité des arguments auront amené dans l'état psychique de ses auditeurs une perturbation toute spéciale : quand les mots n'ont plus de sens ou qu'ils ont perdu leur signification traditionnelle, un état nouveau est apparu, l'état de sommeil [2], état

---

1. Selon quelques auteurs, les langues trop riches, trop analytiques, auraient le même défaut ; un langage synthétique et concis, aidant moins la pensée, l'excite davantage, car alors l'assimilation n'a pas lieu sans un véritable effort d'invention ; on cite à l'appui les écrivains bibliques et surtout la langue chinoise. Cette théorie soulève de graves objections : un tel langage est un mauvais instrument pour la première éducation de l'esprit, et ses avantages ne peuvent être réels que pour une élite de lettrés adultes ; — quand un effort est nécessaire pour comprendre, le contre-sens est trop facile ; — dans la vie pratique, et même dans la spéculation, il importe souvent de comprendre vite et sans effort ; — et, en fait, la langue chinoise a-t-elle fait des esprits plus vivants que la langue grecque ? Voir sur cette question la brochure de Sylvestre de Sacy : *Notice de l'ouvrage intitulé : Lettre à M. Abel-Rémusat sur.... le génie de la langue chinoise, par M. G. de Humboldt (extrait du Journal des Savants, février et mars* 1828) ; — et cf. Tonnellé, ouvr. cité, p. 81.

2. Durant le sommeil, la parole intérieure est incohérente, et quand elle nous paraît intérieure, et quand nous l'externons par un jugement erroné (c'est le propre de l'hallucination [voir chap. II, § 8]) ; et, dans ce second cas, soit qu'elle nous reste attribuée, soit que nous nous imaginions entendre une voix étrangère ; si la parole du dormeur devient extérieure (délire), elle reste incohérente. Voir sur ce sujet notre *Observation sur le sommeil*, dans les *Annales de la Faculté des lettres de Bordeaux*, juillet 1879. — Ajoutons que la parole d'autrui, entendue pendant l'état de sommeil, est ou un vain bruit ou *comprise*

intermittent, qui disparaît sans laisser de traces et qui, bien qu'il occupe une part importante de notre vie, reste sans influence sur le fonctionnement normal de nos facultés [1] ; au réveil, les mots reprennent les significations qu'ils avaient momentanément abandonnées, et, tant que dure l'état de veille, ils ont un sens, un sens déterminé ; l'intensité minimum des idées que provoque la parole, intérieure ou extérieure, est toujours positive, c'est-à-dire supérieure à zéro.

Une objection sérieuse peut nous être faite ici. Chacun sait que les prières trop souvent récitées finissent par n'avoir plus aucun sens pour celui qui les prononce soit à haute voix, soit tout bas, soit mentalement ; il en est de même de tout ce que l'on sait trop bien par cœur : la plupart des lettrés ne sauraient réciter les débuts de l'*Iliade*, de l'*Enéide*, des *Bucoliques*, de certaines tragédies françaises, en leur donnant le sens qu'enfants ils ont eu tant de peine à découvrir et qu'ensuite ils possédaient si pleinement. Ce n'est pas qu'ils se trompent sur le sens de ces morceaux ; ils ne peuvent plus leur en voir aucun ; les mots succèdent aux mots sans être accompagnés de leurs idées. La distraction [ch. V, § 7] s'impose en pareil cas, la parole ou la remémoration muette étant comme une machine toute montée qui marche seule, en laissant nos facultés libres de s'attacher pendant ce temps à un autre objet, et sans pouvoir même les retenir à surveiller son fonctionnement.

---

*de travers.* — En résumé, durant le sommeil, les mots et les idées sont dissociés ; le moment du réveil marque le rétablissement des associations formées pendant la veille.

1. Le propre du sommeil est la suspension de l'habitude ; tant qu'il dure, les habitudes de la veille ne passent plus à l'acte, et de nouvelles habitudes, dont les phénomènes du rêve seraient la matière, ne se forment pas. Plus le sommeil est conforme à cette définition, plus il est profond.

Mais deux choses distinguent la distraction du sommeil. D'abord, le sommeil imite et ne répète pas; le souvenir, dans le rêve, est de courte haleine; l'imagination seule est féconde. Ensuite, lorsque, pendant la veille, une habitude négative trop invétérée nous demanderait pour la combattre un effort d'attention dont nous ne sommes pas capables, et que nous tombons malgré nous en distraction, la pensée qui nous occupe et se substitue pour notre attention au sens évanoui des mots est une pensée normale, correcte, cohérente en soi, et elle s'accompagne, si la distraction est à son comble, d'une parole intérieure également correcte, qui lui correspond exactement; deux séries de mots intérieurs peuvent ainsi, par exception, coexister dans la conscience; les uns sont écoutés et compris, les autres ne sont pas écoutés, ne sont pas compris, et nous les oublions à mesure [1]. Dans ce dernier cas, qui est rare, et surtout difficile à bien constater, nous retrouvons les rapports ordinaires de la parole et de la pensée durant l'état de veille; et, dans les cas de moindre distraction, il ne serait pas exact d'affirmer que les mots n'éveillent à aucun degré les pensées correspondantes : sans doute, alors, l'intensité des idées relatives aux mots prononcés tend vers zéro, et elle se rapproche de cette limite à mesure qu'une autre série d'idées s'empare peu à peu de la conscience ; mais elle ne devient absolument nulle que lorsque cette nouvelle série a pris la parole à son tour et rétabli ainsi, dans la succession des faits psychiques, ce dualisme du mot et de l'idée qui est la loi de notre existence.

En résumé : 1° durant la distraction, il y a toujours

_______

1. Observations personnelles.

certains mots qui ont un certain sens ; parfois seulement, il y a, en outre, au même instant, des mots qui n'en ont aucun [1] ; 2° quand un mot, dans la distraction, a un sens, c'est le sien, celui que la convention et l'usage lui ont fixé ; pendant le sommeil seul, *on comprend de travers* [2]. Ajoutons qu'entre le sommeil et la distraction, si les différences sont incontestables, les analogies sont grandes assurément ; mais la distraction est, au sein de l'état de veille, un état anormal ; dans l'état vraiment normal, l'âme possède sans effort une activité une, ou bien elle tend et elle réussit à maintenir l'harmonie dans la diversité inévitable des faits qui la composent ; lorsqu'elle échoue, alors seulement on peut dire qu'une partie de ses faits, soustraits à la direction de l'attention, obéissent à des lois analogues à celles du sommeil. Cette concession faite [3], il subsiste que, dans l'état de veille, la conscience contient toujours une série de pensées correspondant à une série de paroles ; la parole est forte, moyenne ou faible ; la pensée est faible, très faible ou même infinitésimale ; jamais elle n'est nulle : le zéro est une limite qu'elle n'atteint pas.

1. Si nous traitions ici *ex professo* de la distraction, nous serions conduits à citer des cas où la distraction reproduit exactement l'incohérence des paroles du rêve ; mais, alors même, la distraction se distingue nettement du sommeil : nos actes, auxquels nous sommes attentifs, sont cohérents, tandis que la parole intérieure est incohérente ; durant la veille, même distraite, quelque chose de nous est toujours cohérent ; dans le sommeil, l'incohérence de la parole n'est qu'un cas particulier d'une loi qui s'applique à tous nos faits sans exception.

2. Cette loi, comme la précédente, souffre des exceptions : les *lapsus linguæ* sont des faits de distraction ; or l'auteur du *lapsus* comprend sa parole de travers, puisque, celle-ci étant absurde, sa pensée demeure correcte. Mais le *lapsus* est toujours isolé dans la phrase de l'homme éveillé, tandis que, pendant le sommeil, la série entière des paroles est incohérente ; on pourrait dire que la parole du dormeur présente le *lapsus* à l'état continu.

3. Surtout en considération des faits cités dans les deux notes qui précèdent.

Que l'intensité moyenne des idées provoquées par la parole intérieure ou extérieure soit très faible, le fait suivant, que chacun de nous a pu observer sur lui-même, le montre avec évidence : la parole intérieure et la pensée se trouvent alors, en quelque mesure, dissociées et, par suite, séparément observables.

A portée de mon oreille, A et B se livrent à une conversation qui m'intéresse ; mais, pendant ce temps, un fâcheux m'entretient, et, par politesse, je suis forcé de l'écouter ; une phrase prononcée ou par A ou par B arrive à mes oreilles ; je l'entends sans la comprendre ; mon esprit étant occupé ailleurs, il n'y a là pour moi que des mots vides de sens ; mais je leur présume un sens que je désire m'approprier ; aussi, détournant mon attention de l'entretien que je subis, je me répète intérieurement ces mots dont le souvenir est encore intact en moi, et, comme cette fois je leur donne toute mon attention, la phrase prend un sens, je la comprends sans effort ; il m'a suffi, pour ainsi dire, de la regarder. — Il peut arriver, en pareil cas, que, pour donner à l'attention le temps de changer d'objet, je sois obligé de me répéter intérieuremen la même phrase deux ou trois fois de suite ; d'abord, je suis encore distrait, d'autres idées retiennent mon attention, la phrase est toujours dénuée de sens ; enfin, je la comprends : j'ai, pour ainsi dire, jeté sur elle mon attention et, avec mon attention, sa signification ; la soudaineté du phénomène ne saurait mieux se comparer qu'à l'aimantation brusque, au moyen d'un courant, d'un morceau de fer suspendu au-dessus d'un petit tas de limaille : la pensée proprement dite, poussière amorphe de sensations effacées, se précipite sur chaque mot et s'y attache instantanément.

Souvent, dans la société, un bon mot éveille un rire

général ; un des assistants reste impassible ; le silence
rétabli, il se met à rire à son tour ; on se moque de lui ;
« J'étais distrait, répond-il ; mon esprit était ailleurs. »
La succession de faits que nous venons de décrire s'est
produite dans son esprit ; le rire de ses compagnons l'a
invité à se remémorer la phrase qu'il avait entendue sans
l'écouter, et alors seulement il l'a comprise [ch. V, § 7].
Si quelqu'un a été le héros involontaire d'une semblable
scène, il reconnaîtra sans peine dans notre analyse ce qui
s'est alors passé en lui.

Quiconque a compris après coup ce qu'il avait d'abord
entendu sans comprendre a pu s'apercevoir que le sens
d'une phrase est à la conscience fort peu de chose ; la
parole intérieure fait dix ou vingt fois plus de bruit dans
la conscience, et pourtant elle est elle-même un état
faible. Non seulement c'est fort peu de chose, mais encore rien n'y est distinct ; rarement une image particulière, bien vague, bien effacée, se détache un peu sur cette
trame grise et incolore, qui est pourtant l'élément capital
de notre existence intérieure, qui est notre pensée, le
principe de nos actions, l'inspiration de notre vie tout entière. D'ordinaire, pour apercevoir un certain nombre des
images diverses dont le mélange intime constitue l'idée, il
faut isoler un mot et le retenir longtemps sous le regard
de l'attention ; l'attention, comme certains réactifs chimi-
ques, a le pouvoir de revivifier les traces évanouies des
anciennes idées particulières ; mais, en même temps, elle
éveille nos facultés d'invention, et nous risquons ainsi de
faire de notre idée une analyse fantaisiste, en substituant
à notre insu des imaginations à des souvenirs, en confon-
dant le vraisemblable et l'authentique.

Presque toujours, pour comprendre et pour comprendre parfaitement les phrases que nous entendons, il n'est aucun besoin d'une semblable analyse. Comprendre est donc un état de conscience à la fois très faible et très synthétique, embrassant une immense diversité et néanmoins d'apparence homogène.

Remarquons ici que ces deux faits, souvent signalés dans le cours de cette étude, la faiblesse de l'idée comme état de conscience, et son apparente homogénéité, sont corrélatifs : *l'essence apparente est en raison directe de l'intensité*. Cette loi s'applique à toutes les *petites perceptions* signalées par Leibnitz : le murmure d'une ville écouté du haut d'un clocher, le bruit de la mer entendu à distance, paraissent des sons continus et homogènes, bien qu'ils soient en réalité composés d'éléments plus ou moins hétérogènes, qui, s'ils étaient plus vifs, s'opposeraient en se succédant. Les qualités spécifiques des composants n'apparaissent que dans les états de conscience d'une certaine force; plus l'état de conscience devient faible, plus elles sont indiscernables, et tout composé d'états très faibles spécifiquement distincts, mais à spécificité insensible, est, pour la conscience, un état faible continu et homogène.

L'expérimentation peut ici venir en aide à l'observation. Voici deux phrases prises au hasard et composées de termes abstraits : *Je crois à la vraisemblance de la thèse idéaliste; — les esprits les plus subtils ne sont pas les moins crédules*. Je demande au lecteur s'il aperçoit clairement dans sa conscience ce qui distingue les deux idées. La réponse n'est pas douteuse; et pourtant chacune des deux propositions a été comprise aussitôt et sans peine; leurs significations sont évidemment bien distinctes; mais dire ce qui les distingue dans la conscience est impossible.

Une dernière remarque achèvera de mettre en lumière le fait de la faiblesse des idées dans la conscience. Il arrive assez souvent, dans certaines poésies modernes, qu'un des mots de la phrase n'a pas de sens connu du lecteur ou de l'auditeur; celui-ci n'est pas arrêté par cette lacune; il s'en aperçoit à peine; il ne réclame pas le lexique indoustani ou malais dont l'ouvrage aurait besoin pour être entièrement compris. C'est que la poésie est avant tout une œuvre sensible et une œuvre émouvante; elle parle à l'oreille et au cœur plus qu'elle ne parle à l'esprit; la part de conscience qui revient à la pensée est alors plus faible que jamais, et le contraste entre les mots qui signifient quelque chose et ceux qui ne signifient rien passe facilement inaperçu; si le mot inconnu est un son brillant, si par sa sonorité propre il contribue pour sa part à renforcer le sentiment qu'éveille l'ensemble du morceau, l'esprit ne lui demande pas autre chose : les heures consacrées à la poésie ne sont pas des heures de réflexion.

L'extraordinaire, c'est que des idées, semblables pour la conscience, soient *pour l'esprit*, c'est-à-dire encore, semble-t-il, pour la conscience, comme si elles étaient distinctes. Nous allons essayer d'expliquer cette contradiction.

## X

Deux explications nous paraissent propres à lever la difficulté; si l'une des deux était rejetée, l'autre pourrait suffire; mais nous croyons que toutes deux contribuent à rendre possible et réel le fait étrange que nous venons de signaler.

1° Observons d'abord que le mot *conscience* peut présenter que ue équivoque. Sans doute il n'y a pas de *con-science inconsciente;* mais il y a des états de conscience *inobservables*, observer n'étant pas avoir conscience, mais réfléchir un état de conscience, c'est-à-dire se le remémorer en le considérant attentivement. Nous avons déjà remarqué [§ 8] que le souvenir, même immédiat et sans intervalle d'oubli, est en raison directe de l'intensité de l'état dont on se souvient; pour des états très faibles, le souvenir est impossible; les traits spécifiques d'une idée, présents un court instant à la conscience, peuvent être alors suffisamment distincts pour satisfaire l'esprit et lui permettre de passer sans remords à une autre idée, sans pourtant l'être assez pour que, l'instant suivant, l'attention, s'attachant à l'idée qui vient de fuir, les retrouve et les reconnaisse [1]. Au lieu de cette idée, si quelque autre se trouve par erreur à la même place, l'esprit se sent mécontent, gêné, et il reprend avec plus de réflexion sa méditation, jusqu'à ce qu'il ait écarté l'obstacle qui s'oppose au cours limpide et harmonieux de sa pensée. Quand donc nous disons que deux idées semblables pour l'observation

---

1. Ce genre d'oubli n'est pas sans avoir été remarqué par quelques penseurs. Ainsi Joubert (*Pensées*, p. 49) : « Notre esprit a plus de pensées que notre mémoire ne peut en retenir.... Il y a pour l'âme une foule d'éclairs auxquels elle prend peu de part; *ils la traversent et l'illuminent avec tant de rapidité qu'elle en perd le souvenir.* » Et Bossuet (*Instruction sur les états d'oraison*, V, 17) [voir notre chap. I, § 3] : « Un acte nous peut échapper quand il est si délicat qu'il ne fait point d'impression, *ou en fait si peu qu'on l'oublie,* car il est alors comme si on ne l'avait jamais produit. Il peut y avoir des actes si spirituels et intellectuels, *ou en tout cas si rapides,* qu'ils ne laissent aucune trace dans le cerveau, *ou n'y en laissent que de fort légères, qui s'effacent comme d'elles-mêmes,* ainsi qu'un flot qui se dissout au milieu de l'eau. Une grande dissipation et divagation de l'esprit apporte mille pensées qui se dérobent à nous en même temps qu'elles naissent. La disposition opposée, je veux dire une véhémente occupation de l'esprit d'un côté, fait échapper ce qui s'insinue par l'autre. » Leibnitz parle aussi de « perceptions qui ne sont pas assez distinguées pour qu'on s'en puisse souvenir » (*Principes de la nature et de la grâce*, n° 4).

psychologique peuvent être différentes *pour l'esprit,* nous
entendons par là qu'indiscernables, si on les considère en
elles-mêmes, elles se distinguent par leurs effets : l'une fait
la paix dans l'âme et l'invite à suivre librement la série de
ses conceptions; l'autre engendre le trouble et l'inquié-
tude; à cause d'elle, l'esprit s'arrête dans sa marche spé-
culative et revient en arrière pour tenter dans la même
direction un nouvel effort [1]; tandis que la première est
approuvée et reconnue, parce qu'elle est en bons rapports
logiques avec les idées qui la précèdent ou l'accompagnent,
la seconde paraît une intruse, parce qu'elle est en désaccord avec les mêmes faits, ses antécédents et concomitants. Ces deux effets opposés ne peuvent avoir dans la
succession psychique consciente une seule et même cause ;
pour que les idées conservent entre elles leurs rapports logiques, il faut que toutes, même les plus effacées, présentent à la conscience leur aspect spécifique, au moins pendant un instant très court, mais non pas nul, et à un degré
si faible que l'on voudra, pourvu qu'il soit positif. Deux idées
différentes *pour l'esprit* sont deux idées qui témoignent
leurs différences de nature seulement par la différence des
conséquents intellectuels et des sentiments qu'elles provoquent; mais cette différence *pour l'esprit* suppose une différence préalable *pour la conscience,* différence momentanément réelle, bien qu'ensuite insaisissable à la réflexion,
au souvenir, à l'observation psychologique; le souvenir
confond ce que la conscience avait un instant distingué.

Mais, dira-t-on, au moment où l'idée est remémorée,
elle n'est pas, comme le souvenir d'une sensation,

1. Le même phénomène, amplifié et plus saillant, se passe dans
l'esprit d'un bon écolier qui, ayant fait le mot à mot d'une phrase
grecque ou latine, n'est pas satisfait du sens qu'il a trouvé et recom-
mence à chercher dans son dictionnaire.

EGGER.                                        20

l'écho affaibli d'un état fort, puisque déjà auparavant elle était un état faible; son intensité est, au contraire, renforcée, puisque, cette fois, nous lui donnons notre attention; or ne disions-nous pas, il y a peu d'instants, qu'une remémoration attentive fait revivre les anciennes images particulières dont la répétition avait affaibli les traits distinctifs? — Sans doute; mais ce qui importe ici, c'est de savoir sur quoi, lors de cette remémoration, porte le jugement de reconnaissance. Dans son ensemble, l'idée remémorée est reconnue pour être celle qui vient d'être présente à la conscience; mais, par cela même qu'aucun de ses éléments, tout à l'heure, n'était distinct, nous ne les reconnaissons pas, si maintenant ils nous apparaissent, comme ayant été tout à l'heure explicitement contenus dans l'idée et conscients avec elle; s'il s'agit d'éléments vraiment spécifiques, nous jugeons qu'ils font légitimement partie de l'idée, ou, si l'on veut, qu'ils en font partie de toute éternité; nous ne jugeons pas qu'ils en faisaient partie lors de sa dernière apparition dans la conscience. Si donc alors ils figuraient dans l'idée consciente à l'état quelque peu distinct, ce qui nous paraît nécessaire, ce n'est pas le souvenir qui nous l'apprend; nous devons recourir pour l'affirmer à une hypothèse fondée elle-même sur un raisonnement. Et ce qui prouve bien que les éléments de l'idée dégagés par la puissance évocatrice de l'attention ne sont pas reconnus, c'est que, en opérant l'analyse de l'idée, nous ne saurions distinguer la part du souvenir et celle de l'imagination, les éléments anciens qui ont servi à la construire, mais que l'habitude a effacés, et les éléments nouveaux, inventés au moment même, seulement vraisemblables, qui n'ont avec elle qu'un rapport logique et non psychologique.

A qui n'est-il pas arrivé, devant un spectacle de la nature, de s'entendre dire par un ami : « Vois-tu ? à tel endroit, telle chose ; es-tu donc aveugle ? c'est devant toi. » L'objet désigné se trouvait dans le champ visuel ; il était par conséquent dessiné sur la rétine ; mais il se trouvait difficilement observable, parce qu'il était entouré d'objets plus volumineux ou mieux éclairés. Si, ensuite, nous parvenons à l'apercevoir et si nous fixons sur lui notre attention, le reconnaissons-nous ? nullement ; il nous semble que nous venons de le découvrir et qu'un moment auparavant nous ne le voyions aucunement. La reconnaissance, qui fait que le souvenir nous paraît un souvenir et non un état nouveau [ch. II, § 9], suppose une certaine intensité dans l'aspect primitif de l'état qui reparaît. J'ai observé des *lapsus memoriæ* qui n'ont pas d'autre explication ; voici leur formule générale : un jour j'éprouve un état A, assez fort ; quelques jours plus tard, un état *a*, analogue à A et très faible ; à quelque temps de là, je me trouve de nouveau en présence de l'objet *a*, et, tout d'abord, je le méconnais, car je me dis : « C'est A » ; puis une circonstance quelconque me révèle mon erreur ; — l'état *a* avait donc été trop faible pour être ensuite bien reconnu ; sans doute il l'a été : je l'ai jugé ancien en même temps que présent ; mais ce jugement, en se déterminant, s'égarait sur un état analogue à *a*, plus ancien pourtant et, par suite, plus effacé par l'oubli, mais que sa vivacité primitive prédisposait à être reconnu en toute circonstance.

Ainsi, quand un état faible revient à la conscience comme état fort, il n'est pas reconnu ; c'est un souvenir, si l'on veut, mais un souvenir qui, faute de reconnaissance, paraît un état nouveau ; sans la reconnaissance, la mémoire est pour nous comme si elle n'était pas, et c'est à bon droit que les psychologues refusent le nom de souvenir à la reproduction d'un état, quand aucun état accessoire ne se joint à la reproduction pour la qualifier comme telle. A l'âme qui veut se connaître, de même que la conscience n'est rien sans le souvenir, le souvenir n'est rien sans la reconnaissance. Nous étions donc en droit de dire que les traits spécifiques des idées, qui n'échappent pas à la conscience, échappent au souvenir, et même à la remémoration réfléchie et analytique ; en effet, fussent-ils renforcés et bien distincts lorsqu'ils reparaissent dans le cours de la remémoration, ils ne sont pas des souvenirs, du moment que l'esprit qui se répète ignore qu'il se répète ; le second fait est l'image du premier, image complète et, de plus, ravivée ; mais l'esprit ne retrouve même pas dans le second tout le premier, et ainsi le souvenir embrasse moins que ne faisait la conscience.

Concluons. La spécificité des états très faibles peut être consciente et inobservable. Le conscient n'est vraiment connu que s'il est réfléchi, remémoré, de telle sorte que, osuvent, le psychologue ne reconnaît comme conscient que ce qui n'échappe pas au souvenir ; mais certains états ou certains éléments de nos états, après avoir été faiblement donnés à la conscience, disparaissent ensuite pour toujours, ou ne reparaissent pas avec les caractères du souvenir ; il en résulte que, pour le psychologue, ils ne diffèrent pas de l'inconscient ; comme ils échappent à l'observation psychologique, ils ne peuvent être introduits dans la science de l'âme que par la voie détournée du raisonnement et de l'hypothèse [1]. Vraisemblablement, tel est le

---

1. Le terme *inconscient*, chez les psychologues, s'applique à deux choses qu'il importe de distinguer. On l'emploie pour désigner, — soit un très faible degré de conscience : or un fait de conscience, quelqu'en

cas des caractères distinctifs de nos idées les plus
usuelles ; on s'explique ainsi comment elles gardent pour

soit le degré, est quelque chose d'incontestablement psychique, partant
de psychologique; — soit un phénomène nerveux non accompagné de
conscience, mais que, par analogie et induction, il est possible de
définir en termes de conscience, c'est-à-dire en termes psychologiques.
Un visum inconscient, par exemple, est ou un visum très faible ou
une impression rétinienne sans état de conscience correspondant. Le
premier et principal objet de la psychologie, c'est la succession consciente; si l'on appelle *psychique* uniquement ce qui est conscient.
comme cela seul qui est psychique est légitimement psychologique, les
faits proprement inconscients ne font pas partie de l'objet de la
psychologie, du moins de son premier et principal objet. Mais le
psychologue aura la plus grande peine à les distinguer des états faiblement conscients; pour la *conscience du psychologue en tant que
psychologue*, c'est-à-dire pour l'observation psychologique, l'état de conscience très faible et un zéro de conscience sont deux zéros de conscience,
une conscience très faible n'étant pas remémorée, ne laissant pas
après elle une trace, un écho dans le souvenir, n'est pas remarquée;
elle est *comme si elle était inconsciente;* le psychologue ne constate pas
un pareil état, il le suppose; car observer, c'est remarquer un fait
après qu'il s'est passé, c'est se souvenir avec attention; or il n'y a
souvenir que des états d'une certaine force. Il y a donc lieu de distinguer : — ce qu'on peut appeler, par une contradiction volontaire,
*l'inconscient psychique*, c'est-à-dire ce qui n'est pas vraiment psychique,
ce qui n'est pas observable pour le psychologue faute d'être compris
dans l'objet qu'il a l'ambition légitime d'observer, — et *l'inconscient
psychologique*, c'est-à-dire l'inobservable pour cause de faiblesse seulement, l'indiscernable, l'évanoui. Le psychologue qui scrute l'inconscient doit s'efforcer de faire cette distinction — ce n'est pas chose
facile — et, s'il y parvient, ne retenir dans son domaine, du moins
dans son premier et principal domaine, que l'*inconscient psychologique*,
qui seul est vraiment psychique. — Mais, si la psychologie ne saurait
être renfermée dans les limites étroites de l'observation qui lui est
propre, elle ne peut non plus être bornée à l'étude de la succession
consciente; en effet, si l'hypothèse est nécessaire et légitime pour lui
permettre d'embrasser tout son objet, la même méthode ne peut être
condamnée quand on l'emploie à dépasser ce même objet pour
trouver dans l'inconscience absolue les conditions, exprimées en
termes psychiques, des faits compris dans la succession consciente.
La psychologie ne justifiera son titre de science que si elle présente
un ensemble riche et coordonné de faits et de lois capables de
s'expliquer les uns par les autres, et, pour cela, il faut qu'elle admette,
par exemple, que les états remémorés sont *conservés* en dehors de la
succession consciente dans l'intervalle de deux apparitions à la conscience. Outre son premier et principal objet, qui seul est observable
et ne l'est pas tout entier, la psychologie a donc un second objet, qui
peut être défini : la condition du premier objet, en tant qu'elle peut
être exprimée dans les mêmes termes que lui.

l'esprit toute leur valeur logique bien qu'elles soient si étrangement affaiblies pour la conscience.

2° Nous nous servions tout à l'heure des rapports mutuels des idées pour prouver qu'elles conservent toujours quelque spécificité consciente. Ajoutons maintenant que les mêmes rapports créent pour chaque idée une spécificité indirecte, qui, s'ajoutant à la première, a pour effet d'en compenser en quelque mesure la faiblesse.

On ne peut soutenir que la spécificité des mots remplace, en fait, la spécificité absente des idées. Sans doute, le mot et l'idée forment un couple inséparable ; mais, si l'un des deux termes de l'association a perdu son originalité, l'originalité imprescriptible de l'autre ne peut servir à spécifier indirectement le terme affaibli, sinon quand les deux spécificités se confondent en quelque point : c'est là le cas des mots analogiques ; mais la plupart des mots sont conventionnels, et, alors, l'originalité de l'idée ne saurait être remplacée par celle du mot, qui lui est hétérogène. Ce qui prouve bien que les mots n'éclairent pas les idées, mais les éveillent seulement, c'est l'existence des mots homonymes et synonymes : il n'y a pas rigoureusement un mot pour une idée, mais souvent plusieurs mots pour une même idée, et, plus souvent encore, un seul mot pour plusieurs idées ; il n'en résulte aucune difficulté pour comprendre aisément la parole soit extérieure, soit intérieure. D'où proviendrait cette sûreté de l'intelligence dans ses démarches, si elle n'avait d'autre point de repère que le langage?

Mais l'éveil d'une idée ne se fait pas seulement par le mot ; si le mot décide l'idée à apparaître, elle était déjà disposée à lui obéir par les idées qui l'avaient précédée dans la conscience ; celles-ci la préparent et l'appellent ; le mot achève d'ordinaire l'œuvre que les antécédents ont commencée, et, s'il ne l'achève pas, les conséquents pourront suppléer à son insuffisance. C'est par un emploi judicieux de ces deux sortes d'associations que les bons écrivains arrivent à la parfaite clarté de l'expression : chaque idée serait imparfaitement déterminée par le contexte seul ou par le mot qui doit servir à l'exprimer ; mais elle est rigoureusement déterminée par l'action combinée du mot et du contexte ; un contexte trop pauvre, chez les écrivains trop concis, ou trop abondant, chez les écrivains diffus, engendre facilement des équivoques : les significations éveillées par chaque mot sont indécises ou contradictoires. Chaque mot possède d'ordinaire un assez grand nombre de significations différentes : pour qu'il n'en éveille qu'une, il faut que l'esprit ait été préparé à choisir ; et l'équivoque peut, malgré tout, subsister en quelque mesure, une fois le mot prononcé ou imaginé ; le sens du mot peut rester indécis pendant un court instant, en dépit du choix judicieux et de l'ordonnance régulière des mots qui l'ont précédé ; il faut alors que ses premiers conséquents achèvent sans retard de le déterminer. En résumé, un mot qui a plusieurs sens dans les lexiques et qui éveille, s'il est prononcé isolément, un assez grand nombre d'idées différentes, en éveille encore plusieurs dans le cours d'une phrase mal faite, tandis que, enchâssé dans une phrase à la fois bien conduite et composée de termes choisis, il n'en éveille qu'une seule, celle qui s'accorde avec les idées antérieurement conçues et avec les idées qui la suivent immédiatement dans la conscience. Outre leur spécificité intrinsèque et personnelle, les idées possèdent ainsi une sorte de spécificité indirecte qui consiste pour chacune d'elles dans la faculté d'être éveillée par telle idée et d'éveiller telle autre idée.

Puisque *la loi* confirme, en tout cas, *la nature,* ne peut-elle pas, au besoin, la suppléer ? Ne sommes-nous pas en droit de supposer que les états les plus faibles sont, en quelque sorte, renforcés et vivifiés par leur entourage, et qu'ils reçoivent des états plus distincts qui les accompagnent, les précèdent ou les suivent, cette lumière de la spécificité qu'eux-mêmes ont perdue ?

Il est évident que, si une longue série d'états de conscience était faible et indistincte, rien ne saurait conférer à ses éléments la spécificité absente ; une telle série doit contenir à de courts intervalles des états plus forts que les autres, nettement déterminés par des images distinctes et spécifiques ; ces états constituent des points de repère pour la pensée, et comme des centres de lumière pour les états par eux-mêmes obscurs.

Les observations de M. Chevreul sur la baguette divinatoire nous aident à comprendre ce phénomène ; elles nous montrent qu'un antécédent très faible peut susciter un conséquent plus fort, par lequel sa nature spécifique est ensuite signifiée à l'esprit [1]. On pourrait dire qu'alors la signification, seule clairement consciente, devient le signe de son signe, lequel est inconscient. C'est un trait commun à toutes les habitudes et à un grand nombre de successions non habituelles, que la vertu suscitante du suscitant est indépendante de la force du suscitant

---

1. L'antécédent est une sensation distincte, mais non pas remarquée spécialement (la vue d'une herbe touffue) ; cette sensation provoque une idée interprétative très faible (l'idée d'une source probable), qui provoque à son tour un mouvement musculaire, par lequel l'idée, tout à l'heure inaperçue, est révélée. M. Chevreul a exposé cette théorie dans la *Revue des Deux-Mondes* en 1833, dans un ouvrage spécial (*De la baguette divinatoire, du pendule explorateur et des tables tournantes*) en 1854, enfin dans le tome **XXXIX** (1877) des *Mémoires de l'Académie des sciences*. — Cf. Maury, *Le sommeil et les rêves*, note G : *Des mouvements inscients.*

comme état de conscience, et qu'elle reste égale à elle-
même ou s'augmente alors que le suscitant lui-même
s'affaiblit [1]. Si alors le suscité, par sa nature propre ou
grâce à l'attention qui lui est accordée, n'est pas atteint
par l'habitude négative, il viendra un moment où la cause
ne pourra plus être révélée que par son effet, où la
connaissance de la loi qui réunit les deux phénomènes,
jointe à la conscience distincte du second, pourra seule
nous conduire à supposer l'existence du premier, puis
à en retrouver quelques traces dans le souvenir. Ce
qu'alors l'esprit fait avec méthode et réflexion, il nous
semble qu'il le fait à chaque instant d'une manière instinctive dans l'interprétation de la parole intérieure ou
extérieure, c'est-à-dire dans la succession de nos pensées.

Les deux raisons que nous venons de développer nous
expliquent comment l'absence de spécificité distincte n'est
pas un obstacle au fonctionnement normal de la pensée.
Les caractères propres d'un grand nombre d'idées peuvent être effacés par l'habitude sans que la pensée dans
son ensemble ait approché d'assez près de l'inconscience
pour être arrêtée ou gênée dans sa marche, sans que les
actions et réactions mutuelles des idées cessent de se
faire avec une parfaite rigueur logique; la possession
d'un esprit par lui-même n'implique pas la possession actuelle et complète de toutes les idées qui le constituent;
les faiblesses de la conscience peuvent être compensées à
mesure par un système naturel de suppléances et de reflets.

1. Nous pourrions appuyer cette loi sur de nombreux exemples.
Notre expérience ne nous en fournit pas du phénomène contraire : un
suscité faible révélé par un suscitant fort; cela tient sans doute à ce
que l'esprit qui réfléchit et qui observe va plus volontiers de l'effet à
la cause que de la cause à l'effet.

La pensée peut être comparée à une machine écono-
mique qui fonctionnerait avec un minimum de combustible dont elle saurait utiliser toute la chaleur; un minimum de conscience est nécessaire, mais suffisant, à la
pensée [§ 8] ; elle l'atteindrait bientôt, puis le dépasserait
et cesserait d'être possible, si elle était livrée sans défense
à l'action destructive de l'habitude ; mais l'attention travaille sans cesse à maintenir la conscience au degré nécessaire et suffisant; par des remémorations analytiques,
elle vivifie, restaure, répare les pensées trop évanouies ;
plus souvent, son action, mieux entendue, car elle est
alors préventive, consiste dans une résistance continue à
l'évanouissement progressif de la conscience; le maintien
régulier de la quantité normale de conscience est l'effet
de cette tension permanente, qui fatigue moins que des
efforts intermittents, mais plus énergiques. L'habitude est
comme l'extinction graduelle du feu par la combustion ;
l'attention est comme une force qui ajouterait à chaque
instant le combustible nécessaire à l'entretien du feu
sacré. Les esprits les mieux faits sont ceux chez lesquels
les actions opposées de l'habitude et de l'attention sont
dans une corrélation rigoureuse, chez lesquels la rareté
des extinctions partielles dispense d'ordinaire l'attention
d'efforts passagers et pénibles, fatalement suivis d'un
certain sommeil de cette faculté, et lui permet de répandre avec mesure son action bienfaisante sur tous les
moments de la pensée.

## XI

Cet effort de l'attention sur les idées est rendu nécessaire par deux raisons. Non seulement les idées, — con-

cepts et jugements, — s'usent en nous par la répétition, mais aussi les concepts et les jugements nous arrivent en quelque mesure du dehors tout formés et déjà usés par une longue répétition ; l'habitude individuelle ne fait qu'aggraver un mal déjà réel et confirmer les effets de l'habitude collective du milieu qui nous entoure. Beaucoup d'idées entrent dans nos esprits presque à notre insu [ch. V, § 2 et 3], parce qu'elles ont été souvent énoncées devant nous, sans soulever de contradiction, comme des axiomes indiscutables; suivant passivement l'exemple de nos éducateurs, nous nous habituons à associer certains concepts, sans jamais avoir fait d'effort pour saisir la nature et la raison du lien qui les unit; les habitudes des mots ont créé en nous des habitudes de pensée, à l'établissement desquelles notre personnalité n'a pris aucune part. Les plus perfides de ces associations sont celles que le langage exprime, non par une proposition, mais par un seul mot; car analyser un concept, pour critiquer ensuite sa formation, est plus difficile qu'examiner une idée que le langage nous présente déjà sous une forme analytique.

C'est ainsi qu'avec le langage commun se répand, par l'exemple et l'éducation, le sens commun de chaque groupe ethnique. Chaque sens commun est un mélange de vérités précieuses et de préjugés; car le *bon sens* et la *mode* se partagent, en proportions variables selon les temps et les circonstances, le domaine de l'opinion courante; et chaque pensée individuelle, se formant à l'image de la pensée collective qui est, par l'intermédiaire du langage, son milieu nourricier, acquiert des préjugés plus ou moins tenaces, en même temps qu'elle s'enrichit du bon sens de nos ancêtres. Pour séparer dans l'apport du sens commun l'or et le sable, confirmer le bon sens par une adhésion motivée, ébranler et déraciner les préjugés, il faut posséder une grande force de réflexion, une rare puissance d'analyse et de comparaison, une personnalité intellectuelle énergique et infatigable. Dans toutes les sociétés, ces qualités sont naturellement peu répandues [§ 9], et surtout elles sont inégalement encouragées dans leur développement par les institutions et par l'opinion; trop souvent, le sens commun, inquiet pour le sort du bon sens, se défend par la force et maintient les préjugés contre les entreprises de la réflexion.

Penser par soi-même, tel est le remède au prestige paresseux de la mode et du préjugé. L'esprit d'analyse et l'esprit d'examen ne sont que des variétés de l'esprit d'invention : pour confirmer le bon sens, il faut le retrouver soi-même; pour infirmer le préjugé, il faut le penser à nouveau, dans son vrai sens et sous toutes ses faces, en regard des objections qu'il soulève. Ces opérations diverses ont un fond commun : elles consistent avant tout à ralentir le cours de la pensée et, en portant l'attention sur les mots, à raviver les idées que les mots mal étudiés révèlent imparfaitement. Rechercher le sens des formules consacrées, provisoirement admises sur la foi d'autrui, voilà le premier acte d'un esprit fait pour l'indépendance; bien comprendre, c'est avoir trouvé; l'analyse logique est l'apprentissage de la liberté de penser. La comparaison et l'examen, la recherche du probable et du vrai, viendront à leur heure, si les germes déposés dans l'esprit par ses premiers efforts ne sont pas ensuite étouffés par la paresse ou la peur.

Qui sait d'ailleurs si, pour certains esprits et dans certains ordres d'études, — en philosophie, par exemple, et

dans les hautes mathématiques, — l'assimilation et la critique ne demandent pas un plus grand effort de réflexion
que la simple invention? Inventer en toute liberté, au gré
du caprice, est souvent un plaisir sans fatigue comme
sans profit. Toute règle imposée à l'invention est une gène
pour l'esprit; mais, en l'acceptant, il s'affermit, et bientôt
il se trouve plus fort pour triompher des difficultés objec-
tives des problèmes qu'il aborde. Or la critique, et surtout
la simple assimilation, qu'est-ce autre chose que l'invention étroitement limitée et contenue dans ses démarches,
l'invention guidée par un modèle rigide, l'invention en
champ clos [ch. V, § 3]? Toute libre invention qui n'a
pas été préparée de longue date et réglée dans sa forme
générale par de longs efforts d'assimilation patiente et
d'examen méthodique, est condamnée d'avance à manquer
le but qu'elle poursuivra. L'*esprit faux* est celui qui invente par lui-même avant d'avoir compris la pensée d'autrui; bien souvent, il comprend mal sa propre pensée, faute
d'avoir analysé le sens des mots par lesquels il l'exprime;
si son langage est brillant, on dit de lui qu'il est dupe de
sa phrase et qu'il prend pour des idées nouvelles soit des
antithèses verbales, soit des métaphores vides de sens. ·

C'est pourquoi toute bonne pédagogie demande à l'esprit encore enfant, non pas d'écouter beaucoup et de tout
retenir, non pas d'inventer et d'imaginer au hasard, mais
de comprendre ce qu'il entend et de penser par lui-même
à l'occasion des pensées d'autrui. La traduction, et surtout la traduction étudiée, la version, est l'agent par excellence de l'éducation de l'esprit, parce qu'elle fait appel à
l'invention et à l'examen en mesurant la tâche aux forces
encore naissantes de l'entendement, parce qu'elle pose un
problème, souvent difficile sans doute, mais toujours net-

tement défini, enfin et surtout parce qu'elle invite l'intelligence à se dégager des habitudes du langage usuel [1] : l'écolier doit d'abord découvrir sous des termes donnés l'idée qui s'y trouve cachée; puis il doit démontrer sa découverte en trouvant à l'idée de l'auteur, dans une autre langue, une expression nouvelle et adéquate. Sans doute les idées ne peuvent jamais être séparées du langage; mais, lorsqu'un esprit possède pour une même pensée deux expressions équivalentes, l'idée lui apparaît jusqu'à un certain point dégagée de ses voiles; il comprend qu'elle n'est pas nécessairement attachée à un mode unique d'expression; il la conçoit à part comme le lien, l'élément commun de deux formes sensibles hétérogènes [2].

1. Cf. Stuart Mill, *Discours sur l'instruction moderne* (*Revue des cours littéraires*, 13 juillet 1867, p. 516-517).

2. Le thème a la même vertu, mais à un moindre degré; faire un thème est sans doute une occasion d'approfondir les idées du texte, et, la traduction faite, ces idées doivent être mieux comprises qu'après la première lecture; mais elles étaient déjà données en gros avec le texte; l'esprit de l'élève n'a pas été obligé de les deviner, mais seulement invité à en étudier tel détail, telle nuance, pour les rendre exactement dans un autre idiome; aussi le thème est-il principalement, dans la pratique, un exercice verbal, un moyen d'apprendre les langues au point de vue du vocabulaire et de la grammaire. — De Bonald (*Dissertation sur la pensée de l'homme et sur son expression*, et *Recherches philosophiques*, chap. VIII) voit les choses plus simplement; selon son habitude, il substitue des antithèses à une analyse exacte : « Un enfant qui fait un thème a des idées dont il cherche les mots, et celui qui fait une version a des mots dont il cherche les idées; le premier va de l'idée connue au mot inconnu, le second du mot connu ou du son à l'idée inconnue....; le dictionnaire est pour l'un un recueil d'idées et pour l'autre un recueil de mots. Ce double exercice est également utile à l'acquisition des mots (thème) et au développement des idées (version).... L'enfant qui annonce le plus d'esprit.... doit donc réussir dans la version mieux que dans le thème, et c'est aussi ce qui arrive presque toujours. » Le dernier fait est exact, mais l'explication est superficielle. — Quant aux exercices d'invention (discours, narrations, etc.), ils n'ont à aucun degré la valeur pédagogique dont nous parlons, la pensée, dans leur composition, ne faisant qu'un avec son expression, et, s'ils invitent l'esprit soit à chercher la meilleure expression de sa pensée, soit à faire la critique logique de ses raisonnements, ils ne l'y obligent pas; avec une mémoire verbale riche et docile, on invente facilement, on improvise sans réfléchir.

L'analyse logique, la version, et, en général, tous les exercices qui obligent à réfléchir, prennent les mots comme moyen, les idées comme but; ils forment l'esprit à aimer ses idées, à les surveiller, à les regarder en toute occasion, soit pour les ranger dans un nouvel ordre et corriger leurs défauts, soit et plus souvent pour leur restituer ce que l'habitude à chaque instant tend à leur enlever d'existence et d'existence distincte.

« Les mots, dit Hobbes, sont des jetons pour le sage; le fou les prend pour de l'argent. » Traduisons cette maxime en langage exact : les mots, véhicules du préjugé, donnent au vulgaire des pensées toutes faites, au sage des occasions de penser.

Les sages, les penseurs, sont rares, et le meilleur d'entre eux pèche sept fois le jour; qui peut se vanter de n'avoir jamais incliné sa raison devant un préjugé? La lutte de l'attention contre l'action déprimante qu'exerce sur les idées l'habitude négative, contre les formules toutes faites, impersonnelles, légères de sens, contre les idées à la mode que répandent les phrases à la mode, cette lutte n'a pas lieu dans tous les esprits; les esprits lourds, paresseux, dénués d'initiative, et les esprits légers, inconstants, superficiels, qui suivent la mode en esclaves insouciants, forment partout la grande majorité [1]; partout les esprits actifs, les esprits réfléchis, les esprits critiques sont l'exception.

Chez ceux-là mêmes, l'attention, le plus souvent, n'est pas toujours en éveil; intermittente, mal distribuée, elle succombe à la fatigue après tout effort un peu prolongé. Il est d'ailleurs à peu près impossible que la réflexion,

1. Cf. Descartes, *Discours de la méthode*, II.

chez l'esprit le mieux fait et le plus ouvert, s'exerce également dans toutes les directions; la plupart des inventeurs, des esprits critiques, des libres penseurs de toute nature, ont chacun leur domaine propre, hors duquel la personnalité de l'esprit fait place à une docilité plus ou moins complète à l'égard des idées reçues. Souvent aussi, ce qui s'intitule libre pensée n'est que la soumission aux idées d'une petite secte, indépendante à coup sûr par rapport aux groupes sociaux plus vastes qui l'entourent, mais hostile à tout individualisme, à toute indépendance intérieure; la liberté de l'esprit ne s'est alors exercée qu'une fois, et sur une seule question, le choix d'une autorité. Enfin, chez les vieillards, la fatigue de la vie est comme un poids trop lourd que l'attention ne peut plus soulever; la parole reste vive, mais la signification en est émoussée; incapables d'innovation et d'examen, ils redisent, comme des échos, leurs pensées d'autrefois; chez eux, l'affaiblissement de la pensée atteint même ses actes les moins relevés : ils n'observent plus le présent; il leur en coûte moins de se souvenir du passé.

A ces misères inévitables de notre nature, le remède est en nous pourtant, et, si nous ne pouvons atteindre la perfection et garder jusqu'au dernier soupir notre attention toujours jeune, du moins nous pouvons, par une lutte incessante, nous rapprocher de l'idéal. Après avoir créé le langage à son usage, l'esprit doit lutter pour la vie contre le langage. Et, en effet, porter et maintenir l'attention sur les notions que les mots recouvrent, chercher à avoir une claire conscience de leurs rapports, comparer, après les notions, ces rapports eux-mêmes, de façon à porter la lumière de la conscience sur les conflits latents des idées; en toute occasion, méditer,

réfléchir, analyser, examiner; tenir sa pensée toujours
en éveil, toujours inquiète, toujours en devenir, en renouvellement et en progrès; qu'est-ce autre chose que
réagir contre cette inégale distribution de la conscience
qui, conservant aux mots leur vivacité, laisse les idées
s'évanouir et disparaître dans une ombre toujours plus
épaisse? Qu'est-ce, en d'autres termes, sinon replacer la
parole à son rang de serviteur et de héraut de la pensée,
et lui enlever le rôle usurpé de chorège qu'elle prend
trop aisément, dans chaque groupe de représentations, à
la faveur de l'habitude?


FIN


Vu et lu à Paris, en Sorbonne
*par le doyen de la Faculté des lettres de Paris.*
H. WALLON.

Vu et permis d'imprimer.
*Le vice-recteur de l'Académie de Paris.*
Pour le vice-recteur :
*L'Inspecteur de l'Académie,*
J. ROGER.

# TABLE ANALYTIQUE


Activité et passivité. p. 50 à 55.
Analogie (Rapport d'), voy. *Essence*.
Aphasie, p. 58.
Aristote, p. 10 note, 11-12, 16 n., 18, 141 n., 143 n., 213, 242.
Assimilation, voy. *Invention*.
Attention, volonté mentale, effort mental. p. 40-41, 44 à 56, 76 à 83, 89, 91, 99, 103, 111, 115-116, 177 n., 189-190, 205-206, 209, 210, 211, 215 à 218, 226, 231, 262 à 264, 273, 276, 292-293, 314 à 321.
Aveugles, p. 27-28, 202, 289.

Bain, p. 41, 58-59, 76-77 (voy. *Errata*), 90, 125 n.
Biran (Maine de), p. 39 à 41, 77 n.
Bonald (de), p. 22 à 42, 47, 57, 90, 118, 121 n., 214-215, 220, 224 n., 236, 318 n.
Bossuet, p. 15 n., 17 à 21, 23 n., 228 n., 284 n., 287 n., 304 n.

Cardaillac (de), p. 40, 43 à 57, 90-91, 118 n., 177 n., 210 n., 230 n., 285 n., 291 n.
Chercher ses mots, p. 217 à 239.
Cœur, p. 86, 261.
Compagnon imaginaire. p. 127, 181, 185.
Comprendre, p. 213 à 216, 220, 222, 228 à 230, 238, 301-302.
Concentration, voy. *Préoccupation*.
Constance de la parole intérieure. p. 1 à 9, 18, 28, 46, 187, 203-4, 206, 209, 223.
Contemplation. p. 3, 44-45.
Conversation, p. 179.

Déchiffrer, voy. *Traduire*.
Dessin, p. 273 à 275.
Discrimination, p. 226, 229, 231, 257, 264.
Distraction, p. 220, 225 n., 238-239, 277, 297 à 301.
Drame, p. 275-276. — Voy. *Jeu*.
Durée. p. 93, 108 à 118.

Ecouter. p. 4-5, 40, 44, 75, 215.
Ecrire, écriture, p. 2, 5-6, 25, 44, 48-49, 51, 240, 274 à 276. — Ecriture intérieure, p. 26, 29, 49-50, 58 n., 59 n.,
Effort mental, voy. *Attention*.
Egyptiens, p. 13, 84-85.
Emotions vives, p. 239.
Empirisme anglais, p. 202-203, 213.
Enfants. p. 83, 111 n., 215 à 217, 228-229, 237, 240.
Entendre, voy. *Ecouter*.

Epopée, p. 275.
Espace, voy. *Etendue*.
Esprit bien fait, p. 231, 263.
Essence (Rapport et loi d'analogie ou d'). p. 102-103, 208, 252, 264. — L'essence et l'intensité, p. 302.
Etendue, p. 95 à 113, 124.
Ethologie, p. 192 n., 235-236.
Etrangères (Langues), p. 25, 71, 74-75, 295 n.
Etymologie ou Evolution des significations, p. 13, 39, 87 n., 120 à 123, 162 à 165 ; — des mots, p. 37 n., 87 à 89.
Expérimentation, voy. *Méthode*.
Extase, p. 15, 18 à 21, 239 n.
Extériorité, voy. *Perception externe, Hallucination*.

Génie, p. 217.
Genres, idées générales, p. 187, 249 à 254, 256, 264, 267, 269, 287.
Gestes, p. 37, 50, 63, 272.

Habitude, p. 48, 54 à 57, 94, 128, 216 à 219, 227, 232, 280, 312-313. — Habitude négative (habitude pure et simple), p. 68, 80 à 84, 89, 112, 114-115, 189-190, 202, 204-205. — Habitude positive (habitude corrigée par l'attention), p. 68, 74-75, 116, 119, 189-190, 205-206, 209 à 211, 223, 263, 314, 320. — Habitudes générales et particulières, p. 207 à 209, 223-224, 227. — Naissance des habitudes, p. 238. — Habitudes collectives, p. 315. — L'habitude pendant le sommeil, p. 208 n., 297 n. — L'habitude simulée par son contraire, p. 218, 280. — Connaissance de l'habitude, voy. *Reconnaissance*.

Hallucination : sa définition, ses conditions, p. 104-105, 129-130, 133, 153 n., 157, 195 à 197, 199-200. — Les hallucinations de l'ouïe et leur rectification, p. 60 n., 77, 105 à 107, 135 à 138, 153.
Harmonie imitative, p. 256-257, 280.
Hypnagogique (l'état) et ses phénomènes, p. 77, 105, 189-190.

Idéal, p. 252-253.
Imagination, au sens proprement psychologique, p. 112, 191 à 195, 200, 205. — Imagination et passion, au sens éthologique, p. 126 à 133, 165 à 181, 184.
Inconscience. p. 304 à 310.

Innovation, voy. *Invention.*

Insomnie, p. 4.

Inspiration et verve. p 69. 105, 112. 131-132, 144, 159-160, 186, 217, 225, 227.

Interprétation de la parole, voy. *Comprendre.*

Invention ou innovation, opposée à la répétition, p. 51-52, 205 ; — invention ou innovation verbale, p. 72-73, 191 à 195, 207-208, 223 à 229 ; — invention ou innovation intellectuelle (opposée à l'assimilation et à la vulgarisation), p. 69, 215 à 218, 221 à 229, 233 à 236, 238, 293 à 295, 317.

Ivresse, p. 175.

Jeu, drame, p. 129 à 131, 141-142, 161, 170 à 173.

Jugements primitifs et spontanés, p. 92 à 95, 98-99, 107 à 109, 214.

Lecture, p. 1-2. 44, 48 à 52, 90, 190, 206, 215-216, 229-230.

Localisation naturelle de la pensée, p. 85 à 87, 102. — Localisation des sensations, voy. *Étendue, Son.*

Marc-Aurèle, p. 70 n., 120 n , 123 n.

Méditation, réflexion, p. 2-3, 25-26, 45-46, 50-51, 69, 74, 128-129, 176-177, 180-181, 185 à 187, 190, 206, 238. — Voy. *Préoccupation.*

Mémoire, p. 51, 53, 55, 237-238, 281-282, 304 à 309 ; — association des idées, rapports d'association, p. 208, 311 ; — influence du langage sur la mémoire, p. 48, 231-232, 284-285. — Voy. *Remémoration, Reconnaissance, Réminiscence.*

Métaphore, p. 120 à 122. 248, 258 à 264, 280 n., 293.

Méthode de la psychologie, p. 78-79, 80, 85-86, 118 à 120, 182-183, 196, 222, 304 à 310.

Moi implicite, p. 93, 95, 99, 102-103, 110 à 112, 115, 119, 124 ; — moi explicite, p. 107 à 115.

Monde extérieur, voy. *Perception.*

Monologue, p. 70, 104, 167-168, 171.

Morale (Conscience), p. 132 à 134, 139-140, 154 à 162, 181, 185.

Muets qui entendent, p. 41 n.

Musique, p. 5, 41 : — musique intérieure, p. 73-74.

Nécessité prétendue du langage, p. 16, 23, 29 à 32, 47-48, 57, 60 à 62, 289. — Voy. *Constance, Universalité.*

Néologisme, p. 115, 192, 217, 295-296.

Nominalisme, p. 16, 45, 291.

Non-moi, voy. *Perception.*

Obsession, p. 50, 54.

Onomatopées, p. 248-249, 255 à 266, 273, 280, 310.

Origine du langage, p. 22-23, 36-37, 47.

Parler à haute voix, p. 4, 43-44 : — parler tout bas, entre les lèvres, entre les dents, p. 43, 76, 167, 169-170.

Passion (Loi de la), p. 128. — Passions actives ou impulsions, et leurs effets, p. 157, 166, 177 : — passions déprimantes, et leurs effets, p. 170, 185-186. — Passion, au sens éthologique, voy. *Imagination.*

Passivité, voy. *Activité.*

Perception externe, p. 92 à 113, 124, 199-200, 210-211. — Voy. *Hallucination.*

Platon, p. 9 à 11, 12 n., 142-143, 147 à 154, 160.

Préoccupation, concentration, p. 49, 68, 104, 128-129, 166 à 176, 177 n.

Présence d'esprit, p. 180, 225 n., 239.

Prière, p. 15, 16 n.

Primitive (Humanité), p. 83 à 86, 157-158.

Psychologie et logique, p. 251-252. — Voy. *Méthode.*

Quintilien, p. 13-14, 123 n., 176 n. 221 n.

Récitation muette, p. 41, 51, 216.

Reconnaissance, p. 11, 107 à 119, 124, 194 n., 200, 306 à 308.

Réflexion, voy. *Méditation, Préoccupation.*

Remémoration, p. 51, 114, 116, 119, 127 216, 292, 308.

Réminiscence, p. 112, 307-308.

Répétition, voy. *Habitude, Invention.*

Rêverie, p. 46, 50, 190.

Rôle de la parole intérieure, p. 184 à 190, 201 à 204, 211. — Rôle du langage, p. 114-115, 118, 230, 232, 265, 270, 277 à 290, 291, 310.

Sens commun, p. 9, 13, 85 à 87, 93, 101, 119, 120 à 123, 125, 162 à 165, 233, 245-246, 251-252, 283, 295, 315.

Sommeil, p. 4, 9, 204, 208 n., 209, 277, 296 à 299.

Son, sensation inétendue, p. 98, 100, 124, 136-137, 147, 210 à 212, 268.

Sourds-muets, p. 22, 27, 28 n., 37, 49-50, 63, 201-202, 288-289.

Symboles, voy. *Métaphore.*

Tact (Sensations du), p. 268. — Images tactiles, p. 199 à 202, 242, 289 ; — l'image tactile dans la parole intérieure, p. 59, 75 à 91, 100 à 102, 124, 129, 210.

Temps, voy. *Durée.*

Tête, synonyme d'esprit, p. 86-87, 261.

Traduire, p. 25, 215, 221, 229-230, 317-318.

Union intime de la pensée avec la parole, intérieure ou extérieure p. 16, 57, 117-118, 188, 211, 240, 310.

Unité (forme de l'), p. 195, 229.

Universalité du langage intérieur, p. 201 à 203, 289.

Usure des mots, c'est-à-dire des idées, p. 291 à 293.

Verve, voy. *Inspiration.*

Vieillards, p. 112, 320.

Visuelles (images), p. 22, 26 à 29, 37, 44 n., 46-47, 59, 198-199, 201 à 203, 242 à 244, 251, 268, 272 à 276, 288-289.

Volonté mentale, voy. *Attention.*

Vulgarisation, voy. *Invention.*

# TABLE DES MATIÈRES


CHAPITRE I. — Aperçu descriptif. — Histoire de la question.

§ 1. Aperçu descriptif.................................................... 1
§ 2. Les auteurs anciens................................................ 9
§ 3. Bossuet, etc......................................................... 15
§ 4. De Bonald, etc...................................................... 21
§ 5. De Cardaillac....................................................... 43
§ 6. Les contemporains.................................................. 57

CHAPITRE II. — La parole intérieure comparée a la parole
extérieure.

§ 1. La parole intérieure est analogue à la parole extérieure.... 65
§ 2. Ressemblances...................................................... 66
§ 3. Différences : 1° La parole intérieure est un état faible.... 67
§ 4. 2° Elle est plus rapide, plus concise, plus personnelle...... 68
§ 5. 3° Elle est plus variée, plus souple, parfois plus correcte... 72
§ 6. 4° Elle est une simple image sonore; comment l'image tactile a disparu..................................................... 75
§ 7. 5° Pourquoi elle paraît intérieure; la perception externe... 91
§ 8. Même sujet : confirmation par les erreurs de la perception
externe........................................................... 104
§ 9. La reconnaissance; cas où la parole intérieure est reconnue. 107
§ 10. Conséquence : pourquoi la parole intérieure reste d'ordinaire inaperçue.................................................. 118
§ 11. Témoignages du sens commun sur la parole intérieure... 120
§ 12. Résumé............................................................ 123

CHAPITRE III. — Variétés vives de la parole intérieure.

§ 1. La parole intérieure passionnée; la parole intérieure imaginaire; leurs caractères distinctifs............................. 125
§ 2. Suite : la reconnaissance......................................... 127
§ 3. Suite................................................................ 128
§ 4. Suite : l'image tactile, la perception externe et l'idée du
drame.............................................................. 129
§ 5. Suite : l'inspiration poétique.................................... 131
§ 6. La parole intérieure morale...................................... 132
§ 7. Suite : Socrate et Jeanne d'Arc, considérations générales.. 134
§ 8. Suite : les voix de Jeanne d'Arc................................ 138
§ 9. Suite : le démon de Socrate...................................... 141
§ 10. Suite : les dieux d'Homère; la prosopopée.................... 157
§ 11. Témoignages du sens commun sur les variétés vives de la
parole intérieure................................................. 162
§ 12. Passage de la parole intérieure à la parole extérieure
par l'intermédiaire des variétés vives : les monologues, les
apartés, etc....................................................... 165

CHAPITRE IV. — Comparaison des variétés vives et de la forme calme de la parole intérieure. — Place de la parole intérieure dans la classification des faits psychiques.

§ 1. Difficulté des classifications en psychologie.................. 182
§ 2. La parole intérieure vive et la parole intérieure calme ; comparaison. Intérêt spécial de la forme calme.................. 183
§ 3. La mémoire et l'imagination ; part de la reproduction, part de l'innovation dans la parole intérieure..................... 191
§ 4. La parole intérieure n'est pas une hallucination........... 195
§ 5. La parole intérieure est une image...................... 198
§ 6. Classification des images ; caractères distinctifs de la parole intérieure........................................ 198
§ 7. Différents rôles des images dans la vie psychique ; rôle spécial de la parole intérieure................................ 201
§ 8. La parole intérieure considérée comme habitude.......... 204

CHAPITRE V. — La parole intérieure et la pensée. — Premier problème : leurs positions respectives dans la durée.

§ 1. Ce que c'est que *comprendre*............................. 213
§ 2. Le mot précède l'idée ou la suit. Comment ils paraissent simultanés............................................... 214
§ 3. Examen des objections. Le langage, auxiliaire de la pensée. 220
§ 4 et 5. Conséquences : le langage, auxiliaire de la pensée (suite)........................................ 230 et 231
§ 6. Corollaire : les inventeurs et les vulgarisateurs............ 233
§ 7. Nouveaux faits à l'appui. Conclusion .................... 237

CHAPITRE VI. — La parole intérieure et la pensée. — Second problème : leurs différences aux points de vue de l'essence et de l'intensité.

§ 1. Distinction de l'image-signe et des images constitutives de l'idée.................................................. 241
§ 2. Les onomatopées et l'harmonie imitative.................. 255
§ 3. Transition de l'onomatopée, par la métaphore, au signe arbitraire ; comment s'expriment les idées dont l'objet n'est pas sensible.......................................... 258
§ 4. Avantages du signe arbitraire pour l'expression des idées générales ............................................ 263
§ 5. Résumé : double utilité des signes arbitraires............ 266
§ 6. Comment s'expriment d'elles-mêmes à la conscience les idées particulières ...................................... 267
§ 7. L'image visuelle est naturellement le principal signe intérieur. Comment elle a été supplantée par l'image vocale...... 270
§ 8. Conclusion : définition du signe, comme tel. Rôle des signes dans l'activité intellectuelle.............................. 277
§ 9. Les idées, sous les mots, sont des états très faibles et peu distincts.............................................. 290
§ 10. Explication : comment la conscience peut être économisée sans détriment pour l'esprit.............................. 303
§ 11. Corollaire : l'éducation de l'esprit au moyen des mots.... 314


Coulommiers. — Typ. Paul BRODARD.

# ERRATA

Page 9, ligne 22, lire : dialogue intérieur.
P. 15, note 1, l. 10, lire : à nos oreilles.
P. 46, l. 25, lire : contraste.
P. 55, l. 8, lire : La faiblesse.
P. 77, note 2. M. Ribot ayant bien voulu me communiquer une traduc-
tion complète des deux articles de Bastian et de Bain, j'ai reconnu
que j'avais attribué aux deux auteurs anglais une confusion qu'ils
n'ont pas faite : la seule question traitée dans cette controverse est
celle de notre ch. II, § 6; la thèse de Bastian est exactement la
nôtre; plusieurs de ses arguments nous paraissent d'ailleurs contes-
tables.
P. 114, l. 9, lire : pris à part.
P. 226, l. 28, lire : l'enrichir.
P. 239, notes, l. dern., lire : les parleurs.
P. 261, l. 9, à la fin : marquer le renvoi à la note 1.